벌거벗은 제국주의

>>> 전 지구적 지배를 추구하는 미국의 정책

NAKED IMPERIALISM

THE U.S. PURSUIT OF GLOBAL DOMINANCE

NAKED IMPERIALISM 벌거벗은 제국주의

전 지구적 지배를 추구하는 미국의 정책

존 벨라미 포스터 지음
박종일/박선영 옮김

인간사랑

역자 서문

한때 우리에게는 반미=반정부=반체제=반국가였던 시절이 있었다. 그 시대에는 미국은 한국 전쟁 때 우리를 공산주의의 침략으로부터 지켜준 은인, 전후복구를 위한 경제원조를 통해 우리를 살려준 우방, 앞으로도 우리를 외부의 위협으로부터 지켜줄 후원자 등으로 인식되었고, 그 모든 관계를 아우르는 말로서 혈맹관계란 표현을 썼다. 미국에 대한 이런 인식은 아직도 우리 사회에 강한 뿌리를 갖고 있다. 그리고 이런 인식은 표피적이기는 하지만 사실을 바탕으로 하고 있다.

근자에 이르러 이런 인식에 이의를 제기하는 사람도 많다. 다른 인식이 수용될 만큼 우리 사회가 진화했다고도 할 수 있고, 알려지지 않았던 사실들이 알려짐으로써 인식의 변화가 자연스럽게 일어난 면도 있다. 그러나 변함없이 분명한 사실은 근대사를 관통하여 우리의 운명을 결정한 요소로서 미국이란 존재는 우리 자신의 의지만큼, 우리 자신의 의지보다 더 강력하게, 때로는 우리 자신의 의지까지를 규정하는 작용을 해왔고, 비록 정도의 차이는 있을지라도 그런 결정요소로서의 미국의 존재는 여전하다는 점이다. 그런 미국의 '존재감' 은 과거와는 다른 양상으로 지금과 가까운 장래에도 우리를 규정하는 중요한 요소일 것이다.

그런데 한 가지 변한 것은 이제 우리 사이에 미국은 은인이나 우방이나 혈맹이기 이전에 자신의 이익을 최우선으로 하여 사고하고 행동하는 나라이며, 이것은 모든 나라의 일반적 속성이란 점을 많은 사람들이 인식하고 있다는 것이다. 그리고 이제는 전 지구적으로 미국의 힘의 행사를 제약할 수 있는 (한때 존재했던) 세력이나 나라가 없어졌다는 것이다. 그런 미국이 추구하는 이익은 무엇이며, 또한 그것은 어떤 역사적이고 구조적인 배경과 바탕을 갖고 있을까? 또 미국의 힘이 지배하는 세계는 어떤 모습이며 그 끝은 어디일까?

이런 질문들에 대한 답변을 이 책이 어느 정도는 제시하리라고 믿는다. 물론 (역자를 포함하여) 많은 독자들이 이 책의 논지가 지나치게 단선적이며 도식적이라고 느낄 수도 있을 것이다. 그러나 우리들이 미치지 못한 시각과 논리를 바탕으로 하여 미국의 제국적 팽창을 일관되게 분석하고 있고, 그런 시각과 논리가 미국내부에서 미국을 비판적으로 바라보는 (지식인들의)시각과 논리라는 점에서 독자들에게 시사하는 바가 있을 것이다.

이 책은 *Naked Imperialism : The U. S. Pursuit of Global Dominance*(John Bellamy Foster 저, Monthly Review Press, 2006)를 우리말로 옮긴 것이다. 이 책에 실린 글들은 저자가 서문에서 밝혔듯이 먼슬리 리뷰지에 실렸던 사설을 모은 것이며, 또한 저자 자신이 먼슬리 리뷰의

편집자이다. 먼슬리 리뷰의 역사는 미국의 진보적 · 좌파적 지식인의 역사라고 할 수 있다. 이 잡지는 냉전의 히스테리가 미국을 휩쓸고 있던 1949년에 당시 하버드 대학의 경제학 강사인 폴 스위지가 창간하였고, 창간호(1949년 5월)의 권두논문은 물리학자 앨버트 아인슈타인이 쓴 「왜 사회주의인가?」였다. 1950년대 초에 이 잡지의 공동 편집인이었던 폴 스위지와 레오 후버만은 "파괴적인 행위"의 혐의로 기소되었다. 당시 이 사건은 표현의 자유를 가늠하는 상징적인 재판으로서 관심의 초점이 되었고, 대법원은 스위지와 후버만의 손을 들어주었다.

존 벨라미 포스터의 표현을 빌리자면 먼슬리 리뷰는 "공산당이나 다른 분파주의적 그룹을 이탈하던 사람들에게 매력적인 잡지였다. 이 잡지는 예나 지금이나 마르크스주의를 표방하고 있지만 어떤 정당의 노선을 추종하거나 분파주의적 분쟁에 개입하지 않는다." 먼슬리 리뷰는 일관되게 사회주의를 대변하고 미국의 제국주의를 비판해 왔으며, 편집진은 당대를 대표하는 마르크스주의 학자, 경제학자, 작가들이었다. 이 잡지의 주요 기고자들은 W. E. B. 두 보아, 장 폴 사르트르, 체 게바라, 조안 로빈슨, 타리크 알리, 그레이스 리 복스, 노암 촘스키, 버나딘 도언, 무미아 아부-자말, 마릴린 버크, 더그 헨우드, 마이클 클레어, 제임스 페트라스, 프란시스 폭스 피벤, 아드리안 리치 같은 사람들이었다.

먼슬리 리뷰가 운영하는 먼슬리 리뷰 출판사는 주목할 만한 정치학 저작들을 출판해 왔다. 일부를 예로 들자면, 『노동과 독점자본』(해리 브레이브맨), 『개발과 저개발』(안드레 그룬더 프랑크), 『불평등

개발』(사미르 아민), 『이스라엘 속의 아랍인』(사브리 지리스), 『라틴 아메리카의 찢겨진 혈관』(에두아르도 갈레아노) 등이 있다. 보다 인간적인 세계를 꿈꾸는 독자들이라면 이런 저작들이 낯설지 않을 것이다.

뉴욕 증권거래소의 지수변화가 주식이 무엇인지도 모르는 이 땅의 소시민의 생계비에 영향을 미치는 세상이다. 맥도날드와 마이크로소프트는 세상 어디를 가도 눈에 띈다. 지난 6, 7년 동안에 미국의 정규군이 들어가 두 나라의 정권을 바꾸어 놓았다. 미국은 마음만 먹으면 어느 곳에나 군대를 보내는 것 같다. 누구도 미국을 말릴 수 없는 것 같다. 다음에는 무슨 일이 일어날까?

단순하지만 우리에게는 본질적 생존의 문제와 직결될 수도 있는 이 질문에 대한 작은 해답이 이 책을 통해 독자들에게 제시될 수 있다면 좋겠다.

모든 책의 역자 서문에 상투적으로 등장하지만 진심을 담은 끝말로서 오역은 역자가 책임져야 할 몫이며, 그 때문에 원작에 누가 되지 않기를 빈다.

2005년 11월

옮긴이

Preface 서문

표면상으로는 테러리즘에 대항한다고 하지만 실제로는 제국주의를 충실하게 구현하는 수단인 전 지구적 전쟁이 21세기의 첫 10년을 주도하는 정치적 현실이 되었다. 지식인, 정치인, 기업 경영인들이 역사상 지금처럼 제국을 미화했던 적이 없었다. 아틀란틱 먼슬리(*Atlantic Monthly*)의 통신원이자 영향력 있는 작가인 로버트 카플란(Robert Kaplan)은 2005년에 출간한 자신의 저서 『제국의 최전선 : 미국의 지상군(*Imperial Grunts : The American Military on the Ground*)』의 첫 페이지에서 자랑스러운 어투로 "21세기에 접어들면서 미국의 군대는 전 지구를 점령하였고, 지구상의 아무리 후미진 곳이라도 단 한순간에 밀고 들어갈 준비가 되어 있다"고 주장하였다. 카플란은 나아가 1898년에 있었던 미서 전쟁(미국-스페인 전쟁)의 결과로 미국이 필리핀을 점령하고 식민지화한 것을 정당화하기 위해 루디야드 키플링(Rudiyard Kipling)이 쓴 인종차별적 내용으로 가득찬 시 「백인의 부담」을 '이상적인' 작품이라고 찬양하였다. 독일의 지정학자이자 나치의 이론가였던 카를 하우스호퍼(Karl Haushofer)는 독일의 유럽 정복을 정당화하기 위해 독일 민족의 '생존권역(lebensraum)'이란 개념을 고안해내고 이 개념을 적용하여 지도를 작성한 적이 있었다. 하우스호퍼가 만든 개념과 지도에 직접적으로 영향을 받은 히틀러는 이를 바탕으로 군사작전을 수립하고 실시하였다. 카플란은 지구를 다섯 개의 통합 작전지구로 나눈 현대 미군의 군사 지도를 하우스호퍼의 지도에 비견할 만한 것이라고 찬양하였다. 또한 그는 "제2차 세계대전을 통해 막 탄생하려던 독일제국을 분쇄한 미국은 이제 자신의 … 제국을 유지하기 위해 군사작전을 펼쳐야 한다"고 주장하고 있다.[1]

만약 미국이 전 지구를 무질서와 상처투성이로 만들어 놓은 벌거벗은 제국주의 시대를 탄생시키지 않았더라면 이런 호전적인 주장을 무시할 수도 있다. 지금까지 미국의 주류 사회과학계는 전 지구적 무질서와 상처의 발생원인을 규명하는 데 별다른 성과를 내지 못했다. 극히 예외적인 일부 인사를 제외하고는 2001년 9월 11일의 테러 공격을 문자 그대로 '난데없이 하늘에서 떨어진' 사건, 오사마 빈 라덴이라는 한 사람의 머리 속에서 나온 사건으로 인식하였다. 미국의 주류 사회과학계에는 미국 자본주의의 발전과정과 미국 자본주의가 세계의 정치 · 경제 · 군사의 패권을 장악하려는 시도 가운데서 제국주의가 어떤 역할을 하고 있는지를 역사적 맥락에서 진지하게 파악하려는 노력이 없다. 존재하지도 않는 대량살상무기를 찾아내기 위해서라는 거짓 명분을 내세워 행해진 이라크 침공은 '의도는 정당하였으나' 정보 판단을 잘못한 정치적 실책이라고 규정되고 있다. 미국인들은 미 제국의 확장을 자랑스럽게 생각하고 있지만 그것의 결과가 어떨지, 나머지 세계가 그것을 어떻게 생각하고 있는지에 대해서는 어느 누구로부터도 진지한 설명을 들어본 적이 없다.

이 작은 책의 목적은 이러한 부족한 이해의 원인을 밝히려는 것이 아니다. 나의 의도는 전혀 다른 각도에서, 주로 마르크시즘과 급진좌파의 이념적 분석을 바탕으로 하여 접근하면 미 제국주의의 발전 역사를 보다 일관된 맥락에서 파악할 수 있고 그 참모습을 보다 명확하게 알아낼 수 있음을 보여주려는 데 있다. 나는 미 제국주의의 발전 역사를 가능한 한 구체적으로 보여주기 위해 후견지명적(後見之明的) 주장을 펼치는 것을 피하려고 주의를 기울였다. 그리하여 리오 후버만(Leo Huberman), 폴 스위지(Paul Sweezy), 해리 맥도프(Harry Magdoff)의 고전적 저작인 『베트남 : 끝이 없는 전쟁(*Vietnam : The Endless War*, 1970)』의 기술방식을 충실히 따랐다. 이 책에 수록된 13편의 글은 2001년 11월((001년 9월의 테러 공격이 있은 직후)부터 2005년 1월까지 먼슬리 리뷰(*Monthly Review*)지에 '이달의 평론(Reviews of the Month)'이란 형태로 게재된 사설이다. 또 이 책의 들어가는 말은 먼슬리 리뷰 2005년 9월호에 실렸던 글이다. 이 책에 수록된 13편의 글은 편집기술상의 필요 때문에 약간의 체제상의 변형은 있었지만 그 내용은 처음 발표된 때의 것에서 어떤 변형도 더하지 않았다.

이 책에 수록된 글은 모두가 2001년 이후로 미 제국주의가 발전해 오는 과정에서 일어난 구체적 사건들에 대해 그때마다 직접적으로 논평하기 위해 쓴 것들이다. 각 장은 글이 발표된 시기의 순서대로 배치하였기 때문에 책을 읽어가다 보면 하나의 줄거리가 형성될 것이다. 각 장의 글에 대해 반론이 있을 수 있을 것이나 전환점이 되는 급격한 역사적 변화를 두고서 논쟁이 있는 것은 당연한 일이다.

그러나 불행하게도 첫 번째 장에서 분명하게 지적한 전 지구적 비극이 뒤따르는 여러 장에서 현실로 나타나고 있다. 이 비극은 절대로 불가피한 것이 아니다. 역사의 동인은 인간이고, 우리는 행동할 수 있는 능력을 갖고 있다. 구체적이고 전 지구적인 저항—그 가운데서 미국 자신의 내부 저항이 결정적인 역할을 하겠지만—이 이 비극의 진행을 멈추게 할 수 있다. 표현방식은 다르지만 모든 장의 마지막에서 주장하는 바는 바로 이것이다.

브렛 클라크(Brett Clark)와 함께 쓴 「야만의 제국」을 제외하고는 이 책에 수록된 모든 글은 내가 단독으로 썼거나 내가 기초한 초고를 바탕으로 먼슬리 리뷰의 공동 편집자인 해리 맥도프, 로버트 맥체스니(Robert W. McChesney, 2000년 4월부터 2004년 6월까지 공동편집자로 일했다)와 공동으로 쓴 글이다. 글을 쓸 때에 해리와 로버트에게 빚지지 않은 적이 없다. 그래서 이 책은 나의 책이자 진정한 의미에서 그들의 책이기도 하다. 이 책에 수록된 모든 글들을 쓸 때 내 글을 읽고 비평하여 준 존 메이지(John Mage), 존 사이먼(John Simon), 마이클 예이츠(Michael Yates), 클라우드 미스키비츠(Claude Misukiewicz), 빅터 월리스(Victor Wallis), 프레드 맥도프(Fred Magdoff), 브렛 클라크(Brett Clark)에게 감사한다. 수록된 글 중에서 이들의 비평을 담아내지 않은 것은 한 편도 없다. 먼슬리 리뷰의 앤드류 내쉬(Andrew Nash), 마틴 패디오(Martin Paddio), 르네 펜더그래스(Renee Pendergrass)가 이 책을 꾸미는 데 도움을 주었다.

우리는 제국주의의 시대에 살고 있지만 인간애의 정신이 살아 숨쉬는 세계에 살고 있음도 잊어서는 안 된다. 나의 아이들 사울과 아이다가 매일 매일 나와 함께 이런 세상에서 살아가고 있음을 감사하게 생각한다.

나와 신념을 같이하고 자신도 평생을 통해 평화롭고 자유로우며 인간미가 넘치는 공동체로 이루어진 세계를 만들려고 노력하는 나의 아내 캐리 앤 나우모프(Carrie Ann Naumoff)에게 이 책을 바친다.

2005년 11월

오레곤 주 유진에서

Contents 목차

Introduction 들어가는 말

2001년 9월 11일 이후 미국의 전 지구적인 행동은 "신군사주의"와 "신제국주의"를 결합해 놓은 것이라고 할 수 있다. 그러나 미국에게 군사주의나 제국주의는 새로운 것이 아니다. 미국은 건국 때부터 미 대륙에서 남북미주로, 다시 전 세계적인 범위로 팽창해 온 세력이다. 달라진 것이라면 미국이 자신의 야망을 전 지구적 범위로 무한하게 넓혔고 그 야망을 노골적으로 드러냈다는 것뿐이다.

미 외교협회(Council on Foreign Relations) 선임연구원인 맥스 부트(Max Boot)는 "미국이 이라크와 전 세계에서 당면하고 있는 '가장 큰 위험'은 제국주의라는 비난을 듣지 않으려고 우리가 갖고 있는 힘을 모두 사용하지 않으려 하는 것이다. 제국주의의 역사적 의미를 고려한다면 미국 정부가 이 용어를 포용해야 할 필요는 없다. 그러나 미국 정부는 그것의 실제 행동은 분명히 수용해야 한다"고 주장한다. 그의 주장에 따르면 미국은 "제국주의적 규칙을 서슴없이 받아들일 준비가 되어 있어야 한다." 워싱턴 당국이 이라크에 "영구적인 기지를 세울 계획을 갖고 있지 않다면 … 그런 계획을 세워야 하며 … (그

것이) 미국 제국주의에 대한 분노를 촉발시킨다면 그냥 무시하면 된다."[1] 캘리포니아 대학의 국제개발학 교수인 디팩 랄(Deepak Lal)도 유사한 논리를 펴고 있다. "팍스 아메리카나의 주요한 임무는 중동에서 새로운 질서를 수립하는 방법을 찾아내는 것이다 … 많은 사람들이 중동의 현 상태를 바꾸는 일은 제국주의적이며, 이는 중동의 원유를 지배하려는 의도에서 비롯된 것이라고 비난한다. 제국주의는 비난의 대상이라기보다는 중동 지역의 질서회복을 위해 필요한 것이다."[2]

이런 주장은 신보수주의자들에게서 나온 것이지만 미국 외교정책의 주류로 자리 잡고 있다. 미국의 지배계급 내부에서는 미 제국을 확장하려는 시도에 반대하는 의견이 거의 없다. 브루킹스 연구소의 선임연구원인 아이보 다들러(Ivo Daadler)와 제임스 린지(James Lindsay)는 "논쟁의 핵심은 … 제국을 건설할 것이냐가 아니고 어떤 제국을 건설할 것인가이다"라고 주장한다.[3] 하버드 대학교 J. F. 케네디스쿨 카(Carr) 인권정책 연구소장인 마이클 이그나티에프(Michael Ignatieff)도 분명하게 주장한다. 그는 "이 새로운 제국주의는 … 이론적으로는 인도주의적이지만 실현방법에 있어서는 제국주의적이다. 새로운 제국주의 하에서는 각 국가가 이론적으로는 독립되어 있지만 실제로는 그렇지 않은 상태인 부주권(副主權, subsovereignty)을 보유한다. 미국인이 아프가니스탄이나 발칸 반도에 가 있는 것은 결국 미국의 국익에 필수적인 지역에서 제국주의적인 질서를 유지하기 위해서이다. 그들은 야만적 위협에 대항하여 질서를 유지하기 위해 그곳에 있는 것"이라는 논리를 펼치고 있다. "서방세계의 마지막 군사대국"으로서, 그리고 서방세계의 "마지막으로 남은 제국"으로서 미국은 "로마가 그랬던 것처럼 제국적 구조와 질서를 세워야 할" 책임을 갖고 있으며, 미국은 "이제 야만인들에 대해 눈을 떴고 … 야만인들에 대한 정당한 징벌이 시작되었다. 더 많은 응보가 뒤따를 것이다."[4)]

위에서 인용한 말들은 제국주의 세력으로서의 미국의 실상을 반영하고 있다. 2002년 가을에 발표한 「미국 국가안보 전략(*National Security Strategy of the United States*)」의 서문에서 조지 W. 부시 대통령은 소비에트 연방의 붕괴 이후로 "국가적 성공을 위한 지속 가능한 모델은 오직 하나밖에 남지 않았다. 그것은 바로 자유와 민주주의 그리고 자유로운 기업"이라고 선언하였다. 부시 대통령은 또한 이 모델이 미국의 자본주의 제도로 구체화되어 있다고 주장하였다. 이 모델이 제시하는 방향을 따르지 않는 사회는 실패할 수밖에 없고, 그런 사회는 미국의 안보를 위협하는 존재로 규정될 것이라는 암시를 내포하고 있다. 동 보고서의 본문은 영구적으로 지구 전체를 전략적으로 지배하고자 하는 미국의 목표를 공개적으로 선언하였다. 미국은 자신의 지배에 대하여 직접적인 위협을 가하거나 그럴 가능성이 있는 국가들에 대한 "선제" 혹은 "예방" 전쟁의 의사를 밝혔다. 미국의 우방국이나 동맹국에 위협을 가함으로써 미국의 지배에 간접적으로 도전하는 국가들도 이러한 전쟁 대상에 포함된다. 이와 같은 미국의 신국가안보 전략은 앞으로 어느 누구도 미국의 군사적 능력에 맞서지 못하도록 하기 위하여 예방적 조치가 취해질 것임을 강조하고 있다. 부시 대통령은 지난 2004년 4월 13일, 미국은 자신이 적으로 간주하는 대상과 계속적으로 전쟁을 함으로써 "공세적 자세를 유지해야 한다"고 공포하였다.

9·11 테러 이후 미국은 아프가니스탄 전쟁과 이라크 전쟁을 시작하고, 미 군사기지 체제를 전 세계로 확장하였으며, 군사비용 지출을 대규모로 증대시켰다. 현재 미국의 군사비 규모는 미국을 제외한 전 세계 모든 국가의 군비 지출을 합한 것보다도 많다. 언론인 그레그 이스터브룩(Greg Easterbrook)은 뉴욕타임즈에 게재한 글에서 이라크에서의 미국의 전격전을 자랑스러워하면서 미국의 군사력이 "전 세계 역사상 최고 수준이며, 1940년의 독일 국방군(Wehrmacht)이나 황금기 로마제국의 군단보다도 강하다"고 주장하였다.[5)]

위와 같은 제국주의 양상에 대한 미국 좌파 진영 비평가들의 대응은 대부분 몇몇 주동자들을 축출해내자는 데 지나지 않았다. 그들은 신보수파가 부시 행정부를 장악하고 군사주의적 · 제국주의적 정책을 채택해 왔다고 주장한다. 예를 들어 사회학자 마이클 만(Michael Mann)은 자신의 저서 『분별 없는 제국(*Incoherent Empire*)』에서 부시 대통령을 통해 "실제 전쟁경험이 없는 강경파들의 신보수주의적 쿠데타가 백악관과 국방부를 장악하였다"고 하였다. 만이 생각하기에 이러한 사태를 끝내는 해결책은 간단하게 이들 군사주의자들을 행정부에서 몰아내는 것이다.[6)]

이에 비해 이 책에 담은 나의 주장은 다른 결론을 추구한다. 미국의 군사주의와 제국주의는 자본주의의 정치경제적 논리와 미국 역사에 깊이 뿌리 내리고 있다. 미국 제국주의의 옹호자들도 인정하듯이 미국은 그 태생부터가 제국이다. 부트는 「미국 제국주의?(American Imperialism?)」라는 제목의 글에서 "미 합중국은 적어도 토마스 제퍼슨이 루이지애나 영토를 매입한 1803년 이래로 계속 제국이었다 …

제퍼슨이 자유의 제국이라 명명한 미 제국은 19세기 내내 미 대륙 전역으로 확장되었다"고 말하였다.[7)] 이후 미국은 1898년 미서 전쟁과 이에 이어 "백인의 부담"을 실행한다는 구실로 행해진 잔혹했던 미-필리핀 전쟁 등을 통해 해외 영토까지 침략하고 식민화하였다. 제2차 세계대전 이후 미국과 여타 제국주의 국가들은 공식적 형태의 정치적 제국은 포기하였지만 군사적 위협과 (비록 소수이지만) 때로는 실제 군사적 개입을 통해 사적인 경제 제국을 유지하여 왔다. 동서 냉전이 이와 같은 신식민 현실을 어느 정도 가려주기는 하였지만 완전히 감추어 주지는 못하였다.

제국의 성장은 미국의 경우에만 특별하게 나타나는 것도, 특정 국가들의 정책적 부산물도 아니다. 바로 자본주의의 전체 역사와 논리의 체계적 결과물인 것이다. 자본주의는 15-16세기에 탄생한 이래로 계속 지구적인 확장을 그 특징으로 하였다. 또한 자본주의는 본국과 위성국, 중심과 주변으로 나누어진 위계적인 체제이다. 과거와 마찬가지로 현대 제국주의의 목표는 주변 경제를 중심 자본주의 국가의 투자에 개방함으로써 원자재의 저가 공급과 세계 체제의 주변에서 중심부로 경제적 잉여의 순유출을 보장하는 것이다. 이러한 체제 속에서 제3세계는 값싼 노동력 공급처로서 전 세계로 노동력을 보급한다. 주변부 경제는 국내적 필요보다는 미국 및 다른 핵심 자본주의 국가의 외부적 필요에 부응하도록 구조화된다. 그 결과 지구상의 빈곤한 지역들은 주목할 만한 몇몇 예외적인 경우를 제외하고는 만성적 종속 상태와 부채에 시달리게 되었다.

신군사주의와 신제국주의가 새로운 것이 아니라 미국 및 세계 자본주의의 역사와 맥을 같이 하는 것이라고 할 때 다음과 같은 중요한 질문이 제기된다 : 왜 미 제국주의는 최근 몇 년간 반대자들과 지지자들의 이목을 모두 끌 정도로 노골적이 되었는가? 불과 몇 년 전만 해도 좌파에 뿌리를 둔 반세계화 이론가들조차도 베트남전을 마지막으로 제국주의의 시대는 끝났다고 주장하였다. 마이클 하르트(Michael Hardt)와 안토니오 네그리(Antonio Negri)의 저서 『제국(*Empire*)』이 그 대표적인 예이다.[8)] 그러나 1890년대 이래로 미국의 권력구조가 오늘날만큼 당당하게 제국주의를 포용한 적은 없었다. 이러한 변화를 파악하기 위해서는 베트남전 이후 지난 30년간의 역사적 흐름을 분석해 보아야 한다.

냉전 이데올로기의 포장에도 불구하고 분명한 제국주의 전쟁이었던 베트남전은 1975년 미국의 패배로 끝났다. 미국의 패배는 1970년대 초 미국 및 세계 자본주의 경제의 갑작스러운 성장률 하락과 때를 같이하였다. 자본주의 체제의 오래된 적인 장기정체가 다시 나타난 것이다. 또한 전쟁과 미 제국의 성장에 더하여 달러화가 대규모로 해외로 빠져나가면서 거대한 유로달러 시장이 형성되었다. 유로달러 시장의 탄생이 중요한 원인이 되어 1971년 닉슨 대통령이 금태환 정지를 선언함으로써 금본위제에 종지부를 찍었다. 이는 미국 패권의 쇠퇴를 알리는 신호였다. 한편, 페르시아 만의 국가들은 1973년 4차 중동 전쟁(욤 키푸르 전쟁)에서 서방세계의 이스라엘 지원에 대한 대응책이자 석유수출국기구(OPEC)의 일반적 가격 인상의 일환으로 석유 수출량을 감축하였다. 미국 및 여타 산업 선진국들은 에너지 위기를 맞았으며, 이는 석유 수입에 의존하는 미국의 취약점을 노출시켰다.

위와 같은 상황에서 보수파들이 "베트남 증후군"이라 명명한 현상이 발생하였다. 즉 미국 국민들은 자국이 제3세계 국가들에 군사적으로 개입하는 것에 대하여 냉소적이 되었고, 이로 인해 미국은 더 이상 거대한 군사기지를 운영하여 세계 각지 위기상황에 대처할 수 없게 되었다. 결과적으로 미국의 해외 개입이 감소하는 동안 1974년 에티오피아, 1974-1975년 포르투갈의 아프리카 식민지(앙골라, 모잠비크, 기니아-비소), 1979년 그레나다, 이란, 니카라과, 1980년 짐바브웨 등지에서 제국주의 체제로부터의 분리가 급속하게 확산되었다.

1970년대 말에 있었던 미 제국주의의 가장 중대한 패배는 1979년 이란혁명이다. 이란혁명은 페르시아 만과 그 지역 석유에 대한 미국의 군사적 지배에 요긴한 존재였던 국왕 샤를 몰아내었다. 이란혁명 및 에너지 위기의 결과로 중동 지역은 미국의 세계 전략에서 가장 큰 우려의 대상이 되었다. 1980년 1월 카터 대통령은 "페르시아 만 지역을 장악하려는 외부의 시도는 모두 미국의 사활적 이익에 대한 공격으로 간주될 것이며, 미국은 군사력을 포함하여 필요한 모든 수단을 동원하여 그러한 공격을 물리칠 것"이라고 공표하였다. 후에 카터 독트린으로 알려진 이와 같은 내용은 미 대륙에 대한 미국의 지배 논리이자 서반구 내 다른 국가들에 대한 미국의 군사적 침략을 정당화하는 사실상의 "법적 원칙"이었던 먼로 독트린과 유사하게 쓰여졌다. 요컨대 카터 독트린은 미국이 페르시아 만을 군사적으로 지배하고 있으며, "필요한 모든 수단"을 사용하여 페르시아 만 지역을 미 제국 내로 완전히 편입시킬 것이라고 말하고 있다. 중동에서의 미국의 영향력을 정당화하는 주장은 아프가니스탄이 소련의 침공에 저항하던 시기에 나왔다. 미 중앙정보국(CIA)의 지원을 받은 아프가니스탄의 군사적 저항은 역사상 최대 규모의 비밀 전쟁이었다. 미국은 오사마 빈 라덴을 비롯한 이슬람 근본주의자들까지도 소련 점령군에 대항한 신성한 전쟁(지하드)에 동원하였다. 아프가니스탄 전쟁 및 이어진 걸프 전쟁이 야기한 예기치 않은 결과들은 9·11 테러를 불러온 직접적인 원인이 되었다.

레이건 대통령이 통치하던 1980년대의 미국은 공세를 확장하고 냉전 시대의 군비경쟁을 재개하는 한편, 1970년대에 있었던 혁명을 되돌리는 데 힘썼다. 이에 따라 소련 점령군에 대한 아프가니스탄의 저항을 비밀리에 계속 지원하였을 뿐만 아니라, 1980–1988년 이란–이라크 전쟁 중에는 이라크의 사담 후세인에게 군사적·경제적 원조를 제공하였다. 중동 지역에 대한 미국의 직접적 군사 개입도 증가하였다. 1980년대 초에는 레바논에 군대를 파견하였으나 1983년 해병대 현지 막사에 폭탄 테러 공격이 가해진 이후 군대를 철수하였다. 한편, 비우호적 국가와 세계 각지의 혁명적 움직임을 전복시키기 위한 비밀 작전들을 지원하였다. 특히, 니카라과의 산디니스타들과 과테말라와 엘살바도르의 혁명군에 대한 비밀 전쟁을 선동하였다. 미국은 또한 1983년 그레나다를 침공하였으며, 레이건의 후임자인 조지 H. W. 부시 대통령이 중앙아메리카에 대한 주도권을 재확립하기 위하여 1989년 12월 파나마를 침공하였다.

그러나 미 제국주의의 진정으로 큰 변화는 1989년 소련권의 붕괴 뒤에 나타난다. 앤드류 바세비치(Andrew Bacevich)는 『미국 제국

(*American Empire*)』에서 "1898년 [미서 전쟁에서의] 승리가 카리브 해를 미국의 호수로 만들었듯이 1989년의 [냉전의] 승리도 전 세계를 미국의 활동영역으로 만들었다. 미국의 이익은 끝을 모른다"라고 서술하였다.[9] 세계 무대에서 소련이 갑작스럽게 퇴진하고 얼마 지나지 않아 1991년 여름에는 스스로 붕괴하자 중동에 대한 미국의 전면적 군사 개입 가능성이 다시 재기되었다. 미국의 전면적 군사 개입은 걸프전이 시작된 직후인 1991년 봄 현실로 나타났다. 미국은 이라크의 쿠웨이트 침공이 임박하였다는 사실을 미리 알고 있었음에도 실제 침공이 일어나기 전에는 이에 대해 강하게 반대하지 않았다.[10] 이라크의 침공은 미국에게 중동에서 전면전을 일으킬 구실을 제공한 것이다. 10만 명에서 20만 명에 달하는 이라크 병사들이 걸프전에서 전사하였고, 미국과 영국의 폭격으로 최소 15,000명의 이라크 민간인이 사망하였다.[11] 1991년 4월 부시 대통령은 걸프전의 가장 중요한 수확 중 하나라고 찬양하며 "하느님의 도움으로 우리는 베트남 증후군을 극복하였다"고 말하였다.

그럼에도 불구하고 미국은 당시의 우위를 이용하여 이라크를 점령하는 일은 하지 않기로 결정하였다. 이러한 결정을 내린 데에는 걸프전 동맹국 중 아랍 국가들이 이라크 점령을 지지하지 않을 것이라는 점을 비롯하여 여러 가지 이유들이 있었지만 가장 중요한 것은 소련권의 붕괴에 따른 지정학적 변화였다. 당시 소련권은 이미 휘청거리고 있었다. 하지만 소련과 소련이 지정학적으로 지배하던 지역의 미래는 여전히 불투명하였다. 때문에 미국은 이라크 점령을 계속할 경우 발생할 수 있는 군사적 문제를 감당할 여유가 없다고 판단하였다. 그러나 소련은 불과 몇 달 뒤 완전히 붕괴하였다.

이후 클린턴 대통령이 이끈 1990년대의 미국은 '아프리카의 뿔' 로 불리는 소말리아, 중동, 카리브 해, 동유럽 등지에서 상당한 규모의 군사적 개입을 단행하였다. 그 정점이라고 할 수 있는 것이 1999년 유고슬라비아(코소보) 전쟁이다. 미군은 나토군을 이끌고 11주간 폭격을 가한 뒤 나토 지상군을 현지에 투입하였다. 코소보 전쟁은 "인종 청소"를 막는다는 명분을 내세웠지만, 지정학적으로는 소련의 영향권 하에 있었던 발칸 지역으로 미 제국의 세력을 확대하기 위한 것이었다.

20세기가 끝날 무렵 미 제국은 전 지구적인 영향력을 행사하게 되었으며, 미국의 권력 엘리트들은 이미 미증유의 '벌거벗은 제국주의' 의 정책을 받아들였다. 1999년 11월 시애틀 투쟁을 비롯하여 대규모의 반세계화 운동이 나타나고 있었지만, 미 제도권은 신자유주의적 세계화를 촉진하고 미국의 전 세계적 지배에 기초하는 21세기형 제국주의를 향하여 힘차게 나아가고 있었다. 퓰리처상을 수상한 뉴욕타임즈의 칼럼니스트 토마스 프리드만(Thomas Friedman)은 "시장의 보이지 않는 손은 보이지 않는 주먹 없이는 결코 작동할 수 없다. 맥도날드는 F-15의 제작사인 맥도넬 더글라스(McDonnell Douglas) 없이는 번성할 수 없는 것이다. 미 육·해·공군과 해병대가 바로 실리콘 밸리의 기술을 위하여 세계를 안전하게 유지하는 보이지 않는 주먹"이라고 하였다.[12] 그러나 이 "보이지 않는 주먹"은 부분적으로만 보이지 않을 뿐이며, 향후 점점 더 눈에 잘 띄는 방향으로 나가게 된다.

물론 더욱 공공연한 군사적 제국주의로의 변화는 단계에 따라 점진적으로 이루어진 것이 사실이다. 1990년대 대부분에 걸쳐 미국 집권계급과 국가안보 주도층들은 소련의 퇴장 이후 미국이 유일한 초강대국으로 남은 상황에서 무엇을 할 것인가에 대한 논의를 막후에서 펼쳤다. 미국이 지배하는 세계 제국의 경제적 진의가 무엇인지에 대해서는 당연히 이견의 여지가 없었다. 1990년대의 세계는 신자유주의적 세계화가 강화되는 것을 목격하였다. 세계 경제의 중심부를 구성하는 부유한 자본주의 국가들의 권력이 주변부의 가난한 국가들에 비하여 강화되는 직접적인 원인은 전 세계에 걸쳐 자본 이동을 막는 장벽이 철폐되었기 때문이다. 결정적인 변화는 독점자본주의의 시장 지배를 강화하기 위하여 세계은행과 국제통화기금(IMF)에 더하여 세계무역기구(WTO)가 창설된 것이다. 세계 대부분의 국가의 입장에서 볼 때 이는 더욱 착취적인 경제 제국주의의 대두라고 볼 수 있다. 반면, 세계 경제의 핵심에 설 국가들은 신자유주의적 지구화를 세계적인 금융 불안정 조짐에도 불구하고 완전한 성공 사례로 여겼다. 세계 금융 불안정은 1997-1998년 아시아 금융위기에서 현실로 나타났다.

한편, 미국 지배층은 미국이 어떠한 방식으로, 어느 정도까지 자신이 가진 근원적인 우위를 사용할 것인지와 단극체제에서 미국의 지구적 우위를 강화하는 데 자국의 광대한 군사력을 동원할 것인가에 대한 논의를 계속하였다. 신자유주의가 경제위기가 야기하는 비용을 빈곤국가에게 전가함으로써 경제정체를 극복하려는 해결책으로 나온 것이었다면, 미국 경제 패권의 쇠퇴라는 문제는 지금까지와는 전혀 다른 새로운 해결책을 필요로 하는 것처럼 보였다. 즉 미국을 세계 체제의 군사적 거인으로 재정립할 필요가 있었다.

소련의 붕괴 직후 조지 H. W. 부시 행정부의 국방부는 지구적 상황 변화에 따른 국가안보 정책의 재조정을 시작하였다. 당시 국방부 정책담당 차관이던 폴 월포위츠(Paul Wolfowitz)의 지휘 하에 1992년 3월 『국방계획지침(*Defense Planning Guidance*)』이 완성되었다. 동 보고서는 미국 국가안보의 주요 목표가 "잠재적인 경쟁자의 부상을 미리 차단하는 것"이라고 밝히고 있다.[13)] 이후 1990년대 미국 제도권 내부의 논의는 미국이 과연 세계 제1인자의 자리를 추구할 것인가가 아니었다. 그보다는 미국이 일방주의적 접근법을 사용할 것인지, 아니면 리차드 하스(Richard Haass)가 "보안관과 보안대"라고 표현한 다원주의적 접근법을 사용할 것인지에 더 초점이 맞추어졌다. 한편, 조지 W. 부시 대통령의 당선을 염두에 두고 후에 부시 행정부의 일원이 될 도널드 럼스펠드(Donald Rumsfeld)와 월포위츠 등이 주역이 되어 조직된 '새로운 미국의 세기를 위한 프로젝트(Project for the New American Century)'는 당시 부통령 후보였던 딕 체니(Dick Cheney)의 요청에 따라 『미국 방위 재구축(*Rebuilding America's Defenses*)』[14)]이라는 외교 보고서를 발표한다. 이 보고서는 1992년 『국방계획지침』에 들어 있는 일방적이고 노골적으로 공격적인 전략들을 다시 한 번 강조하였다. 이상과 같은 접근법은 9 · 11 테러 이후 발표된 2002년 『미국 국가안보 전략』을 통해 미국 정부의 공식적 정책으로 자리 잡았다. 이라크 침공을 주장하는 목소리들도 사실상 신세계 전쟁을 선언한 것과 다름없는 미국의 국가안보에 관한 새로운 선언과 같은 시기에 등장하였다.

이러한 갑작스러운 변화에 대한 비평가들의 공통적인 반응은 2000년 대선 이후 정권을 잡은 신보수주의자(이른바 '네오콘')들이 미국의 정치, 군사 명령체계의 중심을 장악하였다는 단순한 것이었다. 더욱이 2001년 9월 11일의 테러 공격이 이들에게 추가적인 기회를 제공하여 전 지구적 차원에서 제국적 공세와 신군사주의가 나타났다고 비평가들은 말한다. 그러나 미 제국의 확장은 앞에서도 말하였듯이 소련 붕괴 당시 이미 상당히 진척된 상태였으며, 시작부터 민주당과 공화당 양당 협력에 기초한 프로젝트였다. 클린턴 행정부의 미국은 구소련 영향권 하에 있던 동유럽의 발칸에서 전쟁에 가담하는 한편, 소련 영토의 일부이던 중앙아시아에 미 군사기지를 설립하였다. 또한 1990년대 말 미국은 이라크를 매일 폭격하였다. 2004 대선에서 민주당 대선 후보였던 존 케리(John Kerry)가 이라크 전쟁 및 테러와의 전쟁에 군사력을 증강 투입하고 더욱 단호하게 전쟁을 수행하겠다고 공약하고, 자신은 미국이 어느 정도까지 독단적인 자경(自警)대의 역할 대신 "보안관과 보안대" 역할을 맡아야 할 것인가에 있어서 다른 후보와 차별화된다고 말한 것은 1990년대부터 계속된 민주당의 제국에 대한 입장을 반복 주장했음에 불과하다. 즉 완전히 벌거벗은 제국주의는 아니지만 그에 못지않게 노골적인 제국주의를 자랑한 것이다.

역사유물론적 자본주의 비판의 장기적인 관점에서 보면 소련의 붕괴 이후 미 제국주의가 택할 방향은 분명하였다. 자본주의는 그 근본 논리상 전 지구적인 팽창체제이다. 이 체제는 국경을 초월하는 경제적 욕망과 여전히 민족국가에 기반을 둔 정치적 현실 사이의 모순을 결코 뛰어넘지 못한다. 그러나 이러한 모순을 뛰어넘으려는 개별 국가들의 불운한 도전 또한 자본주의의 근본 논리의 중요한 부분이다. 하나의 자본주의 국가가 파괴수단을 사실상 독점하고 있는 지금과 같은 세계 환경에서, 그 국가가 세계를 전면적으로 지배하고 세계 경제를 좌우하는 지구적 국가로 탈바꿈하려는 시도를 하는 것은 거의 불가피하다. 저명한 마르크스주의 철학자인 이스트반 메자로스(István Mészáros)는 조지 W. 부시 대통령이 당선되기 '이전'에 쓴 『사회주의냐 야만이냐(*Socialism or Barbarism*)』에서 "지금 세계에서 중요한 것은 경쟁자들의 독립적인 행동을 견제는 하지만 그래도 여전히 용인하면서 지구의 일부 특정 지역을 지배하는 것이 아니다. 해당 지역이 아무리 큰 지역이라 할지라도 상관없다. 중요한 것은 경제적 패권을 쥐고 있는 군사 초강대국 미국이 모든 수단을 동원하여 전 지구에 대한 지배권을 획득하는 것이다. 이러한 수단은 가장 극단적인 권위주의적 수단과 필요에 따라서는 폭력적인 군사적 수단까지도 포함한다"고 말하였다.[15)]

이와 같이 전례가 없는 새로운 세계적 무질서의 위험은 두 가지 세계적 대변동에 잘 나타난다. 그 첫 번째는 핵확산과 그로 인한 핵전쟁 발발 가능성의 증가이고, 두 번째는 지구 환경 파괴이다. 이를 상징적으로 보여주는 것이 부시 행정부의 포괄적 핵실험 금지조약(Comprehensive Test Ban Treaty) 서명 거부와 지구 온난화 억제를 위한 첫 걸음인 교토 의정서 비준 실패이다. 케네디 행정부와 존슨 행정부 당시 국방부 장관이던 로버트 맥나마라(Robert McNamara)는 "미국은 내가 국방부 장관이던 7년 동안이나 그 이후에도 '선제공격'을 배제하는 정책을 채택한 적이 없다. 우리는 대통령의 결정에 따라 우리의 국익에 도움이 된다고 판단할 경우 적이 핵을 보유하였건 하지 않았건 핵 선제공격을 가할 준비가 항상 되어 있다"고 확언하였다.[16] 재래식 군사력 측면에서 세계 최강이며 이를 자신의 지구적 권력 확대를 위해 일방적으로 사용할 생각을 가진 국가가 동시에 세계 최대의 핵무기 보유국이자 자신이 적합하다고 판단할 경우 핵무기를 사용할 준비가 돼 있는 국가라는 점은 세계를 긴장하게 만든다. 또한 지구 온난화를 야기하는 이산화탄소를 다른 어떤 국가보다도 많이 배출하는(세계 이산화탄소 배출량의 1/4 정도에 달하는 양) 국가가 기후변화와 여러 가지 환경 문제에 대처하는 데 가장 큰 걸림돌이 되고 있다는 사실은 현 상태가 계속될 경우 문명 자체가 파괴될 수 있는 가능성을 더욱 높여준다.

경제침체, 세계 빈부 격차 확대, 미국 경제 패권의 약화, 핵위협의 증가, 악화되는 환경 등으로 대표되는 지구적 위기의 시대에 미국은 전 지구적으로 주권적 권한을 행사하려고 한다. 이는 국제적 불안정을 더욱 강화시킨다. 유럽연합이나 중국과 같이 언젠가는 미국의 권력에 도전할 수 있는 잠재적 세력이 지역 차원은 물론 지구적 차원에서도 등장하고 있다. 우고 차베즈(Hugo Chávez)가 주도한 볼리바르 혁명에서 보듯이 제3세계의 혁명은 사라지기는커녕 다시 추진력을 얻고 있다. 중동과 그 지역의 석유에 대한 제국주의적 지배를 강화하려는 미국의 시도는 멈출 것 같지 않은 이라크의 심한 저항에 부딪혀 제국의 과도 팽창 상황을 만들어내고 있다. 미국이 자신의 핵무기는 과시하면서도 자신의 국력을 제약한다는 이유로 핵무기를 제한하는 국제 협약을 지지하기를 거부하는 사이 핵확산은 계속되고 있다. 북한을 비롯한 새로운 나라들이 이른바 “핵클럽”에 이미 가입하였거나 곧 들어올 것으로 예상된다. 제3세계에서의 제국주의 전쟁에 대한 테러리스트들의 예기치 않은 대응은 이제 널리 알려진 현실이며, 뉴욕과 런던 등지에서 추가적 테러 공격에 대한 두려움이 커지고 있다. 세계 자본주의 경제의 불균등한 성장과 미국이 세계를 지배하려는 욕구에 뿌리를 둔 이와 같은 광범위하고 상치되는 역사적 모순들은 제국주의의 역사상 가장 위험한 시기의 전조를 보여준다.

미국 자본주의와 세계 자본주의는 지구적 야만을 향해 가고 있다. 더 심각한 상태를 향해 가고 있는지도 모른다. 그러나 인간 역사에서 불가피한 것이란 없다는 사실을 기억해야 한다. 박애주의적이고 평등주의적이며 민주적이고 지속 가능한 사회를 향한 전 지구적 투쟁이라는 대안이 여전히 존재한다. 이러한 사회를 부르는 전통적인 이름이 “사회주의”이다. 실질적 인간 평등의 세계를 위한 투쟁은 현 체제의 취약한 고리에 초점을 맞추는 동시에 새롭게 대두한 벌거벗은 제국주의에 대항하여 지구적 저항을 조직하는 일로부터 시작되어야 한다. 그것이 가장 긴급한 세계적 과제이다.

Chapter 1

9·11 이후 … 테러와의 전쟁

2001년 11월

뉴욕의 세계무역센터와 워싱턴의 펜타곤을 겨냥한 9·11 테러는 오랫동안 잊혀지지 않을 깊은 인명피해를 낸 완전히 비인간적이고 결코 정당화할 수 없는 폭력행위이다. 그와 같은 테러는 지구상에서 사라져야 할 것이다. 문제는 어떻게 이를 달성할 것인가이나. 미국은 테러가 반테러를 낳는 지명석인 게임에서 피해자로서보다는 주로 가해자로서 오랫동안 참여해 왔다.

미국의 보복전략은 전 세계적인 테러와의 전쟁 형태로 나타났다. 이는 10월 7일 아프가니스탄 군사공격으로 시작되었으며, 앞으로 수년간 더욱 심한 비극을 초래할 것이 분명하다. 따라서 미국의 군사주의와 제국주의의 현실을 조명해 보고, 이들이 프로파간다를 통하여 어떻게 국민의 감시로부터 벗어났는지를 조명해 보는 것이 그 어느 때보다도 중요하다.

군사주의와 미 자본주의

현대의 로마라고 할 수 있는 미국이 지배적인 세계 제국이라는 것은 분명하다. 적어도 1940년대부터 미국은 군사, 경제, 정치력 측면에서 세계 최강국으로서의 자리를 유지하고 확장하기 위하여 노력해 왔다. 오늘날 전 세계 국방비 지출의 1/3 가량을 미국이 집행하고 있다. 미국은 또한 세계 최대 무기 수출국 가운데 하나이다. 그리고 제2차 세계대전 이후 다른 어떤 나라보다도 지구상의 많은 지역에서 더 많은 파괴와 죽음을 초래하였다.

다음과 같은 사실을 고려해 보라. 미국이 1945년 이래로 타국에 병력을 파견한 횟수는 CIA의 수많은 대(對) 반란 지원활동을 제외하더라도 70회가 넘는다. 중동/이슬람권에서만도 지난 20년간 미군은 다음과 같은 일들을 행하였다 :

- 1981년 리비아 제트기 격추
- 1982년 다국적군의 일부로 병력과 무기 파견
- 1982년 레바논에 해병대 파견
- 1983년 리비아와 이집트를 대상으로 공중경계관제시스템(AWACS)을 탑재한 전자감시 항공기 급파
- 1984년 페르시아 만에서 사우디아라비아가 이란 전투기 격추를 돕기 위해 공중경계관제시스템(AWACS)을 탑재한 전자감시 항공기 사용

- 1986년 리비아에 미사일 발사 및 폭격
- 1989년 리비아 전투기 격추
- 이란-이라크 전쟁 동안 쿠웨이트 원유 탱크 호위
- 1991년 이라크를 상대로 걸프전 수행
- 지난 십년간 이라크에 수차례 미사일 공격 및 폭격 감행
- 1992년 이라크를 겨냥하여 쿠웨이트에서 군사훈련 실시
- 1992년 소말리아에 무장병력 파견
- 1998년 미사일 공격으로 수단의 몇 안 되는 제약공장 중 하나 파괴
- 1998년 아프가니스탄의 오사마 빈 라덴을 목표로 집속탄이 장착된 크루즈 미사일 60발 발사
- 2001년 아프가니스탄 전쟁 시작[1)]

걸프 전쟁은 10만 명이 넘는 이라크 민간인 희생자를 낳았으며, 걸프전 이후 가해진 미국의 경제 제재 조치로 50만 명에 달하는 어린이들이 목숨을 잃었다. 미국은 매년 이스라엘에 수십 억 달러에 상당하는 군사 원조를 제공하고 이스라엘의 영토 야망을 제지하기를 거부함으로써 팔레스타인인들을 대상으로 한 테러와의 전쟁의 주요한 당사자가 되었다.

이와 같은 제국주의적 침략을 어떻게 설명할 것인가? 제2차 세계대전 이래로 미국 자본주의는 경제 부양과 해외에서 자국의 제국주의적 이익을 지키기 위해 대규모의 군비 지출에 의존해 왔다. 이러한 측면에서 볼 때 소련의 붕괴와 냉전의 종결은 미 지배계급에게

긍정적인 결과뿐만 아니라 부정적인 결과를 가져왔다. "악의 제국"이 사라진 마당에 한 해 수천 억 달러에 달하는 군비 예산을 어떻게 정당화할 것인가? 또한 냉전 시기 동안에는 광범위한 냉전동맹의 구조 안에서 미국의 이해에 대부분 종속되어 왔던 경쟁적인 자본주의 국가들의 미국 경제력에 대한 도전도 증가하였다.

따라서 소련의 몰락 이후 미국의 지배계급들은 냉전 대신 자신들의 제국주의적 설계를 정당화할 대체 목표물을 찾으려고 노력해 왔다. 테러와의 전쟁, "불량국가"를 상대로 한 싸움, "문명의—사무엘 헌팅턴(Samuel Huntington)이 제시한 이슬람, 중국 문명과 서구 문명의—충돌", 세계적인 마약과의 전쟁, 인도주의적 개입 등 다양한 대안들이 제시되었다. 이 대안들은 비록 부족한 점은 있지만 냉전 이후 국방예산의 극적인 감축을 막는 데는 충분하였다. 다행히도 1990년 사담 후세인의 쿠웨이트 침공이라는 뜻하지 않은 행운이 나타났다. 그러나 걸프전에서 미국의 이라크군에 대한 신속한 승리는 너무도 완전하고 파괴적이었기 때문에 후세인은 미국의 전 세계적 군사 책임을 정당화할 확실한 이유가 될 수 없었다. 콜린 파월(Colin Powell) 장군은 1991년 이 문제에 대하여 언급하였다 : "잘 생각해 보라. 나는 악마들을 잃고 있다. 악역들이 사라져 가고 있다."[2)]

미국의 권력자들은 이를 해결할 수 없는 딜레마라고 본 것이 분명하다. 몇 주 전 이 글을 쓰던 당시만 해도 소련과 체결한 탄도탄요격미사일(ABM) 조약을 탈퇴하고 미사일 방어체제를 구축함으로써 군비 지출을 확대하려던 부시 대통령의 제안은 의회의 강한 반대에 부딪힐 것으로 보였다. 공화당과 민주당 모두 군비 증강을 계속적으로 지지해 왔기 때문에 부시가 제안한 프로그램의 대부분이 결국은 받아들여질 것이라 해도 말이다.

테러리스트들의 세계무역센터와 펜타곤 공격은 이 모든 것을 바꾸어 놓았다. 미국은 소위 21세기 첫 전쟁이라고 일컬어지는 전쟁을 준비하고 있다. 경기침체와 증가하는 불확실성으로 힘들어 하던 월가(Wall Street)로서는 하루아침에 급증하였고 가까운 미래에도 늘어날 군비 지출과 이에 따른 군사 용역업체들의 주가 급등이 정말 좋은 소식이었을 것이다.

테러 공격으로 인한 공포와 충격에도 불구하고 미국 지배계급은 재빠르게 이를 냉전의 규모에 버금가는 새로운 지구적 십자군 운동을 펼칠 기회로 활용하였다. 따라서 미 지배계급은 전쟁의 불길을 지피는 데 조금도 지체하지 않았다. 세계무역센터의 북쪽 타워가 완전히 무너지기도 전에 테러 공격에 군국주의적으로 대응한다는 방침이 이미 확고하게 정해졌다. 부시 대통령은 2001년 9월 20일 대국민 연설에서 오사마 빈 라덴과 그의 테러리스트 네트워크를 이번 공격의 배후로 지목하고 아프가니스탄의 탈레반 정권에 선전포고를 하였다. 적에게 거처를 제공해 온 탈레반 정권도 미국의 공격목표라는 것을 보여준 것이다. 그러나 부시 대통령은 여기서 멈추지 않았다. 그는 "이들 테러리스트들은 세계 60개국 이상에 수천 명이 존재하고 있다 … 모든 지역, 모든 국가는 지금 결정을 내려야 한다. 당신들은 우리 편이거나 테러리스트 편이다. 오늘부터 미국은 테러에 대한 지원 및 거처 제공을 계속하는 모든 국가를 적대적인 정권으로 간주하겠다"고 선언하였다. 미국은 극적인 군사 공습과 비밀 작전을 포함하는 "유례없는 장기 작전"을 시작하였다. 지상군이 투입될 것이고 사상자가 발생할 것이다. 미국은 적에게 "필요한 모든 전쟁 수단"을 사용할 의사를 밝혔다(이 발표는 의도적으로 핵무기 사용을 배제하지 않았다). 부시 대통령은 "하느님은 중립적이지 않다"고 공언하며 죄인에 대한 신의 징벌이라는 익숙한 기독교적 개념을 원용하였다.

그러나 이 연설의 뒤에는 더욱 무서운 현실이 자리하고 있었다. 미 의회는 단 한 명[캘리포니아 출신 하원의원 바바라 리(Barbara Lee)]을 제외하고 만장일치로 대통령에게 그가 원하는 대로 이러한 애매한 전쟁을 수행할 권한을 넘겨주는 데 동의하였다. 뿐만 아니라 미국의 적 자체를 규정하는 권한까지도 대통령에게 주었다. 당시 대통령은 이미 전 세계적 차원에서 미국의 적을 규정하고 있었다. 부시와 그의 행정부는 (추적이 어려운 테러리스트보다 공격하기 쉬운 대상인) 다른 나라들과의 전쟁을 수행할 것이라는 점도 분명하게 밝혔다. 그러나 미국 국민들은 여전히 오사마 빈 라덴과 아프가니스탄의 탈레반 정권 이외에 추가적인 적이 누가 될 것인지, 또는 미군이 아프가니스탄 이후 어디를 공격할지에 대하여 알지 못하였다. 부시의 연설은 분명한 지리적 경계도, 사용할 무기에 대한 도덕적 제약도, 대항할 적의 수나 유형에 대한 제한도 없이 일련의 군사적 개입을 수행할 기초를 마련한 것이다. 게다가 이 연설은 미 내각에 국토안보부를 창설하는 것을 비롯하여 국내 안보를 위해 연방정부의 권력을 대대적으로 강화하려는 계획도 내포하고 있다.

시간이 경과하면 미국 지배계급 내부에서 군국화의 정도, 전쟁 대상 국가의 수, 미국 국민의 자유 침해 등의 문제를 둘러싸고 의견이 갈릴 가능성도 있다. 군사주의를 완화하라는 동맹국들의 압력도 아마 있을 것이다. 그러나 이와 같은 것들은 정도의 문제일 뿐이다. 미국 권력 엘리트들은 자국의 군사적 역할을 지구적으로 확장하고 테러 공격에 맹렬히 보복하는 것을 완고하게 지지하고 있는 듯하다. 미국 권력의 지구적 · 제국적 실현으로 인해 세계는 이스트반 메자로스가 『사회주의냐 야만이냐』에서 말한 "어쩌면 가장 치명적일 수 있는 제국주의 단계"에 진입하였다는 데에는 이견이 있을 수 없을 것이다.[3]

제국의 프로파간다[4]

성인 보통 선거의 제약을 받는 자본주의 사회가 해결해야 할 핵심 문제 중 하나는 본질적으로 불평등한 경제를 형식상 평등주의적인 정치와 어떻게 조화시킬 것인가 하는 점이다. 권력자들은 고래부터 다수의 무산자가 소수 부유층의 특권을 약화시키는 것을 어떻게 막을 것인가를 고민해 왔다. 민주주의 사회에서도 체제 전체가 위기에 빠졌을 때에는 폭력으로 이를 해결할 수 있지만 이데올로기나 프로파간다를 통해 해결책을 찾는 경우가 더 일반적이다. 대중을 탈정치화시키고 대중들이 자신의 이익을 위해 행동하지 않도록 그들을 현혹시키는 것이 관건이다.

한 사회가 민주적인 자본주의 사회인 동시에 또한 주요 제국이기도 할 때에는 그 문제가 더욱 심각하다. 대중들이 그다지 제국의 수혜자가 아님에도 불구하고 제국의 지출을 담당하도록 설득하여야 한다. 그리고 대중들로 하여금 필연적으로 발생할 제국의 전쟁에서 제국을 위하여 싸우다 죽어야 한다고 확신시켜야 한다. 민주주의 사회의 경우 이와 같이 대중을 설득할 때 제국주의의 본질과 목적에 대해 솔직히 말하는 것은 역효과를 낳을 수 있다. 그래서 영국은 제국을 "백인의 부담"이라는 선의의 명분으로 정당화하였다. 그런데 미국에서 제국주의란 아예 존재조차 하지 않는 것으로 되어 있다. "미국"은 단지 전 세계의 자유와 민주주의, 정의를 보호하고 있을 뿐이다.

역사적으로 미국이 해외에서의 전쟁과 제국에 대한 대중의 지지를 얻는 것은 쉽지 않았다. 19세기 말 이래 미국 정부는 시민들에게 수차례 해외 전쟁에 참가해야 할 필요성을 설득하려고 노력하였다. 제1차 세계대전, 한국 전쟁, 베트남 전쟁, 걸프 전쟁의 경우 정부는 국민을 적당한 분노로 몰아넣기 위한 고도의 선전 캠페인을 벌였다. 이후의 역사적인 분석에서도 밝혀졌듯이 당시 지도층은 정부가 전쟁 목표에 대한 지지를 얻기 위해 거짓말을 해야 한다는 사실을 잘 알고 있었으며, 언론은 항상 군사주의와 제국의 선전을 위한 뛰어난 기구였다.

9 · 11 테러 이후의 언론 보도도 이러한 맥락에서 이해하여야 한다. 역사적 기록들은 권력에 봉사하는 거짓과 절반의 진실들이 넘쳐날 것을 예견해 주었고, 이는 적중하였다. 정부 통제로부터의 자유를 추구하는 일을 무엇보다도 사랑하는 미국 뉴스 매체들은 노골적으로 군사주의, 제국주의 선전의 대리인이 되었다.

진정으로 독립적이고 자유로운 언론이 존재하는 민주주의 사회가 9·11 테러와 같은 사건이 발생할 때 어떻게 반응하였는지를 살펴봄으로써 당시 프로파간다의 집중 포화가 어느 정도로 심하였는지를 알 수 있다. 위기상황이 발생하면 민주적 언론은 관련 있는 모든 것에 대한 정확한 사실을 알려야 한다. 언론은 권력자와 권력자가 되기를 지향하는 이들에 대하여 회의적인 태도를 견지할 필요가 있다. 언론은 또한 위기에 대처하기 위한 여러 정책 제안에 대하여 광범위한 논쟁이 가능하도록 역사적 배경과 맥락을 비롯한 논의의 기초를 제공함으로써 시민들이 문제에 대해 이해하고 최상의 해결책이 무엇인지 결정할 수 있도록 도와야 한다. 자유 언론은 연방 대법원 판사 휴고 블랙(Hugo Black)이 말한 것처럼 "통치자가 아니라 피통치자를 위해 일"한다.

테러 공격의 갑작스러움과 무자비함을 감안한다 할지라도 독립적이고 자유로운 언론에게 합리적으로 기대할 수 있는 위와 같은 반응들은 9·11 테러 이후 수주 동안 미 언론에서 전혀 찾아볼 수 없었다.

오히려 언론은 이원론적인 그림을 내놓았다. 자비롭고 민주적이며 평화를 애호하는 국가인 미국이 자유와 자유로운 생활방식 때문에 미국을 증오하는 제 정신이 아닌 사악한 테러리스트들에게 공격을 받았다는 것이다. 미국은 즉시 군사력과 비밀 병력을 증강해야 하고 남아 있는 범죄자들을 축출하여 근절하여야 할 것이다. 그후에는 지구적으로 퍼져 있는 암세포인 테러리스트들의 뿌리를 뽑기 위한 장기전을 준비해야 한다. 이와 같은 미국의 응징을 돕지 않는 이들은 죄인들의 공범으로 간주될 것이며, 죄인들과 같은 운명에 처할 것이다. 논리적으로 생각했을 때 공범들은 미국 내에 있을 수도 있고 국제적인 대상일 수도 있다.

이처럼 심하게 왜곡된 언론 보도의 원인은 단순한 음모 이론으로는 설명할 수 없다. 이는 지금까지 미국의 전문 저널리즘의 취약성을 드러내고 영향력 있는 거대 이윤추구 기업이 주요 뉴스 언론을 지배하는 현상을 반영하고 있다.

전문 저널리즘은 약 100여 년 전 독점 신문사들이 "비당파적"이고 신뢰성 있는 저널리즘을 제공함으로써 자신들의 사업을 유지하고자 했던 데에서 시작되었다. 전문 언론은 당파적이라는 오명을 피하기 위해서 공식적이거나 신용할 만한 정보원을 뉴스 기사의 기초로 사용한다. 또한 기자들은 권력자들이 말하는 것과 권력자들 사이에서 논쟁이 되는 것을 보도한다. 이는 뉴스의 기득권층 편향을 초래하는 경향이 있다. 언론인이 엘리트들이 말하고 논의하는 것을 보도하면 전문성이 있다고 보는 것이다. 그러나 공식적인 논의의 범위를 벗어나 대안적 관점을 제시하거나 엘리트들이 논의하기를 꺼려하는 문제를 제기할 경우 그 언론인은 더 이상 전문적이지 않다. 자신의 주요 역할을 공식 정보원(情報源)의 속기사로 내면화한 대부분의 언론인들은 이를 민주주의에 문제가 되는 것으로 인식하지 않는다.

게다가 전문가들은 특히 지금과 같은 복잡한 상황에서 정책을 설명하고 논의하는 데 결정적 역할을 수행한다. 권력자들의 합의를 알리는 것을 주요 목적으로 삼는 전문가들도 공식 정보원과 마찬가지로 모두 제도권 출신이다. 9·11 테러 이후 이들 "전문가"들은 국방, 정보 계통 인물들과 그들의 지지자들이 대부분이었다. 이들의 분석은 자신들의 분명한 이해관계가 연관되어 있으며, 비판적으로 검토되는 경우가 드물고 비밀스러운 군사적 해법의 사용을 옹호하였다. 테러 공격에 대한 적절한 대응책이 무엇일지에 관해 민주, 공화 양당 간 논의는 사실상 전무하였기 때문에 군사적 접근이 유일한 방안으로 제시되었다. 자중하는 언론인이라면 누구나 제일 먼저 제기했어야 할 명백한 질문은 아주 쉬운 것이었다 : 지금까지 막대한 예산을 가지고도 9·11 테러 공격을 막지 못했던 바로 그 군과 CIA에게 수백 억 달러를 더 지불하면 문제가 해결될 것이라고 믿을 이유가 무엇인가?

몇 주 혹은 몇 달이 지나면 엘리트 집단 내부의 논쟁 범위가 넓어질 가능성도 있다. 일부에서는 중동과 세계에서의 미국의 장기적 목표에 해가 될 수 있으므로 전속력으로 달리고 있는 미 호전주의와 군사주의에 제동을 걸고 미국이 "자유주의적"이고 "국제주의"적인 입장을 취하여야 한다고 주장할 가능성이 높다. 이와 같은 입장을 취하는 이들은 분명 미국은 최강의 군사력을 키우는 것뿐만 아니라, 보다 정교하고 평화적인 방법을 통해 잠재 적국의 "마음과 생각"을 얻어야 한다고 주장할 것이다. 그러나 근본적인 문제들은 단연 논외로 남을 것이다. 군사력이 궁극적인 힘의 근원이라는 데에는 여전히 의문이 제기되지 않을 것이며, 미국이 그 유례가 없는 자비로운 강대국이라는 개념에는 이견이 없을 것이다. 또한 미국이 이스라엘과 같은 나라를 대리인으로 삼지 않는 한, 오로지 미국만이 언제든지 자신이 원할 때 다른 국가를 침략할 수 있다는 전제에 관해서도 이론의 여지가 없을 것이다. 그리고 미국의 군사적 행동이 국제법을 위반할 소지가 있다는—분명 그렇게 될 것이지만—염려는 도의적 차원에서 제기되는 것이 아니라, 미국이 범법자로 여겨질 경우 미국의 이익을 해칠 수 있기 때문에 나올 것이다.

우리는 여기서 1960-1970년대 미국의 베트남 침공에 대한 언론 보도를 회상해 보아야 한다. 미국이 지상 공격을 본격적으로 시작한 1965년부터 1967년 후반 혹은 1968년 초까지의 뉴스 보도는 "엄청난 거짓말"로 가득한 전쟁 프로파간다의 전형적인 예이다. 언론은 베트남 전쟁이 자유와 민주주의를 위해 필요하고 선한 전쟁이라고 보도하였으며, 전쟁을 반대하는 의견들을 과소평가하고 왜곡하거나 아예 무시하였다. 1968년에 이르러 언론 보도는 반전 입장에 대하여 보다 완곡한 태도를 취하였다. 그러나 언론 보도가 점차 늘어나는 대중의 전쟁 반대 의견을 반영하게 된 것은 당시 엘리트 계층의 의견 변화에 영향을 받은 것이었다. 월가와 워싱턴 정계 일부가 전쟁의 어떠한 예상 이익과 비교해 보아도 전쟁 비용이 너무 많이 든다는 사실을 깨닫고 철군을 지지한 것이다. 따라서 언론 보도는 여전히 엘리트 계층의 의견이라는 테두리 안에 갇혀 있었다. 미국은 여전히 자신이 원할 경우 아무 나라라도 침략할 수 있는 마치 "007"과도 같은 권한을 가지고 있었다. 당시의 논의는 단지 미국이 베트남 침략에서 그와 같은 권한을 적절하게 사용하였는가에 관한 것이었다. 당시의 설문조사를 보면 일반 대중들은 미국이 베트남 같은 나라를 침략하는 것이 도덕적으로 옳지 않다고 생각하는 사람이 많았지만, 이는 엘리트 집단에서는 전혀 논외의 문제였다.

제도권 편향 저널리즘의 또 다른 문제점은 사건의 맥락화를 마치 전염병처럼 멀리하는 경향에 있다. 의미 있게 상황을 설명하고 이야기의 배경을 적절하게 제공할 경우 언론인 스스로가 특정한 입장과 결부되기 쉽다. 이는 전문 저널리즘이 피하고자 하는 자유롭고 개방적인 토론을 촉발한다. 그 결과 미 대중은 가장 많이 보도되는 중동에 관한 기사에 대하여 가장 보도가 되지 않는 주제에 관해서만큼 혹은 그보다 더 무지한 경우가 많다. 이러한 저널리즘은 이해나 정보에 기초한 행동보다는 혼란, 냉소, 무감각을 야기할 가능성이 크다. 또한 언론 보도는 연관성이 없는 사실만 나열한다. 이는 사회적 의식 마비 상태를 부르는 완벽한 처방전이다. 전문 저널리즘이 그나마 아주 조금 맥락을 설명하는 경우는 엘리트 계층의 의견과 합치하는 것들에 관해서 뿐이다.

9 · 11 테러 이후 저널리즘에서 맥락의 부재는 어떠한 기준에 비추어 보아도 놀라울 정도였다. 오사마 빈 라덴과 그의 테러리스트 네트워크, 앞으로 있을 아프가니스탄 침공의 성패에 영향을 미칠 요소 등에 관한 꼼꼼한 보도는 많았지만 다른 보도는 거의 전무했다. 세계에서 손꼽히는 테러 세력으로서의 미국의 역할에 대한 보도는 아예 없었다는 점을 생각해 보라. 1998년 국제사면위원회는 고문과 테러 장려를 비롯하여 세계 각지의 심각한 인권침해에 있어서 미국도 다른 어떤 정부나 단체만큼이나 책임이 크다고 분명하게 밝힌 보고서를 발표한 바 있다.[5] 미국이 사우디아라비아와 쿠웨이트의 부패한 정권을 지지하고 이스라엘의 팔레스타인에 대한 공격을 지원하고

자금을 제공한 이력은 대부분의 미국인에게는 관심의 대상이 아니다. 치열했던 아프가니스탄의 대소련 전쟁에서 오사마 빈 라덴이 파키스탄을 통해 미 CIA의 지원을 받은 전력이 있다는 정보까지도 거의 언급되지 않았고, 전혀 강조되지도 않았다. 대부분의 미국인들은 "온건국가"와 "이슬람 극단주의자" 간의 단순한 구분만 들었을 뿐, 언론 보도로부터 이슬람권과 아랍 세계의 다양성에 대한 단서를 전혀 발견하지 못하였다.

전문 저널리즘만이 문제가 아니다. 미국 언론기업들은 자연스럽게 미 제국을 지지하도록 하는 제도적 틀 안에 존재한다. 이들 거대 언론기업들은 세계 최강국으로서의 미국과 신자유주의적 세계화의 주요 수혜자 중 하나이다(이들의 해외 수입은 급격하게 증가하고 있다). 실제로 미국 정부는 무역 및 지적재산권 협상에 임할 때마다 지구적인 언론기업을 옹호하였다. 이들 언론기업이 미국 자본주의와 군사력은 결코 선의의 힘이 아니라고 설명하는 것은 이론적으로는 가능하나 현실적으로는 앞뒤가 맞지 않는다.

결론적으로 정부, 군, 언론기업들은 모두 지구상 최강의 군사력이 테러와의 전쟁을 별다른 제약 없이 수행하는 일의 필요성, 불가피성과 이점을 알리는 데 지나치게 열심이다. 그들은 대중의 지지를 필요로 하지만 간단하고 영향력 있는 진실을 말할 자신이 없다. 미국 시민의 대부분은 훌륭하게도 이와 같은 군사주의적 대응에 대해 회의적이다. 따라서 프로파간다가 필요한 것이다.

이렇듯 긴박한 상황에서 미국 군사주의와 제국주의에 대항하고 평화를 옹호하는 이들이 앞으로 가야 할 길은 분명하다. 우리는 군사주의의 거짓말을 폭로하고 전쟁을 조장하는 선전을 되돌릴 수 있는 광범위한 동맹을 결성하여야 한다. 만약 우리가 주춤하여 워싱턴 정계의 군주들을 막지 못한다면 인류가 치러야 할 비용이 계속 증가할 것이라는 점을 역사가 보여줄 것이다. 그리고 이러한 비용은 대부분 세계에서 가장 많이 착취당하고 가난하며 죄가 없는 지역들이 피로써 지불하게 될 것이다.

Chapter 2

제국주의와 "제국"

2001년 12월

9·11 테러 공격이 있기 불과 한 달여 전 이 글을 쓸 때만 해도 1999년 11월 시애틀에서 시작되어 가장 최근에는 2001년 7월 제네바에서도 힘을 모았던 자본주의적 지구화에 대한 대중적 저항이 유례가 없는 방식으로 체제의 모순을 드러냈다. 그러나 특이한 것은 지구화로 인해 제국주의의 개념이 좌파 내부에서까지도 거의 사라져 버렸다는 데 있다. 이는 가장 극심한 형태의 국제적 착취와 경쟁이 다소 누그러뜨려졌다는 것을 시사한다.

마이클 하르트와 안토니오 네그리의 저서 『제국』은 점점 더 많은 좌파들이 지구화에 대응하는 방식을 잘 보여준다. 대중매체의 관심도로 판단하였을 때 『제국』은 지배집단에게도 똑같이 매력이 있다고 볼 수 있다. 하버드 대학교 출판사가 작년에 출판한 이 책은 뉴욕타임즈, 타임지, 런던 옵서버 등 유력지로부터 무조건적인 호평을 받았으며, 하르트는 "찰리 로즈 쇼"에 출현하고 뉴욕타임즈 사설란에도 글을 실었다. 그들의 논지는 세계 시장이 정보혁명의 영향으로 민족국가의 통제력을 넘어 지구화하고 있다는 것이다. 분명한 위계질서 없이 "단일한 규칙으로 뭉쳐진 국가적 혹은 초국가적 기관의 연속"이 합쳐져 만들어진 "제국"이나 새롭게 나타나고 있는 지구 주권이 국가 주권을 대체하고 있다.[1)]

지면 문제 때문에 이와 같은 주장의 모든 측면을 여기서 논할 수는 없다. 대신 사라질 것으로 예상되었던 제국주의라는 문제에 대한 견해만을 밝히겠다. 하르트와 네그리가 자신들의 분석에서 사용한 "제국"이라는 용어는 중심부에 의한 주변부의 제국주의적 지배를 의미하지 않는다. 그들의 "제국"은 경계나 영토 제한을 인정하지 않는 포괄적인 실체를 가리키는 말이다. 그들은 절정기의 "제국주의"가 "유럽 민족국가의 주권이 국경을 넘어 확대되는 것을 의미하였다"고 주장한다.[2)] 이러한 관점에서 볼 때 제국주의와 식민주의는 죽었다. 그러나 하르트와 네그리는 산업국가들이 직접적인 정치적 지배 없이 경제적 지배와 착취만을 하는 신식민주의도 죽었다고 선언하였다. 그들은 세계 시장의 단일화를 제약해 온 모든 형태의 제국주의가 바로 그 시장에 의해 파멸할 것이라고 주장한다. 따라서 제국은 "탈식민주의적이며 탈제국주의적이다."[3)] 우리는 "제국주의가 자본 흐름을 경로화, 암호화, 영역화하는 기구이며, 특정 자금의 흐름은 차단하고 다른 자금의 흐름은 촉진시킨다고 들어왔다. 그러나 세계 시장은 오히려 암호화되지 않고 탈영역화된 매끄러운 공간을 요한다. … 만약 제국주의를 극복하지 못하였다면 이는 곧 자본의 종말을 의미하였을 것이다. 세계 시장의 완전한 실현은 곧 제국주의의 종말을 의미한다."[4)]

하르트와 네그리는 중심과 주변 등의 개념이 더 이상 쓸모없다고 말한다. "생산의 탈중심화와 세계 시장의 단일화를 통해 노동과 자본의 국제적인 분업 및 흐름은 깨어지고 복합화되어 더 이상 거대 지리 영역을 주변과 중심, 남과 북 등으로 구별할 필요가 없다." 미국과 브라질, 영국과 인도 사이에 "본질적인 차이는 없으며, 다만 정도의 차이만 있을 뿐"이다.[5)]

미 제국주의가 세계의 중심이 되는 힘이라는 관념도 사라졌다. 그들은 "미국은 제국주의적 프로젝트의 중심이 아니며, 오늘날 어떠한 민족국가도 그러한 중심이 될 수 없다. 제국주의는 끝났다. 어떠한 국가도 근대 유럽 국가들이 그랬던 것처럼 세계의 지도자가 될 수는 없을 것"이라고 말한다.[6)] 하르트와 네그리는 또한 "베트남 전쟁이야말로 제국주의의 마지막 순간이었다. 따라서 그 시기를 입헌체제라는 새로운 시기로 가는 기점이었다고 할 수 있다"고 하였다.[7)] 새로운 세계 헌법체제로의 완전한 전환은 걸프 전쟁을 통해 이루어졌다. 당시 미국은 "자국의 이익을 위한 동기에서가 아니라 지구 정의를 위해서 국제 정의를 관리할 능력이 있는 유일한 국가였다 … 세계 경찰 미국은 제국주의적 이익 때문이 아니라 제국의 이익, [즉 탈영토화된 제국의 이익]을 위해서 임무를 수행한다. 따라서 부시 대통령이 말한 것처럼 걸프 전쟁이야말로 새로운 세계 질서의 탄생이었다."[8)]

하르트와 네그리는 이와 같은 새로운 세계 질서를 제국이라고 명명하였다. 이는 세계적인 신제퍼슨주의—미국 헌법의 형태를 지구적 차원으로 확장시키는 것—의 실현이 가능해진 시대에 지구적 차원에서의 주권과 입헌주의 간의 싸움이 빚어낸 결과이다. 하르트와 네그리는 오늘날의 투쟁은 세계화의 양상에 대한 것과 제국이 "미국 국내의 헌정체제를 지구적으로 확장시키겠다"는 약속을 어느 정도 지킬 것인가에 대한 것 두 가지가 전부라고 믿는다. 따라서 그들은 제국에 대항한 지역적인 투쟁에 반대한다.[9] 그들의 주장은 "군중 대 제국"—즉 자주적인 정치 주체가 되기 위한 군중의 투쟁—의 노력을 지지는 하지만 이러한 투쟁이 "제국이 만들어 주는 존재론적인 조건" 안에서만 일어날 수 있다고 주장한다.[10]

오늘날 유행하는 관점에 대해서는 이 정도면 충분히 소개하였다. 이제 나는 확실히 유행에 뒤진 관점으로 돌아가 보려 한다. 『제국』과는 달리 이스트반 메자로스의 새 책 『사회주의냐 야만이냐』는 심지어 좌파 중에서도 낡은 관점이라 여겨지는 것의 극치를 보여준다.[11] 메자로스는 자본주의적 지구화 과정이 올바른 형태로 진행될 경우 잠재적으로 부상할 수 있는 신보편주의를 약속하는 대신, 자본이 지배하는 체제의 영속이 정확히 그 반대 현상을 가져올 것이 분명하다 : "강제적인 '지구화'에도 불구하고 치료가 불가능한 사악한 자본의 체제는 구조적으로 보편주의와는 어떠한 의미 있는 양립도 가능하지 않다. … 인간 사회에서 실재적 평등 없이는 보편성의 구현이 불가능하다."[12]

메자로스에게 있어서 자본의 지배란 살아 있는 유기체의 그것과 유사한 사회적 신진대사 과정이다. 그러므로 자본의 지배는 복잡한 관계들의 집합으로 이해해야 한다. 자본주의가 "수평적" 해방의 차원에서 이룩한 모든 것은 언제나 그것의 중요한 순간들을 규정하는 더 지배적인 "수직적인" 질서에 의해 상쇄된다. 이러한 결정적인 적대관계는 "자본의 체제는 정글과 같은 모순의 네트워크로 표현될 수 있으며, 일정 기간 동안 어느 정도 성공적으로 관리할 수는 있으나 절대로 극복할 수는 없다"는 것을 의미한다.[13] 뛰어넘을 수 없는 자본주의의 주요 모순에는 (1) 생산과 생산의 지배 사이의 모순, (2) 생산과 소비 사이의 모순, (3) 경쟁과 독점 사이의 모순, (4) 개발과 저개발(중심과 주변부) 사이의 모순, (5) 세계 경제 팽창과 자본가들 내부 경쟁 사이의 모순, (6) 축적과 위기 사이의 모순, (7) 생산과 파괴 사이의 모순, (8) 노동의 지배와 노동에의 의존 사이의 모순, (9) 고용과 실직 사이의 모순, (10) 무분별한 생산량 증대와 환경 파괴 사이의 모순 등이 있다.[14] "사회적 신진대사를 통제하는 자본의 방식에 대한 급진적인 대안을 도입하지 않는 한, 이들 모순의 복잡하게 얽힌 네트워크는커녕 어느 한 가지 모순이라도 극복하기는 상상하기조차 어렵다"고 메자로스는 분석하였다.[15]

이와 같은 분석에 따르면 자본주의의 역사적 상승기는 이제 끝났다. 자본주의는 지구 전체로 팽창하였으나 대부분의 지역에서 고립된 자본 군락만을 만들어냈을 뿐이다. 저개발국들이 전체적으로 선진국을 경제적으로 "따라잡는 것"이 가능하다는 보장은 물론이고, 심지어는 주변부의 국가들 대부분이 지속 가능한 경제 · 사회적 성장을 이룰 수 있다는 보장조차도 더 이상 존재하지 않는다. 전 세계적으로 노동자 대다수의 생활조건은 악화되고 있다. 1970년 이래로 계속된 장기적이고 구조적인 체제의 위기는 자본이 비록 일시적으로라도 효율적으로 스스로의 모순을 해결하는 것을 불가능하게 만들었다. 국가가 제공하는 외래적인 도움들은 더 이상 체제를 부양하는 데 충분하지 않다. 그 결과 자본의 "파괴적인 통제 불가능성"—이전의 사회적 관계를 파괴는 하지만 지속 가능한 다른 것으로 대체하지는 못하는 것—이 더욱 더 두드러진다.[16)]

메자로스 주장의 핵심은 지금 우리가 "(그의 저서의 제2장 제목과도 같이) 잠재적으로 가장 치명적일 수 있는 제국주의의 시기"에 살고 있다는 것이다. 그는 제국주의를 3개의 분명한 역사적 단계들로 구분한다. 즉 (1) 초기 근대 식민주의, (2) 레닌이 묘사한 제국주의의 전형적인 시기, (3) 미국이 지배하는 전 지구적인 패권의 제국주의 시기이다. 세 번째 단계는 제2차 세계대전 이후 도래하였으나 1970년대 자본의 구조적인 위기가 발생한 이후 "분명하게 드러났다."[17)]

1950년대와 비교하여 1970년대 미국의 경제적 지위는 여타 주요 자본주의 국가들에 비하여 상대적으로 하락하였다. 그럼에도 불구하고 메자로스는 대부분의 분석가들과는 달리 미국의 패권이 1970년대에 끝나지 않았다고 말한다. 오히려 1970년대의 미국은 닉슨의 달러 금태환 포기를 시작으로 전 지구적으로 경제 · 군사 · 정치적 지배를 확립하기 위하여—즉 세계 정부의 대행자가 되기 위하여—더욱 단호한 노력들을 시작하였다.

메자로스는 세계 자본 발달의 현 단계에서는 "체제의 구조적 한계와 근본적인 모순을 인정하지 않을 수 없다. 이러한 한계는 자본의 초국경적 열망 및 분절을 보완하는 자본체제로서의 국가를 만들려는 노력이 중대한 실패를 겪었음을 의미한다." 따라서 "미국은 위험하게도 그러한 자본체제로서의 국가의 역할을 자임하려 하고, 모든 수단을 동원하여 모든 경쟁 권력들을 자신에게 종속시키려는 경향이 강하며", "자본주의 체제로서의 국가"에 가장 가까운 상태로 진입한다.[18)]

미국은 여타 주요 자본주의 국가에 대한 상대적인 경제적 지위의 약화를 멈출 수는 있었다. 그러나 세계 체제—사실상 어떠한 경우에도 통치가 불가능한—를 통치할 만큼 충분한 경제적 지배력을 얻지는 못하였다. 그 결과 미국은 자신의 강한 군사력을 지구적 지배를 확립하는 데 사용하려고 한다.[19)] 메자로스는 다음과 같이 말하였다 :

> 지금 세계에서 중요한 것은 경쟁자들의 독립적인 행동을 견제하기는 하지만 그래도 여전히 용인하면서 지구의 일부 특정 지역—아무리 큰 지역이라 할지라도—을 지배하는 것이 아니다. 경제적 패권을 쥐고 있는 군사 초강대국 하나가 모든 수단—가장 극단적인 권위주의적 수단과 필요에 따라서는 폭력적인 군사적 수단까지도—을 동원하여 전 지구에 대한 지배권을 획득하는 것이다 … 이것이야말로 지구적으로 발달된 자본이 결코 조화될 수 없는 대립을 자신의 통제 하에 두려는 헛된 시도를 통해 이루고자 하는 궁극적인 합리성이다. 이는 전 지구적 발전의 현 역사 단계에서 자본의 논리에 진정으로 부응한다. 따라서 합리성이라는 단어를 따옴표 안에 넣어 그것을 단지 하나의 개념이나 허구적인 것으로 보이게 할 필요는 없을 것이다. 그러나 문제는 인류의 생존을 위한 조건이라는 측면에서 볼 때, 이와 같은 합리성은 니치의 세계 지배 욕망도 포함하여 역사상

가장 극단적인 비합리성이기도 하다는 것이다.[20)]

해외 영토에 대한 직접적인 정치적 지배가 거의 없다는 이유로 미국으로 대표되는 오늘날의 제국주의가 약화되었다는 주장은 우리가 당면하고 있는 문제를 이해하지 못하고 있다. 메자로스가 지적하듯이 유럽의 식민주의는 주변부의 작은 부분만을 점령하였다. 오늘날에는 그 수단은 다르지만 제국주의의 지구적 영향력이 그 어느 때보다도 강하다. 미국은 해외 60여 개 국에서 군사기지의 형태로 영토를 점령하고 있으며, 그 숫자는 계속 증가하고 있다. 더군다나 "현대 군사무기의 파괴력 강화—특히 공중전 무기의 가공할 만한 파괴력—는 피지배 국가에 가해지는 제국주의적 통치방식을 어느 정도 변화시키기는 하였지만 [현지 점령과 지상군 투입은 이전에 비해 덜 중요해졌다] 제국주의적 통치의 실체를 바꾼 것은 아니다."[21)]

소련의 몰락과 냉전의 종결로 제국주의는 새로운 옷으로 갈아입어야 했다. 국제적 개입에 대한 기존의 냉전 시대적 정당화는 더 이상 유효하지 않게 되었다. 메자로스는 사담 후세인이 바로 그러한 새로운 구실을 제공하였지만 이는 일시적이었다고 분석하였다. 당시 미국은 실제로는 판사와 사형 집행인의 역할을 모두 수행하고는 있으면서도 전 지구적인 정의를 위한 보편적 동맹군이라는 명분으로 자신의 전쟁을 위장해야 했다.

『사회주의냐 야만이냐』는 또한 몇몇 문제적인 발전 양상들을 지적하였다. 걸프 전쟁 동안 다수의 이라크 민간인 사상자와 걸프전 이후 경제 제재로 인한 50만 명 이상의 어린이 사망자 발생, 발칸 반도에 대한 군사적 맹공격과 점령, 나토의 동유럽으로의 확장, 나토를 유엔을 대체할 수 있는 공격적인 전투력으로 이용하려는 미국의 새로운 정책, 유엔을 회피하고 더욱 약화시키려는 미국의 시도, 벨그라드 주재 중국 대사관 폭격(중국은 점점 더 미국과 경쟁하는 최강국으로 부상하고 있다고 간주되고 있다), 중국에 대항하는 미-일 안보조약의 강화, 중국에 대한 미국의 공격적인 군사적 입장 등이 그것이다. 미국이 전 지구적 지배를 계속적으로 추구한다면 장기적으로 미국과 유럽연합 사이에 지금과 같은 화합이 계속될 것이라고 장담할 수 없다. 자본 발달의 현 단계에서는 이러한 체제 내의 문제들에 대한 해결책을 찾아볼 수도 없다. 메자로스는 지구화로 인해 자본은 전 지구적 국가를 절실하게 원하게 되었지만, 자본의 다원성을 필요로 하는 자본의 사회적 신진대사 과정의 고유한 특성 때문에 이와 같은 국가를 만드는 것이 불가능하다고 주장한다. 이 때문에 발생할 수밖에 없는 야만과 파괴의 순환과 팽창이 "잠재적으로 가장 치명적일 수 있는 제국주의의 시기"와 연관이 있다.

이렇듯 지구화/제국주의에 대한 다른 두 가지 견해—("제국"이라고 일컬어지는) 지구 주권의 도래에 초점을 맞추는 (다수의 지지를 받고 있고 있는) 견해와 "잠재적으로 가장 치명적일 수 있는 제국주의의 시기"를 지적하는 (다수의 지지를 받지 못하는) 견해—는 9 · 11 테러 공격이 있었고 아프가니스탄에서 테러와의 전 지구적인 전쟁이 시작된 오늘날을 어떻게 보고 있는가?

전 지구적 주권의 출현에 도전한 것은 일개 민족국가가 아니라 제국 외부의 국제적인 테러리스트들이었다는 점에서 『제국』의 분석이 입증되었다고 주장할 수도 있을 것이다. 이러한 관점에서는 (하르트와 네그리가 걸프 전쟁에서의 미국의 행동을 설명한 것처럼) 미국이 아프가니스탄에서 "자국의 이익을 위한 동기에서가 아니라 지구적 의(義)를 위해서" "세계 경찰"의 역할을 수행하고 있다고 볼 수 있다. 이는 워싱턴이 자신들의 행동을 설명하고 있는 방식과도 어느 정도 일치한다.

그러나 『사회주의냐 야만이냐』는 판이한 해석을 내놓았다. 즉 미 제국주의를 이번 테러 위기의 핵심으로 보는 것이다. 이러한 관점에서 보면 테러리스트들의 세계무역센터와 펜타곤 공격은 전 지구적 주권이나 문명에 대한 공격이 아니다(테러리스트들은 뉴욕의 유엔 본부를 공격하지 않았다). 미국이 주장하는 것처럼 민주주의와 자유의 가치에 대한 공격은 더더욱 아니었다. 그들은 의도적으로 미국의 금융, 군사적 권력의 상징을, 따라서 미국의 지구적 권력의 상징을 목표로 삼았다. 어떠한 의미에서도 이들 테러리스트의 행동이 정당화될 수는 없다. 그러나 그들의 행동은 미 제국주의의 거대한 역사와 전 지구적인 패권을 설립하려는 미국의 시도, 특히 미국의 중동에 대한 개입의 역사에 뿌리를 두고 있다. 더욱이 미국은 단순한 경찰 행위의 형태나 전 지구적인 입헌주의의 과정을 통해서 테러에 대응하지 않았다. 대신 제국주의적으로 국제 테러에 일방적으로 전쟁을 선언하고 아프가니스탄에 자신의 전쟁병기를 풀어놓았다.

미군은 아프가니스탄에서 이전에 자신들이 그 탄생에 일조하였던 테러리스트들을 파괴하고 있다. 미국은 국제적 영역에서 자신의 입헌적 원리들을 지키기는커녕 자신의 제국주의적 계획에 부합할 경우 테러리스트 집단을 오래도록 지원해 왔으며, 미국 스스로도 민간인을 죽이면서 국가 테러리즘을 행해왔다. 미국은 신테러와의 전쟁을 위하여 아프가니스탄 이외의 국가에도 군사적으로 개입할 수 있다고 공언하였다. 이라크, 시리아, 수단, 리비아, 인도네시아, 말레이시아, 필리핀 등은 이미 추가적 개입이 가능한 지역으로 지목되었다.

이 모든 것은 세계적인 경제침체 및 주요 자본주의 국가 내의 가중되는 억압과 더불어 자본의 "파괴적인 통제 불가능성"이 점점 더 부각되고 있다는 사실을 시사한다. 중심부가 주변부의 자기중심적 발전을 차단하는 과정에서, 즉 저발전 상태의 발전을 영속화하는 과정에서 제국주의는 테러리즘을 낳았고, 이 테러리즘은 끝이 보이지 않는 파괴의 소용돌이를 만들어내며 주요 제국주의 국가들에게 역풍으로 돌아왔다.

자본주의 하에서 전 지구적 정부는 불가능하지만 오늘날 더욱 지구화된 현실에서는 전 지구적 정부가 필요하다. 따라서 자본주의 체제는 "패권적인 하나의 제국주의 국가가 전 세계를 극히 폭력적이고 영속적으로 지배(이는 세계 질서를 이끄는 어리석고 지속 불가능한 방식이다)"하는 방향으로 점점 더 내몰리게 된다.[22]

10년 전 먼슬리 리뷰의 편집자 해리 맥도프(Harry Magdoff)와 폴 스위지(Paul Sweezy)는 걸프 전쟁이 있은 이후 다음과 같이 말하였다:

미국은 전 세계에 커다란 영향을 미치는 과정에 자신을 가둔 것 같다.

변화는 유일하게 확실한 우주의 법칙이다. 이것을 멈출 수는 없다. 만약 [자본주의 세계의 주변부에 있는] 사회들이 자신들의 방식으로 스스로의 문제를 풀 수 없게 한다면 이들 사회들은 다른 이들이 강요한 방식으로 자신의 문제를 해결하려 하지 않을 것이다. 그리고 이들 사회가 진보할 수 없다면 그들은 필연적으로 퇴보할 것이다. 이것이 바로 오늘날 세계의 거대한 부분에서 일어나고 있는 일이다. 이것은 또한 자신의 임의대로 사용할 수 있는 무제한적인 강제 수단을 지닌 세계 최강대국 미국이 폭력적인 파괴의 고통을 겪는 다른 이들에게 그저 받아들여야 할 운명이라고 말하고 있는 내용이다.

지난 세기의 가장 위대한 사상가 중 한 명이었던 알프레드 노스 화이트헤드(Alfred North Whitehead)는 이렇게 말한 적이 있다 : "나는 늘 인류가 특정 지점까지 성장한 뒤에 퇴화하고 다시는 회복하지 못할 것이라는 생각을 해왔다. 아주 많은 생명체들이 그러한 과정을 겪었다. 진화는 성장하는 쪽으로 일어나기도 하지만 퇴화하는 쪽으로도 발생한다." 이와 같은 쇠퇴의 형식과 적극적인 행태가 20세기가 끝나가는 현 시점에서 우리 눈앞에 벌어지고 있다는 것은 우리를 불안하게 하지만 결코 억지로 꾸며낸 이야기가 아니다.

물론 이것은 쇠퇴가 불가피하며, 한번 퇴화하기 시작하면 절대 되돌릴 수 없다고 말하는 것은 아니다. 그러나 지난 반세기 동안의 상황, 특히 지난해에 일어난 일들이 충분히 그렇게 될 가능성이 있음을 보여주고 있다. 또한 우리 정부가 바로 인류의 성전에서 삼손의 역할[23]을 담당하겠다고 위협하고 있다는 점을 고려할 때, 우리 미국인들은 이러한 쇠퇴에 대하여 더욱 특별한 책임을 지고 있음을 인식해야 한다.[24]

지난 10년간의 현실은 이와 같은 분석이 보편적인 타당성을 갖고 있음을 입증하였을 뿐이다. 어떠한 객관적인 기준에 비추어 보더라도 미국은 지구상에서 가장 파괴적인 국가이다. 미국은 전 세계에 걸쳐 제2차 세계대전 이후 다른 어느 국가보다도 많은 사람을 죽이고 공포에 떨게 하였다. 미국의 파괴력은 무제한적이며, 우리가 상상할 수 있는 모든 무기로 무장한 것처럼 보인다. 전 지구적 패권을 목표로 하는 미국의 제국적 이해관계에는 사실상 아무런 제약이 없다. 뉴욕과 워싱턴에 가해진 테러 공격에 대한 대응으로 미국 정부는 60여 개 국에 포진하고 있는 테러리스트들에게 전쟁을 선포하였으며, 테러리스트들에게 은신처를 제공하는 정부에 대해서도 군사공격을 감행하겠다고 위협하고 있다. 흔히들 현재는 기나긴 투쟁의 첫 단계일 뿐이라고 말한다. 하지만 미국은 아프가니스탄에서 자신의 전쟁 기계를 풀어놓고 이미 두려울 정도의 사상자를 내고 있으며, 이들 중에는 굶어 죽은 이들도 포함되어 있다.

자본주의의 역사적인 상승이 한계에 다다른 것으로 보이는 이 시대의 발전 양상을 (서로가 서로를 먹어 살리는) 제국주의, 야만주의, 테러리즘의 발전이라는 표현 이외에 어떻게 설명할 것인가? 이제 인류에게 남은 희망은 사회주의를 재건설하는 것뿐이다. 당장은 미국 내에 중심을 둔 대중적 저항의 출현을 통하여 워싱턴으로 하여금 인류의 성전에서 더 이상 삼손이 벌인 죽음의 게임을 하지 못하도록 해야 한다. 로자 룩셈부르크(Rosa Luxemburg)가 이전에 감명 깊게 제기했던 "사회주의 혹은 야만"이라는 말이 지금처럼 전 지구적으로 절박한 메시지를 던진 적은 없었다.

Chapter 3

독점자본과 신지구화

2002년 1월

우리는 그 어느 때보다도 자본주의가 극단으로 치닫는 시기에 살고 있다. 자본주의는 스스로를 그와 같은 극단을 필요로 하는 자연의 힘으로 내세운다. 제도권의 지구화 찬성론자들은 자기 통제적인 시장이 세계 구석구석으로 퍼지는 것을 의미하는 지구화가 분명한 중심도, 권력구조도 없이 진 세계적으로 동시에 일어나고 있다고 묘사한다. 2001년 7월 7일판 뉴욕타임즈는 현재 유행하는 개념을 재차 언급하였다. 오늘날의 전 지구적 현실은 "유동적이고 무제한적으로 팽창하는 매우 조직적인 체제이다. 이는 전 세계 인구를 포함"하지만 그 가운데 특권적인 위치나 "권력의 자리"는 없다는 것이다.[1)]

모든 것을 결정하는 듯이 보이지만 명백한 변화의 주체는 없는 냉혹한 지구의 운명에 대한 이와 같은 관점을 옹호하기 위하여 칼 마르크스의 혁명적인 위상까지도 끌어다 이용하였다. 세계은행은

1996년 『세계 개발 보고서(*World Development Report*)』 서문에서 『공산당 선언(*Communist Manifesto*)』을 인용하며 계획경제에서 시장경제로의 전환과 신자유주의적 지구화의 등장은 피할 수 없는 근본적인 과정이며, 눈에 보이는 배후는 존재하지 않는다고 주장하였다:

> 끊임없는 생산의 변혁, 계속적인 사회적 조건의 혼란, 영속적인 불확실성과 동요. … 모든 고정된, 단단히 얼어붙은 관계들은 고대로부터 내려온 유서 깊은 편견 및 의견의 열차와 함께 사라져 버린다. 모든 새로운 형태의 관계들도 완성되기도 전에 낡은 것이 된다. 모든 단단한 것들은 녹아 하늘로 사라진다 … .[2)]

같은 구절에서 마르크스와 엥겔스가 "부르주아의 시대"에 대해 인유했던 내용과, 어떻게 "생산된 물건을 팔아야 하기 때문에 끊임없이 팽창하는 시장을 필요로 하는 부르주아가 전 지구를 누비게 되었는지"에 대한 언급들은 여기서 생략되었다.

지구화를 모든 행위자로부터 분리시킨 이와 같은 불가피성에 대항하기 위하여 신자유주의적 지구화에 반대한다는 운동들이 자본주의의 역사에 대한 진지한 성찰보다는 눈에 보이는 지구화의 도구 역할을 과장해 왔다는 점은 분명하다. 급진적인 반대자들은 체제와 체제의 냉혹한 힘은 중요시하지 않고 세계무역기구(WTO), IMF, 세계은행 및 다국적 기업—그리고 때로는 맥도날드와 같은 특정 기업—을 골라서 비판하는 경우가 많다.

전반적으로 지구화를 지지하거나 반대하는 이 두 가지의 왜

곡된 입장은 서로를 더욱 비현실적으로 만든다. 이들의 지지나 반대 행위는 물질적인 기초가 전혀 없다. 지구화 옹호론과 반대론은 모두 민족국가의 주권이 약화되었음을 강조한다. 아담 스미스는 18세기 말의 자본주의가 경제 영역에서 주권을 전혀 불필요하게 만드는 체제라고 묘사하고, 자본주의가 절대주의, 중상주의 국가의 보이는 손을 모두 시장의 보이지 않는 손으로 대체한다고 보았다. 그는 시장에 대해서 "주권은 더 이상 아무런 역할도 수행하지 않는다"고 서술하였다.[3)] 이제는 이 보이지 않는 손이 전 지구적으로 확대되어 민족국가가 자신의 영토에 대하여 가지는 주권적 힘 자체가 상당한 정도로 사라졌다고들 말한다. 『렉서스와 올리브 나무(*The Lexus and the Olive Tree*)』의 저자이자 뉴욕타임즈의 국제관계 전문 칼럼니스트인 토마스 프리드만(Thomas Friedman)은 지구화가 마이크로칩을 바탕으로 하며, 금융투자자들과 다국적 기업으로 구성된 "전자 유목민 집단(electronic herd)"이 지배하는, 어떠한 민족국가나 권력구조에도 구속받지 않으며 누구에 대한 책임도 없는 새로운 기술 · 경제체제라고 본다.[4)]

이러한 견해에 반박하는 이들은 자본주의가 아직도 그 모든 모순을 그대로 가지고 있다고 주장한다. 그러나 현대의 자본주의에 관한 개념들은 대부분 역사적인 특수성과 구체성을 결여하고 있으며, 지배적인 이데올로기에 맞서는 데 유용하다는 이유로 무분별한 경쟁의 개념에만 지나치게 사로잡혀 있다. 실제로 자본주의라는 개념 자체에서 결정적인 요소들이 잘려나가고 있다. 민족국가도, 식별 가능한 권력의 중심도 없는 (매우 알아보기 쉬운 시장의 도구들만 있는) 전 지구적 자유시장 패권는 자본주의의 개념이 사실상 지구화와 동일한 것으로 여겨지게 되었다는 것을 의미한다. 사람들은 자본주의에 대한 대안은 없다고들 단언한다. 왜냐하면 체제 외부에 아무 것도 존재하지 않으며, 체제 내부에는 중심부라고 할 것이 없기 때문이다.

지구화에 관한 논의의 모든 부문에 팽배해 있는 이러한 이데올로기의 안개는 궁극적으로는 사라지게 될 것이다. 한번도 극복된 적이 없는 자본주의의 모순들이 오늘날 그 어느 때보다도 보편적이고 파괴적인 형태로 존재하고 있다는 것이 분명해질 것이기 때문이다. 그러나 지금 이 이데올로기의 안개를 걷어내고 오늘날 세계의 권력이 어떻게 배치되어 있는가를 간파하고자 하는 이들은 구체적이고 역사적 특수성을 지닌 자본주의의 개념을 반드시 이해해야 한다. 이러한 자본주의의 개념을 통해 지구화를 통찰해 볼 수 있다. 마르크스주의 내에서는 이미 20세기에 독점자본에 관한 이론의 형태로 그와 같은 통찰이 등장하였다.

독점자본 이론의 기원

"독점자본"이라는 용어는 마르크스주의 경제학 내에서 대기업이 지배하는 자본주의의 단계를 가리키는 말로서 널리 사용되어 왔다. 이 단계의 자본주의 발달은 19세기의 마지막 4분기에 해당하는 기간에 시작되어 제2차 세계대전을 전후하여 성숙기에 들어섰다. 마르크스의 『자본론(*Capital*)』은 다른 고전적인 정치경제학 분석과 마찬가지로 시장체제가 자유경쟁이라는 조건에 의해 특징지어진다고 보았다. 이때의 자본주의 기업들은 주로 가족이 운영하는 소규모의 기업이었다. 고전주의 정치경제학은 자유경쟁이 결코 "완벽한" 또는 "순수한" 경쟁이라고 보지 않았다. 이는 후에 신고전주의 경제학이 나타나고 나서야 받아들여졌다. 그럼에도 불구하고 고전주의 정치경제학의 자유경쟁에 관한 기초 이론은 치열한 가격경쟁이 존재한다고 가정하였으며, 어떠한 개별 자본가나 자본주의 기업도 시장의 상당한 부분을 통제할 힘을 가지지 못한다고 전제하였다.[5)]

그러나 마르크스의 경우 다른 고전주의 정치경제학자와는 달리 자본주의가 역사적인 체제이며, 따라서 그 특성이 유동적이고 다양한 단계를 거쳐간다고 보았다. 마르크스 자신이 독점자본 이론을 만든 것은 아니었지만 그는 자본주의 하에서 이루어지는 축적의 근본적인 경향, 즉 자본 집적(concentration)과 집중(centralization)에 대해 지적하였다. 신용체제와 주식시장의 발달은 마르크스에게는 "경쟁이라는 전투에 도입된 새롭고 끔찍한 무기이며, 결국에는 자본의 집중화를 위한 거대한 사회적 메커니즘으로 변형되는" 것들이었다.[6)] 20년이 흐른 뒤 『자본론』 제2권과 3권의 출판을 준비하면서 엥겔스는 자유경쟁이 "그 끝자락에 다다랐다"고 강조하였다.[7)] 그러나 마르크스와 엥겔스는 이와 같은 발달이 (자본주의의 새로운 단계를 예고하는 것이 아니라) 새로운 생산방식의 출현을 촉진할 생산의 사회화의 새로운 조건들을 예견한다고 보았다.

그러므로 자본주의의 운동법칙에 있어서 이와 같은 발전이 무엇을 의미하는지 분석하는 일은 후대 사상가들의 몫으로 남겨졌다. 이 작업을 처음 수행한 사람은 미국 경제학계의 이단아 쏘스타인 베블렌(Thorstein Veblen)이었다. 그는 『기업 이론(*The Theory of Business Enterprise*)』과 이후 저서들에서 대기업의 증가와 이에 따른 신용, 기업 금융, 판매 형태의 변화가 가지는 경제적 함의를 분석하였다. 그러나 경제학에 미친 베블렌의 영향은 미국을 벗어나지 못하였다. 당시 독일에 중심을 두고 있던 마르크스주의 전통 내에서 독점자본에 관한 최초의 중요한 이론가는 오스트리아 경제학자인 루돌프 힐퍼딩(Rudolf Hilferding)이다. 그의 책 『금융자본 : 자본주의의 마지막 단계(*Finance Capital : The Latest Phase of Capitalism*)』가 나온 뒤 곧 레닌의 『제국주의 : 자본주의의 최고 단계(*Imperialism : The highest Stage of Capitalism*)』가 발표되었다.

힐퍼딩은 자본의 집적과 집중이 자본을 계속 통합시켜 결국에는 하나의 거대한 카르텔을 낳는다고 지적하였다. 그러나 그는 자본의 통합을 상쇄하는 일부 영향들을 고려하지 않은 채 단순한 결론을 내렸다. 힐퍼딩의 연구는 여러 중요한 통찰들을 담고 있지만, 자본의 통합을 양적인 측면에서만 보았을 뿐 자본주의 운동법칙의 질적인 변형에 관해서는 생각해 보지 않았다. 그러나 힐퍼딩의 관점은 레닌으로 하여금 제국주의를 자본주의의 독점단계와 연결시키고 거대자본의 성장을 인지하는 데 영감을 제공하였다. 그 결과 레닌은 거대자본을 자본의 세계적 팽창 및 민족국가들 간의 세계 시장 점유율을 둘러싼 갈등과 밀접하게 연관된 것으로 보았다. 그러나 힐퍼딩과 마찬가지로 레닌도 자본주의의 기본적인 운동법칙이 독점단계 자본주의에서 어떻게 변형되는지에 대해서는 생각하지 못하였다. 독점자본주의 개념을 이해하는 데 일부 중요한 변화가 나타나기 시작한 1920–

1930년대 소련 경제학자들도 독점자본주의라는 개념을 자명한 것으로 여겼다. 1930년대 후반에 이르러 독점자본주의는 스탈린 치하에서 팽배한 융통성 없는 정통주의의 단순한 교리 중 하나로 평가절하되었다.

한편, 1930년대 서방세계에서는 조안 로빈슨(Joan Robinson), 에드워드 챔벌린(Edward Chamberlain), 그리고 젊은 경제학자였던 폴 스위지(Paul Sweezy) 등 주류 경제학자들이 마침내 독점에 대해 다루기 시작하였다. 그러나 이들의 분석에서 나온 "불완전경쟁(imperfect competition)"에 관한 이론은 실제 역사적인 과정과는 분리되었다는 특징이 있다. 또한 이들의 이론은 완전경쟁 이론에 딸린 제한조건 정도로만 여겨졌다. 유일한 일반 이론으로 여겨지던 완전경쟁 이론이 여전히 경제학 전반을 주도하였다.

1930년대 마르크스주의 경제학에는 세 가지 분파가 있었다. (1) 자본 축적과 위기에 관한 이론, (2) 마르크스의 자본 집적과 집중 개념에 기초한 독점자본주의 이론의 초기 형태, (3) 제국주의 이론이 그것이다. 레닌은 독점화와 제국주의의 성장에 관한 이론인 두 번째와 세 번째 부류를 연결시켰다. 그러나 이상하게도 두 번째 부류를 첫 번째에 연결시키는 이론적 시도는 존재하지 않았다. 즉 한창 증가하던 자본의 집적과 집중이 축적의 형태 및 위기와 어떻게 연결되는지에 대한 분석이 없었던 것이다. 마르크스가 『자본론』 제2권에서 밝힌 재생산도식(reproduction scheme)에 초점이 맞추어져 있던 20세기 초의 마르크스주의 이론은 독점의 증가에 대한 분석과는 전혀 관계없는 맥락에서 경제적 위기에 대해 논의하였다.

그러나 역사적 발전은 당시 마르크스주의 경제학이 결여하고 있던 바로 그 고리를 가리키고 있었다. 20세기 들어 미국에서는 거대 독점 및 기업연합(trust)에 대한 반발이 고조되었다. 20세기 초 거대 기업합병의 조류는 질적으로 다른 현실의 출현을 나타내는 것으로 여겨졌다. 1898-1902년 동안에만 미국 자본자산의 1/4에서 1/3 정도가 합병을 통해 통합되었다. 1901년 모건 투자은행이 매각을 통해 만든 U.S. 스틸(U.S. Steel)은 165개에 달하는 기업을 통합한 것이었다. 이는 당시 최대 규모의 기업합병이었다. 그 결과 미국 철강산업의 60%를 지배하는 독점적인 기업이 탄생하였다. 1936년 아서 번즈(Arthur R. Burns)는 자신의 고전적 연구인 『경쟁의 쇠퇴 : 미국 산업의 진화에 대한 연구(*The Decline of Competition : A Study of the Evolution of American Industry*)』를 집필하였다.[8] 1930년대 대공황의 상황에서 특히 베블렌의 영향을 받은 비정통적인 경제학 연구들은 종종 상당한 독점적 권력을 지닌 거대 기업의 성장이 경기침체를 더욱 심화시킨다고 주장하였다. 대공황 당시 루즈벨트 행정부가 만든 임시국가경제위원회(Temporary National Economic Committee)의 주요 목표 중 하나도 이러한 주장의 적정성 여부를 조사하는 것이었다. (그러나 연구결과는 매우 빈약하였다).

그러나 이 모든 상황에도 불구하고 대공황에 대응하는 거시경제학을 바꾸어 놓은 존 메이나드 케인즈(John Maynard Keynes)의 『고용, 이자 및 화폐에 관한 일반 이론(*General Theory of Employment, Interest and Money*)』조차도 여전히 오래된 원자적 경쟁(atomistic competition) 가설에 뿌리를 두고 있었다.

위기에 관한 이론을 독점 이론과 접목시킨 최초의 경제학자는 폴란드 경제학자 미하우 칼레츠키(Michal Kalecki)였다. 그는 마르크스와 로자 룩셈부르크에게서 영감을 얻었다. 조안 로빈슨 등 케인즈 주변의 다른 젊은 경제학자들에 따르면, 1930년대 초 칼레츠키의 연구는 케인즈의 등장을 예견이라도 한 듯이 "케인즈주의" 혁명의 주요 요소들을 개발해냈다. 칼레츠키는 1930년대 중반에 영국으로 이주하여 케인즈주의와 관련된 경제 분석을 더욱 변모시키는 데 일조하였다. 이곳에서 그는 어떠한 기업이 (노동자의 임금이나 원자재 비용과 같은) 주요 생산 비용에 대하여 가격을 인상할 수 있는 정도를 나타내는 "독점도(degree of monopoly)"라는 개념을 고안해냈다. 이를 통해 칼레츠키는 독점적 권력을 국민소득의 분배, 나아가서는 경제적 위기 및 경기침체의 원인과도 연결시킬 수 있었다. 칼레츠키는 또한 투자에 영향을 미치는 보다 일반적인 역사적 조건에 대해서도 연구하였다. 그의 저서 『경제적 역학 이론(*Theory of Economic Dynamics*)』의 마지막 단락에서 칼레츠키는 "자본주의 경제는 장기적 발전을 내재하고 있지 않다. 그러므로 장기적인 상승운동을 지속하기 위해서는 특정한 '발전요소' 들이 필요하다"고 결론내렸다.[9]

이러한 분석은 칼레츠키와 함께 일하였던 젊은 오스트리아 경제학자인 조셉 슈타인들(Joseph Steindl)에 의해 더욱 발전되었다. 슈타인들의 『미국 자본주의의 성숙과 정체(*Maturity and Stagnation in American Capitalism*)』에 따르면, 거대 기업들은 이윤폭을 넓히려는 경향이 있지만 소득의 불균등한 분배로 인한 임금소득의 감소 때문에 유효수요의 부족에 항상 시달린다. 새로운 투자는 이윤과 유효수요 부족 사이의 격차를 메울 수 있을 것으로 예상된다. 그러나 그와 같은 투자는 새로운 생산능력, 즉 잠재적인 상품 공급의 확대로 이어진다. 칼레츠키는 "투자의 비극은 그것이 유용하다는 데 있다"고 하였다.[10] 거대 기업들은 가격, 생산량, 투자를 상당한 정도까지는 통제할 수 있지만 자신들의 현재 생산능력의 상당 부분이 이미 사용되지 않은 채 낭비되고 있는 경우에는 투자를 하지 않을 것이다. (대부분의 경제적 분석이 가정하는 완전경쟁 체제에서와 마찬가지로) 최종 수요가 감소하더라도 독과점 기업들은 가격을 낮추지 않는다. 대신 생산량, 생산능력 이용률 및 새로운 투자를 줄이는 데 거의 전적으로 의존할 것이다. 이와 같은 과정을 통해 기업들은 가능한 한 현재의 가격과 이윤폭을 유지한다. 그러므로 독점자본주의 상황에서 거대 기업들은 자유경쟁 체제에서보다 더 큰 이윤폭(혹은 더 심한 착취율)과 더 많은 유휴 생산능력을 가지는 경향이 있고, 그 결과 경제정체를 초래하기가 훨씬 쉽다.[11]

독점자본 : 미국의 경제적 · 사회적 질서에 대한 시론

마르크스주의 경제학의 위대한 업적 중 하나로 1942년 발표된 폴 스위지의 고전적인 연구 『자본주의 발달 이론(*The Theory of Capitalist Development*)』은 미국 마르크스주의 내부에서 독자적인 전통이 시작되었음을 보여주었다. 이 새로운 전통은 1949년에 스위지가 언론인이자 역사가였던 리오 후버만과 함께 창간한 잡지 먼슬리 리뷰와도 연관된다. 『자본주의 발달 이론』에서 스위지는 위기의 현실화에 대한 마르크스의 이론을 사용하여 (마르크스의 위기 이론과 케인즈의 유효 수요 이론 사이의 밀접한 연관성을 보여주면서) 경제침체에 대한 정교하고 발달된 분석을 내놓았다. 『자본주의 발달 이론』은 또한 독점화에 대한 마르크스주의 분석을 확대시켰다. 그러나 스위지의 경제침체에 대한 분석과 독점화에 대한 분석은 서로 분리되어 있었다.[12] 슈타인들은 『미국 자본주의의 성숙과 정체』에서 스위지의 저서에 대한 긴 논평을 통해 바로 이 점을 비판하였다. 슈타인들은 위기의 현실화를 경제 전체에서 "독점도"의 증가와 연관시킨 칼레츠키의 자본주의 역학 모델에 기초하여 "마르크스로부터" 보다 통합된 이론을 "유기적으로 이끌어낼 수 있을 것"이라고 주장하였다.[13]

슈타인들의 주장은 스위지에게 즉각적으로 감명을 주었고, 이는 스탠포드 대학의 경제학 교수이자 먼슬리 리뷰의 동료였던 스위지의 절친한 친구 폴 바런(Paul Baran)에게도 마찬가지였다. 1957년에 바런은 칼레츠키와 슈타인들에게서 시작된 독점자본주의 이론을 도입하고, 자본주의의 주변부 제3세계의 경제적 저발전을 강화하는 데 있어서 제국주의가 어떤 역할을 하는지 분석하여 『성장의 정치경제학(*The Political Economy of Growth*)』을 발표하였다.[14]

바런은 주변부의 저발전에 대한 제국주의의 역할을 분석하는 데 있어서 정통 경제학에서 크게 이탈하였다. 그는 주변부의 빈곤한 경제는 언제나 상대적으로 "후진적"이었다고 가정하는 일반적인 방식을 따르는 대신 이 문제를 역사적인 관점에서 접근하였다. 바런은 이 경우 "즉각 대두되는 문제는 후진적인 국가에서는 왜 다른 자본주의 국가의 역사에는 익숙하게 나타나는 자본주의적 발전 방향을 찾아볼 수 없는가, 그리고 후진국에서 진보적인 움직임은 왜 항상 느리거나 아예 존재하지 않는가"라는 것이라고 서술하였다.[15] 그는 이에 대한 해답을 "노골적인 약탈과 노예화, 살인"으로 특징지어지는 시기에 자본주의가 이들 지역에 전파된 방식에서 찾을 수 있다고 보았다. 마르크스는 이 방식을 "원시적 축적"이라고 명명하였다. 그리고 바로 이러한 자본주의의 전파과정이 식민지 사회에서 "갓 태어난 산업들을 질식시킨" 방식에서도 그 해답을 찾을 수 있다고 제안한다.[16]

결국 자본주의 세계 경제의 중심과 주변 사이에 오늘날까지도 계속되는 커다란 분리를 초래한 것은 바로 세계의 다른 지역에 대한 유럽의 침략과 약탈이었다. 이를 설명하면서 바런은 자본주의의 지구화의 결과로 인도와 일본이 세계 경제에 편입된 방식의 차이를 강조하였다. 인도는 종속적인 사회 형태로서 후에 안드레 군더 프랑크(Andre Gunder Frank)가 "저발전의 발전"이라고 부른 현상의 유산을 보여준다. 이에 비해 일본은 식민사회도 아니었고 불평등조약에 오랫동안 제약을 받지도 않은 예외적인 경우로서, 자신의 경제적 잉여에 대한 통제력을 가지고 중심부의 유럽 국가들과 마찬가지로 자기 중심적인 발전을 이룰 수 있었다. 이러한 분석의 함의는 명백하다. 바로 불평등한 조건에서 자본주의 세계 경제의 주변부로 편입되는 것 자체가 저발전 국가들의 비참한 처지의 원인이라는 것이다.

그러므로 바런에게 있어서 제국주의는 자본주의와 떼려야 뗄 수 없는 관계이다. 제국주의의 중심 기반은 선진 자본주의 세계에서 작동하는 축적의 방식에서 찾을 수 있다. 국제적인 노동 분업의 발달로 주변부의 빈곤한 국가의 생산과 무역은 자국민의 필요보다도 체제의 중심부에 있는 부유한 국가들의 필요를 채우는 방향으로 조정되었다.

그러나 현대 제국주의에 대한 분석은 독점자본의 운동법칙을 고려하지 않는 한 결코 완전할 수 없다. 바런은 『성장의 정치경제학』에서 주변부의 저발전의 발전 현상을 분석하고 미국 및 다른 주요 자본주의 국가 내부의 축적과 정체의 문제를 조명하기 위하여 경제적 잉여의 개념을 사용하였다. 이러한 그의 주장은 폴 스위지와 함께 저술하여 바런이 죽은 지 2년 뒤인 1966년에 출판된 『독점자본 : 미국의 경제적 · 사회적 질서에 대한 시론(試論) (*Monopoly Capital : An Essay on the American Economic and Social Order*)』에서 더욱 발전되었다.[17] 1966-1974년 사이에 『독점자본』은 16개 언어로 번역되었으며, 신좌파의 "표준 교과서로 거의 즉각적으로 … 채택되었다."[18]

바런은 독점자본주의 하에서 축적의 기본적인 딜레마를 칼레츠키의 관점에서 설명하였다. 부유한 국가의 인구 대부분을 차지하는 노동자들은 이윤, 이자, 임대 등의 형태로 나타나는 경제적 잉여에 대해 거의 접근할 수 없다. 노동자의 소득은 사실상 임금소득이 전부이다. 어떤 경우에는 신용으로 큰 구매를 할 수도 있지만 대부분의 노동자들은 저축은커녕 월급으로 겨우 살아가는 형편이다. 그 결과 노동자들은 경제학자들이 임금재(wage goods)라고 부르는 필수품을 사는 데 소득을 모두 사용한다.

이에 비하여 자본가들은 경제적 잉여에 접근할 수 있으며, 더 많은 잉여를 축적하는 것을 자신들의 주요 목표로 삼는다. 그들은 총소득의 일부만을 사치품을 사는 데 사용하고, 나머지는 새로운 생산능력을 의미하는 자본재(capital goods)에 투자하여 부를 증진시키는 데 집중한다. 그러나 여기에 바로 딜레마가 있다. 투자를 지향하는 모든 경제적 잉여가 (새 공장이나 장비 등) 새로운 생산설비에만 투자될 경우, 그 새로운 생산설비가 일단 조업에 들어갔을 때 최종 수요를 훨씬 능가하는 상품량을 생산하게 될 것이다. 이는 과잉생산, 가격하락 및 이윤 급감으로 이어진다. 독점자본은 이러한 상황이 발생하는 것을 막고 가격 하락으로 인한 이윤 감소를 방지하기 위하여 생산 수준을 유지하여 평균적인 유휴 생산력을 늘리고 신중하게 투자를 규제한다. 그러나 이 모든 것은 체제가 실질적으로, 그리고 잠재적으로 생산할 수 있는 경제적 잉여가 그러한 잉여를 흡수하는 체제의 능력을 평상적으로 초과한다는 것을 의미한다. 그 결과는 그 잠재력에 훨씬 못 미치는 경제 성장률로 나타난다.

바런의 이론은 자본의 축적을 늦추는 역사적인 요소가 독점화뿐만이 아니라고 말한다. 케인즈를 따르는 미국 경제학자의 주역인 앨빈 한센(Alvin Hansen)이 1930년대 장기정체에 관한 논의에서 강조하였던 "성숙(maturity)" 현상 또한 중요하다는 것이다. 이러한 관점에서는 투자도 역사적으로 보아야 한다. 대부분의 신생 산업들은 낮은 가격과 역동적인 투자, 심한 경쟁으로 특징지을 수 있는 정착단계(shakedown phase)를 거친다. 그러나 신생 산업이 평상적으로 가동 가능한 수준보다 더 높은 생산능력을 갖추어 "성숙하게"되면, 그리고 이들 산업이 서너 개의 독점 혹은 과점 기업들의 세력 하에 놓이게 되면 투자는 감소하는 경향이 있다. 투자가 발생할 경우, 이는 대부분

감가상각 기금(depreciation funds)에서 나온 것이고 순수한 투자는 상대적으로 적다. 게다가 선진 경제일수록 산업의 더 큰 부분이 이와 같은 성숙한 시장으로 구성되는 것이 산업화의 본성이다.

따라서 바런의 이론은 1930년대를 규정지었던 경제정체가 단순히 이례적이었다고만은 할 수 없으며, 독점단계의 자본주의 운동 법칙에 깊게 내재되어 있는 조건들을 반영하는 것이라고 본다. 그러나 『독점자본』이 씌어진 당시 시급한 현안은 경제정체가 아니라 급속한 경제성장이었다. 바런과 스위지가 그들의 책 서문에서 쓴 것처럼 "1930년대의 대공황은 마르크스주의 이론과 감탄할 정도로 맞아떨어진다. 또한 공황의 발생과정은 유사한 경제적 파탄이 재발할 수밖에 없다는 확신을 강화시켜 주었다. 그러나 많은 마르크스주의자들은 제2차 세계대전이 끝난 지 20년이 흐르도록 극심한 공황은 재발하지 않았다는 데 놀랄 수밖에 없었다."[19)]

독점자본주의가 경제위기와 정체를 야기하는 경향이 강하다고 한다면 어떻게 미국 경제는 20년 동안 중대한 위기 없이 팽창할 수 있었는가? 이것이 『독점자본』이 가장 우선적으로 풀고자 했던 문제이다. 바런과 스위지는 경제를 지탱해 준 몇 가지 상쇄 요인을 지목하였다. (1) 획기적인 경기부양책으로 작용한 1950년대 미국의 제2차 자동차화(automobilization) 물결(이는 철강, 유리, 고무, 석유산업의 발전과 주간 고속도로의 건설, 교외화로 인한 경기부양 또한 반영하는 것이었다), (2) 두 지역적 전쟁을 위한 지출을 포함하여 아시아에서의 냉전 군비지출, (3) (베블렌이 최초로 강조한) 판매가 생산에 미치는 불필요한 영향 증대, (4) 생산 자체를 방해할 정도로까지 기대하게 팽창한 자본주의 경제의 금융 상부구조가 그것이다(금융 상부구조의 팽창은 바런과 스위지의 연구에서도 언급되었지만, 『독점자본』에서보다는 스위지의 이후 연구들에서 더 중요시되었다). 이러한 요인들로 인해 미국 경제는 경제적 잉여를 흡수하여 심각한 경제위기를 면할 수 있었다.

그러나 이 모든 상쇄 요인들은 자기 제한적이거나 독점자본주의 사회에 추가적인 모순을 만들어냈다. 자동차화는 경제의 지리적 기반 전체가 변하는 것을 의미했다. 그리고 일단 그 변화가 완성되면 자동차화 과정은 느려졌다. 게다가 동일한 규모의 획기적인 혁신은 더 이상 없을 것처럼 보였다. 최근 몇십 년간의 디지털 혁명조차도 투자 전체에 대한 영향 면에서 비교해 볼 때 자동차화보다 그 규모가 작다. 군비 지출에 대한 강조는 현재 전 세계 군비 지출의 1/3 정도를 차지하고 있는 미국으로 하여금 전 지구적인 군사주의와 제국주의의 길을 가게 하였다. 미국은 또한 냉전이 끝나자 늘어만 가는 군사 예산을 정당화할 새로운 구실을 찾아 나섰다. 판매가 생산에 영향을 미친다는 것은(불필요한 포장, 쓸모없는 상품, 전단 상품 및 상품의 구식화 등) 엄청난 양의 쓰레기가 생산된다는 것을 의미하였다. 이는 사업 비용과 경쟁에 자연스럽게 영향을 미쳤다. 생산기반이 상대적인 침체에 빠져 있을 때 자본주의 경제의 금융 상부구조는 급격하게 성장함으로써 전 세계 자본주의는 더욱 불안정하고 불확실해졌다.

『독점자본』은 경쟁의 본질 변화, 축적의 변형, 독점자본주의하에서 군사주의와 제국주의의 성장 등에 관하여 다루었다. 그러나 『독점자본』은 노동과정 그 자체와 노동자 착취라는 마르크스의 자본주의 비판의 핵심 질문을 간과하였다. 먼슬리 리뷰 출판사 국장이자 숙련 기계공으로 금속산업에 종사했던 해리 브레이버만(Harry Braver--man)은 자신의 대표작 『노동과 독점자본 : 20세기 노동의 쇠퇴(*Labor and Monopoly Capital : The Degradation of Work in the Twentieth Century*)』에서 이 문제를 연구하였다.[20] 브레이버만의 분석은 마르크스의 『자본론』에 기반을 두고 이를 20세기 초 대기업의 발달과 함께 나타난 과학적 관리법인 테일러주의의 성장에도 도입하였다. 그는 집요한 노동 분업을 통해 직접 생산자로부터 더 많은 양의 잉여가치를 뽑아내고 그 결과 노동을 비인간화 · 퇴화시키는 힘이 독점자본주의 하에서 더욱 강해졌다는 것을 보여주었다. 또한 "시장의 보편화"는 사회적 존재의 모든 측면이 시장에 의존적일 정도까지 심해졌다. 이는 그 유명한 "소비자 사회"의 이면에 감추어진 속박을 드러내는 것이다.[21]

1969년에 리오 후버만이 죽자 스위지와 함께 먼슬리 리뷰의 공동 편집장이 된 해리 맥도프도 자신의 연구에서 독점자본주의 이론을 발전시켰다. 맥도프의 저서 『제국주의의 시대 : 미국 외교정책의 경제학(*The Age of Imperialism : The Economics of U.S. Foreign Policy*)』은 미국 제국주의라는 오랫동안 기피해 왔던 주제를 재조명하였다.[22] 이 책은 미국이 이전의 영국이나 프랑스와는 다르지만 제국을 소유하고 있다고 설명하였다. 그리고 당시 진행 중이던 베트남 전쟁은 소련과의 경쟁보다도 제국이라는 맥락에서 이해되어야 한다고 보았다. 미국 경제가 세계 경제와 별 관련이 없다는 당시 팽배하던 주장에 맞서 맥도프는 국외로의 해외직접투자와 그것이 수익성 있는 투자 누적을 만들어내는 데 미치는 영향을 역설하였다. 그는 수출이나 다국적 기업의 해외 두사를 단순히 국내 총생산에 비유하는 흔한 오류를 비판하였다. 이러한 경제적 흐름을 자본재 산업과 같은 전략적인 경제분야와 연관하여 생각해 보거나, 해외 투자에서 얻은 수익을 국내의 비금융기업의 이윤과 비교해 보면 수출과 해외투자의 중요성을 정확히 파악할 수 있다. 맥도프는 해외 투자로부터 얻은 수익이 1950년대 미국의 비금융기업의 세후 이익의 10% 수준이었는데 1964년에는 이익율이 20% 이상으로 늘어났다고 밝혔다.[23] 맥도프는 "과연 제국주의는 필요한 것인가"라는 질문에 대하여 제국주의가 자본주의의 전 지구적 얼굴이며, 축적 그 자체만큼이나 자본주의 체제의 근본이라고 대답하였다.[24]

맥도프에 따르면 제2차 세계대전 이후 관세 및 무역에 관한 일반협정(GATT) 체결, 국제통화기금 및 세계은행의 탄생은 미국이 패권을 쥐고 있는 국제질서의 발달을 촉진하였다. 그는 세계 경제에서 달러화의 패권적인 지위에 기초하여 미국 자본이 국제적 금융의 팽창을 경험하던 때에 제3세계는 부채의 덫에 더 깊이 빠졌다는 점을 강조하였다. 『제국주의의 시대』 마지막 장에서 맥도프는 다음과 같이 서술하였다 :

> 전형적인 국제 기업이 거대 석유회사뿐이던 시절은 끝났다. 제너럴 모터스(General Motors)나 제너럴 일렉트릭(General Electric)은 기업활동의 15-20% 정도가 해외 사업이며, 해외 사업의 비중을 늘리기 위해 모든 노력을 기울이고 있다. 이들도 국제 기업이 될 가능성이 크다. 국제적 기업의 업무상 목표는 전 세계적으로 단위당 생산 비용을 최소화하는 것이다. 그들은 또한 공개적으로 밝히지는 않지만 유럽공동시장의 기업합병 조류를

주도하고, 미국 시장에서처럼 세계 시장에서도 높은 점유율을 가지는 것을 목표로 한다.[25]

지구화의 새 단계

마르크스, 베블렌, 힐퍼딩, 레닌, 칼레츠키가 마련한 기초를 바탕으로 스위지, 바런, 맥도프, 브레이버만이 발전시킨 독점자본 이론은 흔히 "지구화"와 연관되는 오늘날의 현상들을 일찍부터 예견하였다. 이들이 볼 때 자본주의는 태생부터가 전 지구적인 체제이다. "자본주의의 새 단계"는 긴 역사적 과정의 일부로서 제국주의와 불가분의 관계에 있다.[26] 스위지가 역설하였듯이 자본주의는 15-16세기에 시작되었다. 자본주의 체제는 그 초기부터 자기 지향적인 중심부와 종속적인 주변부의 변증법적인 통합으로 구성되어 왔다. 더욱이,

> 자본주의가 그 태생에서부터 독립과 종속(dependent), 지배와 복속(subordinate), 중심과 주변 등 다양한 용어로 설명할 수 있는 양 극단으로 이루어져 있다는 사실은 자본주의의 진화의 모든 단계에서 매우 중요하다. 자본주의의 주동력은 항상 중심부의 축적과정이었으며, 주변부 사회는 강제와 시장의 힘이 혼합되어 중심부의 필요와 요구사항에 맞도록 만들어져 왔다.[27]

이 전 지구적인 체제 내에서는 중심부보다 주변부에서 더 높은 수준의 착취가 이루어진다. 중심부는 자신의 발전을 위하여 주변부의 잉여가치를 빨아들인다. 그 결과 몇몇 주변부 국가들의 발전에도 불구하고 중심과 주변 사이의 소득과 부의 차이가 전체적으로 증가하였다. 이로 인해 불가피하게 발생하는 중심과 주변 사이의 갈등은 종종 혁명과 (미국과 체제의 중심에 있는 다른 제국주의 권력들의 변함없는 지원을 받은, 때로는 직접적인 군사 개입의 형태로도 이루어지는) 반혁명의 형태로 나타났다.

그러나 제국주의를 둘러싼 투쟁은 단순한 남북 문제만은 아니다. 레닌이 주장하였듯이 독점자본의 성장은 체제 중심부의 선진 산업국가들 간의 경쟁과 떼려야 뗄 수 없는 관계이다. 선진 산업국 간의 경쟁은 무역 및 환율 분쟁, 각자의 국가적 기업을 장려하면서 불거지는 마찰 등의 형태로 나타난다. 때로는 이것이 (제1, 2차 세계대전의 경우처럼) 전쟁으로 이어지는 경우도 있다. 이러한 제국주의적 경쟁은 주로 특정 종속 지역에 대하여 권리를 주장하는 강대국들 사이에서 주변부에 대한 통제와 영향권을 둘러싸고 일어났다.

자본의 집적과 집중, 주변부의 정체 경향, 주변부에서 벌어지는 제국주의적 착취, 금융의 지구화, 선진 자본주의 국가들 사이의 제국주의적 경쟁 등이 모두 모여 독점자본주의 이론이 그리는 세계의 모습을 보여준다. 이는 지구화의 가장 최근 국면에 대하여 오늘날 유행하는 것과는 전혀 다른 접근을 낳았다. 독점자본 이론에 따르면(주변부와는 달리) 중심부에서 국가주권은 손상되지 않았다. 세계 경제는 강력한 조직력을 결여한 혼돈의 상태도 아니며, 일각에서 말하는 것과 같이 WTO와 다른 초국가적 기관들이 이끄는 새로운 국제 자본이 등장한 것도 아니다. 맥도프는 자신의 논문 「지구화－무엇을 위하여? (Globalization－To What End?)」에서 다음과 같이 말하였다 :

> 다양한 관점에서 비판적으로 접근하기 위해서는 최근에 벌어지고 있는 지구화의 강화가 사실은 오랜 역사를 가진 현재 진행형의 과정이라는 점을 인식할 필요가 있다. 우선, 자본주의는 세계 시장을 만드는 과정에서 탄생하였으며, 핵심 자본주의 국가들의 오랜 성장의 조류는 수세기에 걸친 침략과 경제적 침투를 통한 확장과 연관이 있다. 기업들은 현재와 마찬가지로 과거에도 경쟁의 압력, 축적을 지속하기 위한 끊임없는 자본의 필요성, 원자재 공급원을 지배하는 데서 오는 이점 때문에 국경을 넘어 뻗어나갔다. … 자본주의의 팽창은 항상 국가를 이루는 다양한 구성요소 간의 협력을 전제로 하고 또 실제로 이를 필요로 하였지만 … 이들 구성요소들이 자신의 우월적 지위를 유지하고 확대하기 위한 투쟁을 멈춘 적은 한 번도 없었다. 중앙집권적 힘과 지방분권적인 힘은 자본주의 과정의 핵심에 항상 함께 존재해 왔다. 어느 때는 중앙집권적 힘이 더 지배적이었고, 또 다른 시기에는 지방분권적 힘이 더 강하였다. 그 결과 평화와 조화의 시기와 폭력과 불화의 시기가 번갈아 나타났다. 일반적으로 이 두 시기가 교체될 때 경제적 · 군사적 형태의 싸움이 발생하며, 최강자가 승리하여 패자들에게 복종을 강요한다. 그러나 곧 균일하지 않은 발전이 생기고 패권을 향한 새로운 싸움이 일어난다.[28)]

현재 세계 최강국인 미국은 1945년 이래로 전 지구적인 패권의 제국주의를 유지해 왔다. 미국의 패권은 1970년대부터 다른 주요 자본주의 국가들로부터 도전을 받아왔다. 미국은 기회가 있을 때마다 군사 최강국으로서의 자신의 역할을 확대하고 경제, 금융력을 휘둘러서 자신의 지배적인 위치를 유지하려고 노력했다. 이스트반 메자로스는 "미국의 패권적 제국주의가 매우 성공적이었으며, 지금도 우세하다고 해서 그것이 안정적이라거나 영원하다는 것을 의미하지는 않는다"고 설명하였다. (군사적 충돌과 사회적 폭발이 급증하던 시기에) '신세계 질서'의 최신 버전의 굳건한 토대로 제시되었던 '민주주의를 위한 동맹(Alliance for Democracy)'이나 '평화를 위한 동반자 관계(Partnership for Peace)'가 실패한 것처럼 미국이 관리하는 "지구 정부"에 대한 기대도 희망적인 생각에 지나지 않는다. 오히려 다음과 같은 세 가지 명백한 이유로 인해 "잠재적으로 제국주의의 가장 치명적인 시기"가 도래하고 있다. (1) 미국, 유럽, 일본 사이의 경쟁 심화, (2) 미국의 라이벌로 떠오르는 중국에 대한 미국 집권층의 염려 심화, (3) 자신의 패권의 지정학적 영향권을 확대함으로써 이와 같은 도전을 미리 예방하려는 미국의 공격적 시도들이 바로 그것이다.[29] 지구화가 세계를 통합하고 모든 중심부를 해체하였으며 모든 주권적 힘을 제거하였다는 요란한 이야기들은 상당 부분이 착각에 지나지 않는다. 민족국가의 주권과 미 제국주의는 사라지지 않았으며, 오히려 폭발적인 혼합물로서 자본주의의 지구화의 새로운 단계에 계속 존재하고 있다.

자본주의의 현 단계에서 자본의 지구화는 독점의 증가, 즉 세계 수준에서의 자본의 집적 및 집중과 불가분의 관계에 있다. 후자는 부득이 더 큰 모순과 위기를 만들어낼 수밖에 없다. 스위지가 1997년 먼슬리 리뷰지에 기고한 글에서 주장한 "1974-1975년 불경기 이래 자본주의 역사의 기초를 이루는 세 가지 가장 중요한 추세"는 "(1) 성장률의 전반적인 하락, (2) 독점적인 (혹은 과점적인) 다국적 기업의 전세계적 확산, (3) 자본 축적 과정의 금융화"이다. 이 추세들은 모두 자본주의의 원동력, 즉 자본 축적 과정 그 자체 때문에 생겨난 것이지 지구화 때문에 발생한 것이 아니다. 지구화는 자본주의만큼이나 오랫동안 진행되어 온 과정이지만 자본주의를 이해해야만이 지구화를 이해할 수 있다. 스위지는 그럼에도 불구하고 자본의 축적과 관련된 이 모든 "추세"들을 "다양한 과정에 영향을 미치는 계속적인 지구화"의 맥락에서 이해해야 한다고 강조한다.[30)]

무엇보다도 명백한 것은 경기침체, 독점화, 금융화, 지구화의 새 단계가 모두 합쳐져 매우 가시적인 권력 메커니즘을 새롭게 만들어낸다는 점이다. 영국의 정치경제학자 마이클 배럿(Michael Barratt)이 자신의 책 『정치경제학 모형(*Models in Political Economy*)』에서 "시장에서의 이윤을 목표로 하는 생산체제가 여전히 생산을 조직한다. 그러나 이것은 더 이상 보이지 않는 손이 아니며, 무계획적으로 결정을 내리지도 않는다. 몇몇 거대 기업 운영자들의 손이 시장을 통솔하며, 필요를 채우기 위해서가 아니라 돈을 벌기 위하여 어떻게 세계의 자원을 이용할 것인지를 결정한다는 것이 점점 더 분명해지고 있다. 점점 더 많은 사람들이 이 점을 보게 되었다"[31)]고 썼다.

아담 스미스의 보이지 않는 손이 전 지구적 차원에서 현실화되는 대신 자본주의는 너욱 더 경쟁적인 영역이 되었다. 이는 저항할 수 없는, 냉혹하고 기계적인 현실처럼 보였었다. 세계적 차원에서 생산이 집적 · 집중되고, 그 결과 기업들 간의 지구적 경쟁이 심화되며, 이로 인해 착취가 지구화되고 있다. 그러나 지구화의 새로운 단계에서도 패권을 둘러싼 민족국가들 간의 갈등은 사라지지 않았으며, 오히려 더욱 강력한 형태로 지속적으로 재부상하고 있다.

지구화를 대체할 대안은 없다든가 역사의 종말, 민족국가의 주권 소멸, 새로운 세계 질서, 인류의 통합을 논하는 담론들은 모두 우리 시대에 신중하게 계발된 신화이다. 체제 자체에 대항하지 않고서도 신자유주의적 지구화의 도구들에 맞설 수 있다는 "진보적인" 논의들도 신화에 불과하다. 이러한 제도권 신화들을 꿰뚫어 보기 위해서는 점점 더 지구적인 차원에서 이루어지는 독점자본의 발달과 관련된 역사적 변화들을 이해할 필요가 있다. 새로운 지구화는 자본주의의 독점적 경향이나 제국주의적 분화를 전혀 극복하지 못하였다. 기껏해야 이들 자본주의의 모순이 더욱 보편적인 형태로 나타나고 있을 뿐이다. 미국이 이끄는, 그 어느 때보다도 더 지구화된 독점자본과 패권적인 제국주의의 세계는 치명적인 야만과 인도적인 사회주의 사이에서 단호하게 선택할 것을 요하고 있다.

Chapter 4

미국의 군사기지와 제국

2002년 3월

제국의 기지들

인류 역사에서 제국은 언제나 자신의 통치를 강요하기 위하여 해외 군사기지에 의존해 왔다. 적어도 이러한 면에서 팍스 아메리카나(Pax Americana)는 팍스 로마나(Pax Romana)나 팍스 브리타니카(Pax Britannica)와 별 차이가 없다. 역사가 아놀드 토인비(Arnold Toynbee)는 『미국과 세계 혁명(*America and the World Revolution*)』에서 다음과 같이 썼다:

> 로마가 자신의 세계에서 정치적 우위를 점하기 위하여 사용한 중요한 방법은 주변의 약소국을 자신의 보살핌 하에 두고 이들 약소국들을 로마

의 적은 물론 약소국들의 더 강한 적으로부터도 보호해 주는 것이었다. 피보호국들과 로마는 조약관계에 있었다. 사법상으로 피보호국들은 주권 독립국으로서의 자신들의 이전 지위를 유지하였다. 영토에 관한 로마의 최대 요구사항은 로마의 요새를 세우기 위한 땅 조각을 여기저기에서 떼어달라는 것이었다. 이는 로마와 그 동맹국들의 공동 안보를 위한 것이었다.

적어도 로마제국의 탄생만큼은 이런 식이었다. 그러나 시간이 흐르면서 원래는 이와 같은 로마 군사기지 체제에 의해 보호를 받던 "동맹국들의 광대한 영토도 로마가 의도적이고 공공연하게 합병한 적국의 영토와 마찬가지로 로마제국의 일부분으로 여겨졌다."[1)]

19세기의 주요 자본주의 세력이었던 전성기의 영국은 전 지구적인 군사기지 체제가 지켜주는 광대한 식민지 제국을 통치하였다. 로버트 하카비(Robert Harkavy)가 그의 중요한 연구업적인 『해외기지를 둘러싼 강대국 간 경쟁(*Great Power Competition for Overseas Bases*)』에서 설명하였듯이 이 군사기지들은 영국 해군이 지배하던 바다를 따라 네 개의 네트워크로 구축되었다. (1) 지중해에서 수에즈를 거쳐 인도까지 이어지는 영역, (2) 남아시아, 극동, 태평양, (3) 북미와 카리브 해, (4) 서아프리카와 남대서양이 그것이다. 대영제국의 전성기에는 35개 이상의 국가와 식민지에 군사기지가 있었다. 20세기 초에 영국의 패권이 급격히 쇠퇴하기는 하였지만 영국의 군사기지만큼은 대영제국이 존재하는 한 계속 유지되었다. 제2차 세계대전 동안 잠시였지만 이 군사기지 체제가 확대되기까지 하였다. 그러나 제2차 세계대전 직후 대영제국이 무너지면서 대다수의 군사기지를 포기해

야만 했다.[2)]

대영제국의 몰락은 다른 제국의 출현과 때를 같이 하였다. 미국이 자본주의 세계 경제의 패권적 힘으로서의 영국을 대체한 것이다. 미국은 세계 역사상 가장 광범위한 군사기지 체제를 갖추며 제2차 세계대전 이후 부상하였다. 미 합참 부의장의 수석보좌관을 역임한 제임스 블레이커(James Blaker)에 따르면, 제2차 세계대전 이후 미국의 해외 기지 체제는 100여 개에 달하는 나라와 지역, 2천 개의 기지 부지에 3천 개 이상의 기지로 구성되어 있었으며, 북극에서 남극까지를 다 아우른다. 미군 기지는 모든 대륙 및 대륙들 사이의 섬에도 모두 퍼져 있었던 것이다. 블레이커는 "미국의 핵 독점을 제외하면 해외 주둔 기지 체제만큼 미국의 초강대국 지위를 보편적으로 상징해 주는 것은 없다"고 썼다.[3)]

제2차 세계대전 이후 이들 미군 기지와 관련한 미국의 공식적 입장은 가능한 한 기지를 유지하고, 추가적으로 기지를 세워야 한다는 것이었다. 1945년 8월 7일 포츠담 회담에서 트루만 대통령은 다음과 같이 공언하였다 :

> 미국은 이 전쟁에서 이윤이나 이기적인 이득을 취하기를 원치 않지만, 우리의 국익과 세계 평화를 완벽하게 보호하기 위하여 군사기지를 유지할 것이다. 우리는 또한 우리의 군사 전문가들이 꼭 필요하다고 생각하는 군사기지를 획득할 것이다. 우리는 유엔 헌장에 부합하는 협의를 통하여 이들 기지를 획득할 것이다.[4)]

그러나 제2차 세계대전이 끝나고 한국 전쟁이 발발하기 전까지 미국의 해외 군사기지 수가 감소하였다. 블레이커에 따르면 "전시 군사기지 체계의 절반이 일본 점령(Victory over Japan, 일명 V-J day) 두 달 이내에 사라졌다. 1947년까지 유지하던 기지의 절반도 1949년까지 해체되었다."[5] 그러나 이와 같은 전후 해외 기지 감소는 한국 전쟁과 함께 끝났다. 한국 전쟁을 계기로 다시금 해외 기지 수가 증가하였으며, 베트남전 동안에 그 수가 더욱 늘어났다. 베트남전이 끝나고 나서야 미국의 해외 군사기지가 다시 감소하기 시작했다. 1988년에 와서야 이들 기지 숫자는 한국 전쟁이 끝날 무렵보다 약간 적어졌다. 그러나 남아시아와 중동, 아프리카 내 미군 기지 수의 급격한 감소로 인하여 이 당시 해외 기지의 지구적인 분포 양상은 제2차 세계대전 직후와는 매우 달랐다(표 1 참조).

표 1 : 미국의 해외 기지(지역별 구분), **1947-1988**

	1947	1949	1953	1957	1967	1975	1988
유럽, 캐나다, 북대서양	506	258	446	566	673	633	627
태평양과 동남아	343	235	291	256	271	183	121
중남미와 카리브 해	113	59	61	46	55	40	39
중동, 아프리카	74	28	17	15	15	9	7
남아시아	103	2	0	0	0	0	0
계	1,139	582	815	883	1,014	865	794

출처 : James R. Blaker, 『미국의 해외 기지 수(*United States Overseas Basing*)』(New York : Praeger, 1990).

역사적으로 군사기지는 주로 전쟁 와중에 획득되었다. 예를 들어 쿠바 관타나모 미 해군 기지는 미서 전쟁의 여파 속에서 얻은 것이었다. 기술적으로 말하면 미국이 그 기지를 "임대"한 것에 지나지 않지만 이 임대는 영속적이다. 미국이 명목적인 연간 사용 비용을 지불하는 한, 관타나모 기지에 대한 미국의 관할권(jurisdiction)은 쿠바와 미국 양국의 상호 동의에 의해서만 종결될 수 있다. 따라서 미국은 쿠바 정부나 국민의 견해와는 상관없이 쿠바 영토의 일부분에 대하여 영속적인 "권리"를 가진다. 쿠바는 쿠바혁명 이래로 미국이 해당 기지의 임대료로 발행한 수표를 한 번도 현금으로 바꾸지 않았다. 이는 관타나모 기지를 자신의 영토에서 철수시키라는 쿠바의 요구를 상징한다.

현존하는 많은 미군 기지들은 제2차 세계대전, 한국 전쟁, 베트남 전쟁, 걸프 전쟁, 아프가니스탄 전쟁 등의 전쟁을 통해 획득한 것이다. 공식적으로 일본 영토의 일부인 오키나와 미군 기지는 제2차 세계대전 당시 미국의 일본 점령의 유산이다.

다른 모든 제국과 마찬가지로 미국은 일단 획득한 기지를 절대로 쉽게 포기하지 않았다. 한 전쟁에서 획득한 기지들은 종종 완전히 새로운 적을 상대로 한 미래의 다른 전쟁을 위한 전진 배치로 여겨진다. 미 상원 외교위원회 산하 해외 안보협약에 관한 소위원회(Subcommittee on Security Agreements and Commitments Abroad)가 1970년 12월 21일 발행한 보고서에는 다음과 같은 내용이 언급되어 있다 :

> 해외 미군 기지가 일단 설립되면 그것은 자체의 인생을 시작한다. 원

> 래의 임무는 시간이 흐르면 더 이상 의미가 없어질 수 있으나 기지시설을 계속 운용하고 더 확대하기 위하여 새로운 임무가 개발된다. 가장 직접적으로 연관된 정부 부처—국무부와 국방부—내에서 이들 해외 기지 시설을 감축하거나 없애려는 발의는 거의 찾아볼 수 없었다.[6)]

1950대와 1960년대에 미국은 미군이 철수할 경우 소련이 획득할 가능성이 있는 해외 기지에 대해서는 절대 철수해서는 안 된다는 이른바 "전략적 부인"이라는 구체적인 독트린을 발표하였다. 대부분의 미군 기지가 공산주의를 "포위"하고 "봉쇄"한다는 이유로 정당화되었다. 소련이 붕괴하자 미국은 자신의 힘을 전 세계적으로 행사하고 해외에서 미국의 국익을 보호하기 위하여 필요하다는 이유로 해외 기지 체제 전체를 그대로 유지하고자 하였다.

냉전 종결 이후

1980년대 말 글라스노스트와 페레스트로이카, 그리고 그 뒤를 이어 일어난 1989년 동유럽 소련권의 붕괴와 1991년 소련 자체의 몰락은 미군 기지가 단순히 소련의 위협을 봉쇄하기 위한 것이라는 주장을 믿었던 이들로 하여금 이제 미군 기지 체제가 급속하게 해체될 것이라는 강한 기대를 가지게 하였다. 그러나 1989년 발행된 미국방부의 연례 『국방장관 보고서(*Report of the Secretary of Defense*)』는 미국의 "권력 행사"가 그와 같은 "전진 배치"를 필요로 한다고 주장하

였다.[7)]

1990년 8월 2일, 조지 H. W. 부시 대통령은 성명서를 통하여 미국의 해외 군사기지 체제는 현재와 같이 유지되어야 하지만, 1995년이면 1990년보다 25% 적은 수준의 병력을 가지고도 미국의 전 지구적 안보 요구를 충족시킬 수 있을 것이라고 지적하였다. 같은 날 이라크가 쿠웨이트를 침공하였다. 걸프전 기간 동안 중동 지역에 대한 대규모의 미군 파견을 통하여 미국의 패권과 군사력에 기반한 신세계질서(New World Order)가 성립되었다. 부시 대통령은 "신의 도움으로 우리는 베트남 증후군에서 영원히 탈피하였다"고 선언하였다.[8)] 중동에 새 군사기지들이 세워졌으며, 그 중 대표적인 것이 10년이 넘도록 수천 명의 미군이 주둔하고 있는 사우디아라비아의 미군 기지이다.

비록 클린턴 행정부가 미 군사력의 해외 파병을 없애야 할 필요성에 대하여 그 이전의 부시 행정부보다 더 강력하게 역설하기는 하였지만, 곳곳에 널리 퍼진 군사기지가 상징하는 미국의 해외 "전방위 배치"를 축소시키려는 어떠한 시도도 없었다. 오히려 클린턴 행정부 시기의 주요한 변화는 군사력을 짧은 기간 동안 자주 파견함으로써 해외에 영구적으로 주둔하는 미군의 규모를 줄인 것이다. LA 타임즈는 다음과 같이 보도하였다 :

> 1999년 미 육군대학(Army War College)의 연구가 밝힌 것처럼 "영구적인 해외 주둔군의 규모는 크게 줄어든 반면, 작전상 파견은 기하급수적으로 증가하였다." … 이전에는 군인들이 보통 몇 년에 걸쳐 해외에 "주둔"

하였으며, 종종 가족들도 함께 왔다. 이제는 군인들이 확정되지 않은 기간 동안 해외에 "배치"되며, 가족을 동반하는 것은 거의 허용되지 않는다. 그러나 해외 배치는 그 횟수도 잦고 기간도 길다. 국방부에 따르면 9·11 테러 이전 6만 명 이상의 미군 병력이 한시적인 작전 및 훈련을 수행하고 있었다. 유럽에서와 같은 거대한 군사기지는 줄어들었지만, 국방부 기록에 의하면 새로운 작전방식으로 인해 1년 동안에 육군은 135일, 해군은 170일, 공군은 176일을 집에서 떠나 해외에서 지내야 한다고 나타난다. 육군 병사의 경우, 평균 14주에 한 번씩 해외로 배치된다.[9)]

이처럼 빈번하고 주기적인 해외 배치뿐만 아니라, 신속한 배치를 위하여 장비를 사전 배치하기 위해서도 해외 기지를 사용한다. 예를 들어 미국은 중여단 장비를 쿠웨이트에 사전 배치하고, 또 다른 중여단과 전차대대 장비를 카타르에 사전 배치하였다.[10)]

1990년대는 발칸 반도에 대한 미국의 군사적 개입과 미국이 콜롬비아 계획(Plan Colombia)의 일환으로 남아메리카의 반군 소탕작전에 대하여 광범위한 지원을 제공하는 것으로 막을 내렸다. 9·11 테러 공격 이후 "테러와의 전쟁"이 시작되면서 미국의 군사기지는 수적으로나 지리적으로 모두 급격하게 확대되기 시작하였다.

2001년 국방부의 연례 『미군 기지 현황 보고서(*Base Structure Report*)』에 따르면 현재 미국은 38개 국가 및 분리 영토에 군사시설을 보유하고 있다. 만약 미국 영토와 자치령에 있는 기지까지 추가한다면 그 수는 44개에 이른다. 그러나 이 숫자는 지극히 적게 계산한 것으로, 중요한 전략적 전진 기지들을 포함하지 않았고, 심지어 미국이 상당 규모의 군대를 유지하고 있는 사우디아라비아, 코소보, 보스니아 등지의 기지도 포함하지 않은 것이다. 또한 최근에 세워진 미군기지 중 일부도 제외되었다. 콜롬비아 내 반군세력을 주요 대상으로 하고는 있지만 미국에 별로 복종적이지 않은 베네수엘라 정부와 신자유주의에 반대하는 에콰도르의 대규모 민중운동도 그 대상으로 삼고 있는 이른바 콜롬비아 계획을 통하여 미국은 현재 라틴 아메리카와 카리브 해 지역에 기지 건설을 확대하고 있다. 파나마를 대신하여 푸에르토리코가 해당 지역의 중심지가 되었다. 한편, 미국은 쿠라소, 아루바, 에콰도르의 만타, 엘살바도르의 코말라파에 4개의 군사기지를 새로 수립하였다. 이 네 기지는 모두 전진 작전 기지(Forward Operating Locations : FOLs)라는 특성이 있다. 9·11 테러 이래로 미국은 아프가니스탄, 파키스탄, 키르기스탄, 우즈베키스탄, 타지키스탄, 쿠웨이트, 카타르, 터키, 불가리아 등지에 6,000명 규모의 군대를 수용할 수 있는 군사기지를 세웠다. 인도양의 디에고 가르시아에 위치한 미 해군 기지도 중요하다. 이 모든 것을 고려할 때 미국은 현재 60여 개에 달하는 국가와 분리 영토에 군사기지를 보유하고 있다(지도 1 참조).[11)]

어떤 면에서는 이 숫자도 믿을 수 없이 적은 숫자일 수 있다. 기지가 위치한 국가에서의 관할권과 권위에 관한 문제는 이른바 주둔군 지위협정(Status of Forces Agreements)에 의하여 모두 결정된다. 냉전 기간 동안에는 그 협정문의 내용은 보통 공개되었으나 요즘은 기밀로 분류되는 경우가 많다. 쿠웨이트, 아랍에미리트, 오만이 그 예이다. 그리고 어떤 면에서는 사우디아라비아의 경우도 그렇다. 국방부

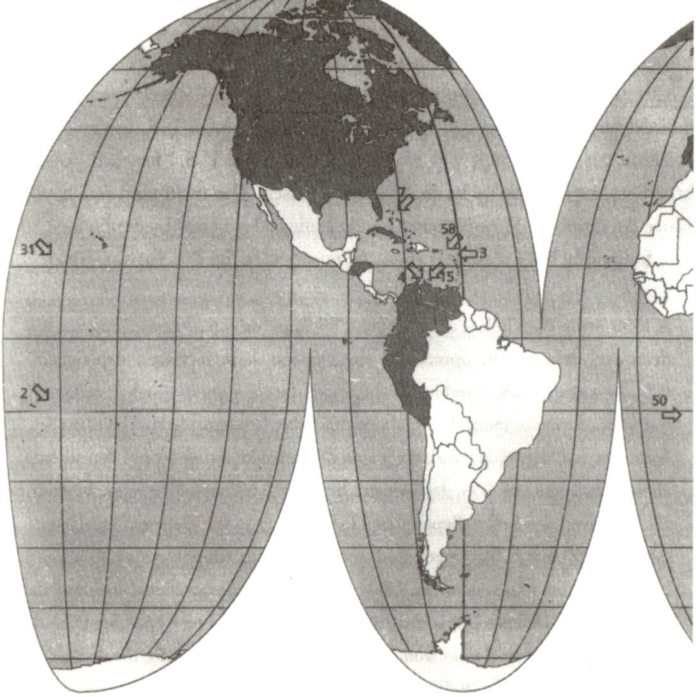

지도 1 : 미군 기지가 있는 국가와 분리 영토(미국령 포함)

1. 아프가니스탄	2. 미국령 사모아	3. 안티구아	4. 아루바
5. 오스트레일리아	6. 오스트리아	7. 바하마 군도	8. 바레인
9. 벨기에	10. 보스니아	11. 불가리아	12. 캐나다
13. 콜롬비아	14. 쿠바	15. 쿠라샤오	16. 덴마크
17. 에콰도르	18. 엘살바도르	19. 프랑스	20. 독일
21. 그리스	22. 그린란드	23. 괌	24. 온두라스
25. 홍콩	26. 아이슬란드	27. 인도양(디에고 가르시아)	
28. 인도네시아	29. 이탈리아	30. 일본	31. 존스톤 아톨
32. 한국	33. 코소보	34. 쿠웨이트	35. 콰잘레인 아톨

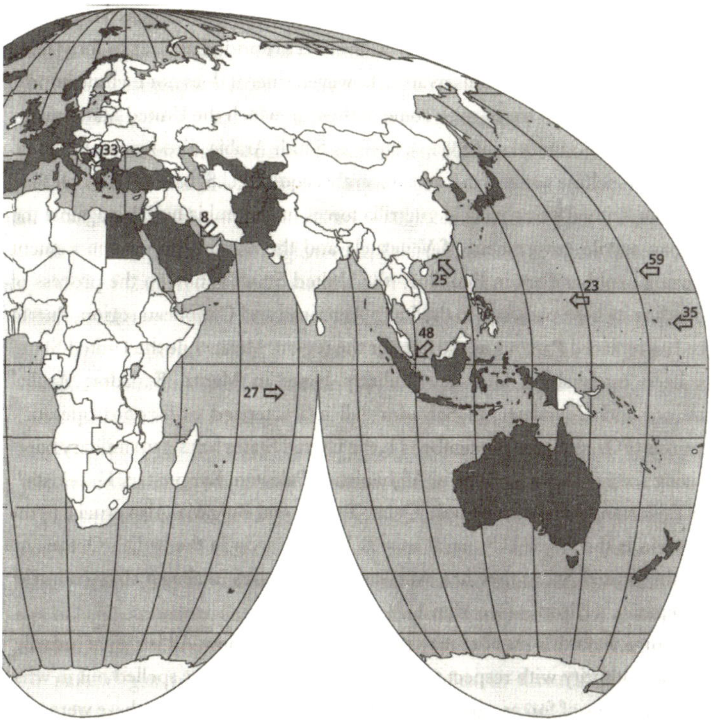

36. 키르기스탄 37. 룩셈부르그 38. 네덜란드 39. 뉴질랜드
40. 노르웨이 41. 오만 42. 파키스탄 43. 페루
44. 포르투갈 45. 푸에르토 리코 46. 콰타르 47. 사우디아라비아
48. 싱가포르 49. 스페인 50. 세인트 헬레나 51. 타지키스탄
52. 터키 53. 이집트 54. 영국 55. 미국
56. 우즈베키스탄 57. 버진 군도 59. 웨이크 도

출처 : 미 국방부 '2001 회계연도 기지 배치 보고서' ; LA타임즈 '02. 1. 6 ; 뉴욕타임즈 '01. 1. 9 ; 존 린지-폴란드(John Lindsay-Poland), "라틴 아메리카의 카리브 해의 미군 기지" ;『외교정책초점』(2001년 10월호), www.foreignpolicyinfocus.org ; Globemaster Links, Baseline Directory, "aviation Top 100", www.globemaster. de/baselinks.html.

지도 작성자 : 끌로드 미스키에비치(Claude Misukiewicz)

의 기록에 따르면 미국은 현재 93개국과 이러한 공식 협정을 맺은 상태이다.[12)]

제국주의는 공백 상태를 매우 싫어한다. 한때 소련 영토의 일부였거나 소련의 영향권 하에 있었던 중앙아시아의 구소련 영토와 발칸을 제외하더라도, 현재 미국이 획득하고 있는 전진 기지들은 이전에 미국이 급격한 기지 수 감소를 경험했던 지역들에 세워지고 있다. 걸프 전쟁이 일어나기 전인 1990년, 미국은 남아시아에 군사기지가 하나도 없었으며, 중동 및 아프리카 지역에는 1947년 수의 10% 밖에 안 되는 군사기지를 가지고 있었다. 라틴 아메리카와 카리브 해에 있는 미 군사기지도 1947년에 비하여 2/3 가량이 줄었다. 비록 현대는 장거리 크루즈 미사일의 시대라 할지라도 지정학적/군사적 관점에서 볼 때, 이와 같은 군사기지 감소는 미국과 같은 전 지구적 경제 · 군사 패권 국가에게 명백한 문제가 아닐 수 없다. 따라서 걸프 전쟁, 아프가니스탄 전쟁, 콜롬비아 계획의 결과로 1990년부터 나타난 중동, 남아시아, 라틴 아메리카, 카리브 해 지역에서의 미군 기지 건설은 미국의 직접적인 군사적 · 제국주의적 힘이 다소 약화된 지역에서 그 힘을 다시금 정립하기 위한 것이라고 볼 수 있다.

군사 논리로 보면 해외 군사기지의 전략적 중요성은 단순히 군사기지를 획득한 전쟁 당시에만 국한되는 것이 아니며, 기지를 획득하는 즉시 이 새로운 자산을 사용하여 다른 잠재적인 임무에 대한 계획을 세우기 시작하는 것이 당연하다. 때문에 러시아와 중국이 중앙아시아의 구소련 영토 세 곳과 아프가니스탄, 파키스탄에 미군 기지가 세워지는 것을 자신들의 안보에 대한 추가적 위협으로 보는 것도 당연하다. 러시아는 중앙아시아에 영구적인 미군 기지가 설치될 전망에 대하여 불편한 뜻을 이미 밝혔다. 중국의 경우, 런던의 가디언(*Guardian*)지가 2002년 1월 10일 지적한 것처럼 미군기가 매일 이착륙하는 키르기스탄 마나스의 미군 기지는 "중국 서부 국경에서 400여 km밖에 떨어져 있지 않다. 대만에 대한 미국의 군사적 지원과 더불어 동쪽으로는 일본, 남쪽으로는 남한에 있는 미군 기지까지 고려하면 중국은 포위당하였다고 느낄 수 있다."

새로운 지역에 미군 기지를 건설함으로써 미국의 군사력을 과시하는 것은 단순히 직접적인 군사적 목표의 측면에서만 볼 수는 없다. 미군 기지들은 언제나 미 자본주의의 경제적 · 정치적 목적을 위하여 사용된다. 예를 들어, 미국 정부와 기업들은 미국이 통제하는 원유와 천연가스 송유관을 만들기 위하여 중앙아시아의 카스피 해에서 아프가니스탄과 파키스탄을 거쳐 아라비아 해에 이르는 안전한 회랑지대를 건설하려고 상당 기간 애써왔다. 아프가니스탄 전쟁과 더불어 중앙아시아 내 미군 기지의 건설은 이와 같은 송유관 건설을 현실화하는 중요한 기회로 여겨진다. 이 정책의 주역인 유노칼(Unocal) 기업은 미 하원 외교위원회에서 1998년 2월 증언을 통해 그들이 이 정책의 대표자임을 보여주었다.[13] 2001년 12월 31일 조지 W. 부시 대통령은 아프가니스탄 출신인 국가안보회의(National Security Council)의 잘매이 카릴자드(Zalmay Khalilzad)를 아프가니스탄에 특사로 보냈다. 카릴자드는 아프가니스탄을 관통하는 송유관 건설과 관련하여 유노칼의 고문으로 일한 경력이 있으며, 미국 정부를 상대로 달레반 정권에 보다 동정적인 정책을 취하도록 로비 활동을 벌인 장

본인이었다. 그는 클린턴 행정부가 (오사마 빈 라덴을 겨냥하여) 1998년 아프가니스탄에 크루즈 미사일을 발사한 뒤에야 자신의 입장을 바꾸었다[2002년 1월 9일, 프라브다(*Pravda*)].

아프가니스탄 전쟁이 벌어지는 동안 미국 언론은 미국이 중앙아시아의 석유에 대하여 가진 야망에 관해서는 함구하였다. 그러나 2001년 12월 15일자 뉴욕타임즈 경제 면의 기사는 "국무부가 세계 원유 매장량의 6% 이상, 그리고 천연가스 매장량의 거의 40% 정도를 가지고 있는 이 지역에서 탈레반 정권 이후의 에너지 계획의 가능성에 대하여 조사하고 있다"고 밝혔다. 2002년 1월 18일 뉴욕타임즈 사설을 통하여 미 외교협회의 리차드 버틀러(Richard Butler)는 "아프가니스탄 전쟁은 유노칼과 아르헨티나 기업 브리다스(Bridas)가 1990년대 중반에 아프가니스탄에서의 권리를 두고 경쟁을 시작한 이래로 아프가니스탄과 파키스탄을 관통하는 송유관 건설을 정치적으로 가능하게 만든 최초의 사건"이라고 인정하였다. 아프가니스탄 전쟁의 결과로 건설된 미군 기지를 이용하여 강력한 미군이 역내에 주둔하지 않았다면 이러한 송유관 건설은 거의 실현이 불가능했을 것이란 점은 두말할 필요도 없다.

역풍

역사는 해외 군사기지가 양날의 칼과 같다고 말한다. 이러한 주장이 근거 있는 것임을 분명하게 보여주는 것이 바로 현재의 "테러와의 전쟁"이다. 지난 10년 혹은 더 오랜 기간 동안 해외에 있는 미군 병력과 미국 내의 목표물이 받은 공격들은 미국이 전면전을 비롯한 군사작전뿐만 아니라 중동과 같은 지역에서 국제적인 군사력으로서의 미국의 역할을 확대해 온 결과라는 것은 이론의 여지가 별로 없다. 미국이 1990년대 이래로 수천 명의 병사를 주둔시켜 온 사우디아라비아에서는 일부 국민들이 자신의 나라에 건설된 미군 기지를 이슬람 성지 점령으로 보고 있으며, 어떠한 대가를 치러서라도 이를 물리쳐야 한다고 여긴다.

미군 기지가 국가 주권에 대한 침해라는 인식이 주둔을 "초청"한 국가들("host" countries) 사이에서 팽배하고 있다. 그 이유는 단순하다. 이와 같은 기지의 존재가 내정간섭으로 이어지는 것이 불가피하기 때문이다. 1970년에 발표된 미 상원 외교위원회 산하 해외 안보협약에 관한 소위원회의 보고서는 "해외 군사기지, 미 군사력의 주둔, 합동계획 및 훈련, 과도한 군사적 지원 프로그램 … 이 모두가 주둔국의 내정에 대한 미국의 일정한 개입을 보증한다"고 밝혔다.[14] 이들 주둔국들은 미 제국의 그물에 점점 더 걸려들게 된다.

그리하여 미국의 해외 군사기지는 종종 주둔국 내에서 대규모의 사회적 저항을 불러일으킨다. 1992년 미군이 필리핀에서 철수할 때까지 필리핀 내 미군 기지는 미 식민주의의 유산으로 여겨졌다. 거의 모든 해외 미군 기지와 마찬가지로 필리핀의 미군 기지는 여러 사회적 문제도 일으켰다. 수빅 만 미군 기지 옆에 위치한 마을인 올롱가포(Olongapo)는 마을 전체가 오직 미군에게 "휴식과 오락"을 제공하기 위하여 존재하였으며, 5만 명 이상의 매춘부가 거주하였다.

필리핀 미군 기지를 잃은 후 해외 기지체제의 새로운 중심이 된 오키나와 미군 기지도 현지 시민과의 사이가 좋지 않다. 찰머스 존슨(Chalmers Johnson)에 따르면, 일본의 현인 오키나와 섬은 "본질적으로 펜타곤의 군사적 식민지이며, 해병대와 공군은 말할 것도 없고 국방정보국(Defense Intelligence Agency)과 그린베레들이 미국에서는 감히 하지 못할 일들을 할 수 있는 곳이다. 오키나와 섬은 미국에게 결정적인 아시아 지역에서 미국의 패권적 힘을 강화하고 영속시키려는 사실상의 거대 전략을 뒷받침하며, 아시아 전역을 대상으로 미국의 힘을 행사하는 데 사용된다."[15)]

1995년에는 3명의 미군 병사가 계획적으로 차를 빌려 12살 된 소녀를 먼 곳으로 데려가 강간한 사건을 계기로 미군 기지에 대한 반대운동이 일어났다. 태평양 지역 미군 총사령관인 리차드 마크(Richard Macke) 제독은 "나는 [이 강간사건이] 아주 멍청한 짓이었다고 생각한다. 차를 빌릴 돈으로 그들은 소녀 한 명을 살 수 있었을 것이다"라는 무감각한 발언을 하여 반대운동에 기름을 부었다. 그러나 비록 이번 강간사건이 잔인한 범죄였지만, "미군 폭력에 반대하는 오키나와 여성 운동"이라 불리는 단체가 주도한 광범위한 반대운동은 단순히 그에 대한 것만은 아니었다. 일본의 보수 신문인 니혼게이자이 신문에 따르면, 1972년에서 1995년 사이 미군 병사들은 거의 하루에 한 번꼴로 총 4,716건의 범죄에 연루되었다. 오키나와 미군 기지 지배에 관한 일-미 협정은 미국 당국이 군 용의자 소환에 관한 일본 측의 요청을 거부할 수 있도록 용인하며, 실제로 자신의 범죄에 대한 대가를 치른 미군 병사는 거의 없다.

거센 대중적 저항에도 불구하고 미군이 푸에르토리코 비에케스에 대한 육상폭격을 계속하는 것도 푸에르토리코가 여전히 식민지 상태임을 보여준다. 비에케스는 미군이 이후 페르시아 만 등지에서 폭격을 가해야 할 상황에 대비하여 훈련을 하는 곳이다. 이러한 육상폭격 훈련 지역 이외에도 펜타곤은 푸에르토리코 근해 대략 52만 평방 킬로미터에 걸쳐 소위 "외부 지역"이라는 곳을 운영한다. 이곳에는 해저 잠수함 추적소와 전자전쟁 실험 구역이 있다. 미 해군과 그 밖의 많은 군사 용역업체들이 무기실험을 위하여 이곳을 이용한다.[16]

미국이 제국주의적 힘을 어떻게 행사하는지를 보여주는 또 하나의 노골적인 예는 쿠바 관타나모 해군 기지이다. 미군은 아프가니스탄 전쟁에 대한 쿠바의 반대에도 불구하고 관타나모 기지에 아프가니스탄 전쟁 포로를 가두어두고 심문하고 있으며, 열악한 수감 환경은 전 지구적인 비난을 불러일으켰다.

권력의 지구화

우리가 살펴본 바와 같이 미국은 자신의 정치 · 경제적 헤게모니를 유지하기 위하여 해군과 공군력을 즉각적으로 배치할 수 있도록 전 세계에 군사기지와 주둔 지역을 건설하여 왔다. 이 기지들은 19-20세기 영국의 경우와는 달리 단순히 식민주의적 제국의 한 구성요소가 아니라 "식민주의가 부재한 시대"에 오히려 더 큰 중요성을 가진다.[17] 다른 나라의 영토적 주권에 대한 공식적인 정치적 지배 없이 제국주의적인 경제체제를 유지하고자 하는 미국은 이 군사기지들을 독립적인 행보로 미국의 이익을 위협하는 것으로 간주되는 국가들이나 제국주의적 체제에서 탈피하고자 하는 국가들에 대하여 압력을 가하는 데 사용하여 왔다. 전 세계에 퍼져 있는 이들 군사기지에 미 군사력을 분산시키고 이를 군사적 개입에 사용할 수 있도록 준비해두어야만 이전보다 더 독립적인 주변부 경제 영역들이 이탈하는 것을 방지할 수 있을 것이다.

그러므로 전 지구적인 미국의 정치 · 경제 · 금융 권력은 정기적인 군사력 행사를 필요로 한다. 이 체제에 결합되어 있는 다른 선진 자본주의 국가들도 게임 규칙의 주요 집행자인 미국에 의존적이 되어왔다. 그러므로 미군 기지의 분포는 단순히 군사적인 현상으로만 봐서는 안 되며, 미국이 지배하는 제국주의적 권역에 대한 기획이자 주변부 내에서 이 기획의 최전선으로 보아야 할 것이다. 현재 분명하게 나타나는 현상은 이러한 기지들이 남아시아, 중동/아프리카, 라틴 아메리카, 카리브 해 등 미국이 한때 많은 "전진기지"들을 잃었던 지역이나 발칸 및 중앙아시아 등 미군 기지가 전혀 존재하지 않았던 지역에서 획득되고 있다는 점이다. 앞으로도 이러한 양상이 계속될 것이다. 그러므로 마지막 남은 최강대국인 미국이 자신의 정치적 · 경제적 이익을 촉진하기 위하여 제국주의적 팽창의 길을 걸어가고 있다는 데에는 이론의 여지가 없다. 여러 측면에서 미국의 권력 행사의 간접적인 산물로 볼 수 있는 현재의 테러와의 전쟁은 그러한 권력을 더 발휘하는 것을 정당화하는 데 이용되고 있다.

이러한 사태 발전에 대항하고자 하는 이들은 환상을 가져서는 안 된다. 세계 자본주의의 패권적 국가에 의한 전 지구적인 군사력 팽창은 경제적 지구화의 없어서는 안 될 구성요소이다. 이러한 군사적 팽창에 반대하는 것은 동시에 자본주의적 지구화와 제국주의에 반대하는 것이며, 결과적으로 자본주의 그 자체에 반대하는 것이다.

Chapter 5

제국주의의 재발견

2002년 11월

20세기 대부분의 기간 동안 자본주의 세계의 지배계급은 "제국주의"라는 개념이 용인할 수 있는 정치 담론을 벗어난 것이라고 여겼다. 얼마나 현실적이건 간에 베트남 전쟁 동안 "제국주의"를 거론하면 그 작가가 정치적 스펙트럼의 왼쪽에 자리하고 있음을 나타내는 것으로 여겨졌다. 해리 맥도프는 자신의 저서 『제국주의 : 식민주의 시대부터 현재까지(*Imperialism : From the Colonial Age to the Present*)』에서 "마치 규칙과도 같이 고상한 학자들은 '제국주의' 란 단어를 사용하길 꺼린다. 그들은 그 단어가 비과학적이고 불쾌하다고 여긴다"라고 말하였다.[1)]

오늘날 갑자기 학자들은 더 이상 '제국주의' 란 단어를 사용하기를 꺼리지 않게 되었다. 미국 정치 엘리트와 지식인들은 뉴욕타임즈나 포린 어페어스(*Foreign Affairs*)와 같은 유수 언론에서 반복적으로 언급되는 노골적으로 "제국주의적" 혹은 "신제국주의적"인 임무를 미국을 위하여 기꺼이 받아들이고 있다. 이러한 제국주의적 열기는 부시 행정부의 테러와의 전쟁에서 기인하는 바가 크다. 테러와의 전쟁은 아프가니스탄 침공과 점령의 형태를 띠고 있다. 만약 미국의 야망대로 일이 이루어진다면 이라크 침공과 점령으로도 이어질 것이다. 부시 행정부의 『국가안보 전략』에 따르면, 미국의 이익을 위한 군사력 사용에 대하여 명확한 제약이나 경계는 존재하지 않는다. 미제국—제국이 아니라면 달리 설명할 길이 없다—을 확대하려는 이러한 시도 앞에서 지식인들과 정치인들은 제국주의 개념을 다시 사용하고 있을 뿐만 아니라, 19세기 제국주의 지지자들이 제국주의를 문명화라는 원대한 임무의 일부로 보았던 관점 또한 다시 받아들이고 있다. 주류 언론이 미국을 로마제국이나 대영제국에 비교하는 것은 흔히 찾아볼 수 있다. 이들이 보기에 제국주의에서 경제적 위계질서와 착취에 대한 마르크스주의의 낡은 개념과 인종주의적 요소만 뺀다면 더 이상 완벽할 수는 없을 것이다.

마이클 이그나티에프는 뉴욕타임즈 매거진에서 "제국주의는 한때 백인의 부담이었다. 이는 제국주의에 대한 평판을 나쁘게 했다. 그러나 정치적으로 부적절하다고 해서 제국주의가 필요하지 않은 것은 아니다"라고 하였다. 그는 아프가니스탄에서의 미국의 전쟁 작전에 관하여 언급하면서 다음과 같이 썼다 :

> 아프가니스탄에 있는 특수부대(Special Forces)는 사회복지사가 아니다. 그들은 제국주의의 파견인들로서 중앙아시아에서 미국의 힘과 이익을 촉

진한다. 이들이 하는 일을 평화유지, 국가건설 등 당신이 부르고 싶은 대로 불러도 상관은 없다. 그러나 제국주의적 경찰행위야말로 현재 마자르(Mazar)에서 이들이 하는 일이다. 사실상 테러와의 전쟁은 모두 제국주의의 하나의 연습이다. 자신들의 나라가 제국이라고 생각하고 싶지 않은 미국인들에게는 이것이 충격일 수 있다. 그러나 전 지구를 주름잡는 미국의 군대와 비밀공작원, 그리고 특수부대를 달리 어떻게 부른단 말인가?[2)]

미 외교협회 출판사의 정기적인 후원자이자 조지타운 대학에서 지정학과 지구 정의를 강의하는 존 아이켄베리(G. John Ikenberry) 교수는 포린 어페어스에 다음과 같이 썼다 :

> 부시 행정부의 테러와의 전쟁의 그늘 아래서 미국의 거대 전략과 오늘날 단극세계의 재구성에 관한 완전히 새로운 아이디어들이 퍼지고 있다. 이 아이디어들은 미국의 일방적이고 선제적인, 때로는 예방적이기까지 한 군사력의 사용을 옹호한다. 이러한 군사력의 사용은 가능할 경우 의지연합(coalition of the willing, 자발적 동맹 참여국을 의미역자)의 지원을 받을 수는 있지만 궁극적으로는 국제사회의 규칙과 규범의 제약을 받지 않는다. 극단적인 경우 이러한 개념은 신제국주의적 비전으로 이어져 미국이 세계의 원칙을 정하고, 위협을 규정하며, 군사력을 사용하고 정의를 재단하는 역할을 사칭할 수 있다.[3)]

아이켄베리는 미국을 비난하려는 의도에서 위와 같이 말한 것이 아니다. 그는 "미국의 제국주의적 목표와 활동방식이 고대의 황제들보다 더 제한적이며 인자하다"고 말한다.

다른 영향력 있는 정계 인사들과 지식인들도 신제국주의를 지지하는 데 있어서 거리낌이 없기는 마찬가지이다. 워싱턴포스트지 칼럼니스트이자 자칭 "마지못한 제국주의자"인 세바스찬 말라비(Sebastian Mallaby)는 포린 어페어스에서 "신제국주의의 논리는 부시 행정부가 거부하기에는 너무 강하다"고 설명하였다. 월스트리트 저널 칼럼니스트 맥스 부트도「미 제국을 위한 변론(The Case for American Empire)」에서 "미국은 현재 영국의 식민지 군대가 수세대에 걸쳐 전투를 벌였던 지역에서 군사 행동의 가능성에 직면하고 있다. 이 지역은 서양의 군대가 무질서를 평정해야만 했던 곳들이다. 아프가니스탄과 다른 문제적인 나라들은 한때 승마 구두를 신고 헬멧을 쓴 자신에 찬 영국 군인들이 제공했던 것과 같은 개화된 외국의 통치를 갈망한다"고 말하였다. 아틀란틱 먼슬리(*Atlantic Monthly*)의 평론가 로버트 카플란(Robert Kaplan)은 그의 최신 저서『전사(戰士)정치(*Warrior Politics*)』에서 "미국의 부드러운 제국주의적 영향력 하에서 세계의 오지에 번영을 가져다 주고자 하는" 미국의 십자군 운동을 옹호하였다. 카터 전 대통령의 국가안보 보좌관이었던 즈비그뉴 브레진스키(Zbigniew Brezinski)는 제국을 보존하기 위해서 미국이 해야 할 주요 과제가 "봉신(封臣)들 사이에 충돌을 막고, 미국에 대한 종속을 유지하며, 조공국들을 유순하고 안전하게 지키고, 야만인들이 힘을 합치는 일을 막는 것"이라고 주장하였다. 하버드 대학교 올린 전략연구소(Olin Institute for Strategic Studies) 소장인 스티븐 피터(Steven Peter)는 하버드 리뷰(*Harvard Review*) 2002년 5-6월 판에서 "우리[미군]의 목표는 적과 맞서 싸우는 것이 아니라 우리의 제국적인 지위와 제국주의적 질서를 유지하는 것이다"라고 썼다. 헨리 키신저(Henry Kissinger)는 "미국은 과거 제국들 중 최강대국도 비교가 안 될 정도의 우위를 가지고 있다"는 말로 그의 저서 『미국은 외교가 필요한가?(*Does America Need a Foreign Policy?*)』를 시작하였다.[4)]

그러나 제도권 담론 내에서 "제국"과 "제국주의"의 개념에 관하여 다시 논할 때에도 일정한 규칙이 있다. 즉 미국의 독특하게도 자비로운 동기를 강조해야 한다. 신제국주의 옹호론자들은 군사적 · 정치적 의미의 제국 및 제국주의에 한정하여 논의하여야 하며, 어떠한 종류의 경제적 제국주의에 대한 언급도 삼가야 한다. 또한 이들은 제국주의를 자본주의와 착취에 연관시키는 모든 급진적인 개념들을 피하여야 한다.

제국주의의 경제적 기초

일반적인 제국주의의 개념이 아닌 경제적 제국주의 개념은 한 세기 조금 전에 미국에서 탄생하였다. 찰스 코넌트(Charles A. Conant)는 미서 전쟁 기간 중 노스 아메리칸 리뷰(*North American Review*)에 처음 발표한 자신의 글 「제국주의의 경제적 기초(The Economic Basis of Imperialism)」에서 제국주의는 수익성 있는 투자 출구가 부족한 상황에서 잉여자본을 흡수하는 데 필수적이라고 주장하였다. 즉 그가 "정체된 자본(congested capital)"이라고 명명한 현상을 극복하기 위해서 제국주

의가 필요하다는 것이다. 코넌트는 다음과 같이 주장한다 :

> 미국이 실제로 영토를 획득하고 주둔군과 총사령관을 파견할 것인지, 명목상 독립적인 주권을 보호한다는 중도적 입장을 취할 것인지, 아니면 동양과의 자유로운 상업활동 권리를 확보하기 위하여 해군 기지를 세우고 외교사절단을 파견하는 정도로 만족할 것인지의 여부는 사소한 세부 논의에 지나지 않는다. … 나는 "제국주의"의 감성적인 옹호론자는 아니지만, 자본주의 국가의 잉여자원에 대하여 문호를 개방하여 근대 문명의 혜택을 누리게 된 오래된 국가들에서 미국이 자유시장에 대한 자신의 권리를 확립하는 것이 제국주의라면 제국주의에 대한 두려움은 없다. 이러한 제국주의 정책이 반야만의 섬들에 대한 직접적인 통치를 수반하는가의 여부는 논란의 여지가 있으나 경제적인 면에서만 보면 선택은 한 가지이다. 즉 어떻게든 미국 자본과 기업을 이 나라들에 들여와 이용하기 위한 경쟁에 참가할 것인지, 아니면 소비되지 않은 상품의 포화와 무역정체로 인한 사회동요, 그리고 잘못된 정책으로 인해 계속 줄어만 가는 투자 이익을 감수하면서 현존하는 생산과 커뮤니케이션 방식의 불필요한 복제를 계속할 것인가 중에 하나를 택하여야 한다.[5)]

아프리카의 분할을 둘러싼 19세기 말과 20세기 초 강대국들 간의 분쟁, 중일 전쟁(1894-1895), 미서 전쟁, 남아프리카(보어) 전쟁, 러일 전쟁은 모두 이전의 식민주의와는 질적으로 다른 독점자본과 관련이 있는 신제국주의의 도래를 상징하였다. 그 결과 (코넌트의 분석에서 강조한 것처럼 더 이상 단순히 "감성"적 차원에서가 아니라 아닌) 제국주의 옹호론자들은 제국주의에 대한 경제적 설명을 들고 나왔다. 또한 제국주의의 변화는 곧이어 제국주의에 관한 보다 철저한 비판적 분석을 낳았다. 그 시작은 1902년 초판이 나온 존 홉슨(John A. Hobson)의 고전적 저서『제국주의 연구(*Imperialism : A Study*)』이다. 홉슨은 보어 전쟁을 비판한 대표적인 영국 학자로 보어 전쟁에 기초하여 제국주의에 대한 비판을 발전시켰다. 그의 책 중 유명한 장인 "제국주의의 경제적 근원(The Economic Taproot of Imperialism)"에서 홉슨은 다음과 같이 말하였다 :

> 모든 생산방식의 개선과 모든 소유와 통치의 집중은 [제국주의적 팽창의] 경향을 두드러지게 하는 듯하다. 국가들이 줄지어 기계경제에 진입하고 선진 산업기술을 받아들임에 따라 생산자들, 상인, 금융인들이 그들의 경제적 자원을 처리하여 수익을 남기는 것이 점점 더 어려워진다. 투자할 곳을 찾는 과잉생산력과 과잉자본이 넘쳐난다. 모든 기업인들은 국내의 생산력 신장이 소비의 증가를 초과한다는 것, 이윤을 남기며 팔 수 있는 양보다 더 많은 양의 상품이 생산 가능하다는 점, 그리고 수지가 맞는 투자 대상의 양에 비하여 자본이 훨씬 많이 존재한다는 점을 인정한다. 이러한 경제적 조건이 바로 제국주의의 근원이다.[6)]

홉슨의 연구는 사회주의적 연구가 아니었다. 그는 제국주의가 집중적인 특정 경제 이익과 금융 이익의 지배에 기인한 것이며, 소득의 불평등한 분배와 국내 경제의 필요를 급진적으로 개혁하여야만 제국주의적 충동을 끝낼 수 있다고 믿었다. 그러나 홉슨의 연구는 연구 그 자체보다는 제국주의에 관한 당시 마르크스주의의 연구에 미친 영향이 더 중요하였다. 마르크스주의 입장에서 제국주의를 분석한 저작 중 가장 중요한 것은 1916년 초판이 출간된 레닌의 『제국주의 : 자본주의의 최고 단계로서』이다. 레닌의 분석의 주된 목적은 제1차 세계대전을 초래한 제국주의 열강들 사이의 경쟁을 설명하는 것이었다. 그러나 이러한 분석과정에서 레닌은 제국주의를 독점자본과 연관시키게 되고, "제국주의에 대한 가장 간단한 정의는 … 독점단계의 자본주의"라고 주장하였다.[7] 그는 이러한 맥락에서 단순히 소득의 불평등한 분배나 특정 독점기업의 이윤 추구를 넘어서는 경제적인 요인들을 살펴보았다. 독점자본주의는 경쟁적 자본주의 다음에 오는 새로운 단계로 여겨졌으며, 이 단계에서는 금융자본, 즉 대기업과 은행자본 사이의 동맹이 경제와 국가를 지배한다. 경쟁이 완전히 없어지지는 않았지만 주로 국내, 국제 경제의 상당 부분을 통제할 수 있는 상대적으로 소수인 거대 기업들이 경쟁을 계속하였다. 이러한 측면에서 볼 때 독점자본주의는 제국주의 열강 간의 경쟁과 불가분의 관계에 있으며, 이는 세계 시장을 둘러싼 갈등에서 잘 나타났다. 제국주의적 영역으로 분화된 세계와 여기서 발생하는 싸움들이 제1차 세계대전의 직접적인 원인이었다. 제국주의에 대한 레닌의 복잡한 관점은 단순히 잉여자본을 투자할 출구를 찾아야 할 필요를 역설하는 것 이상이었다. 그는 독점단계 자본주의의 지구화 상황에서 원자재에 대한 독점적 권리와 해외 시장에 대한 보다 강력한 통제를 추구하는 힘에 대하여서도 강조하였다.

이후의 마르크스주의 (그리고 마르크스주의는 아니지만 급진적인) 분석들은 레닌의 연구에 비하여 제국주의의 보다 일반적인 특징, 즉 중심과 주변의 분화와 같이 모든 단계의 자본주의가 가지고 있는 특징에 집중하였다. 이는 마르크스가 최초로 제기한 문제들이다. 그러나 자본이 집중 · 집적되는 새롭고 보다 발전된 형태의 제국주의에 대한, 그리고 독점단계의 탄생에 대한 레닌의 감각은 고도 지구화 시대 독점자본으로 특징지어지는 우리 시대에도 여전히 그 중요성을 갖고 있다. 실제로, 주류 담론이 "제국주의"라는 용어를 용인하지 않게 된 것은 주변부에 대한 자본주의의 구조적 착취와 제국주의 국가 간 경쟁의 조건들을 자세히 밝힌(그래서 황제들의 발가벗은 모습을 보여준) 마르크스주의의 제국주의 연구 성과 때문이었다. 소련이 존재하는 한, 그리고 주변부에서 반제국주의 혁명의 거센 조류가 계속되는 한, 자본주의가 제국주의의 개념을 문명의 진흥이라는 명분으로 공개적으로 받아들일 가능성은 전혀 없었다. 미국의 공식 담론은 항상 제3세계 전역에 걸쳐 혁명을 진압하거나 시장 지배력을 얻기 위한 미국의 군사적 개입을 제국적 목표가 아니라 냉전적 동기로 설명하였다.

제국주의의 시대

1969년에 출판된 맥도프의 저서 『제국주의의 시대』는 미 제국주의의 경제학에 대한 실증적 접근을 통하여 베트남 전쟁 당시 미 외교정책을 주도하던 관점에 대한 가장 직접적이고도 설득력 있는 반론을 제시했다는 점에서 다른 연구들과 구별된다.

맥도프의 연구를 단순한 이데올로기로 간과해서는 안 된다. 그의 연구는 미국 경제 통계를 사용하여 미 제국주의의 경제적 구조를 최대한 직시함으로써 미 제국주의의 치장을 벗기는 것을 목표로 하였기 때문이다. 그 결과 그의 연구는 전쟁에 반대하던 많은 이들에게 영감을 제공하였고 동시에 제도권으로부터는 상당한 비난을 불러일으켰다.

『제국주의의 시대』는 미 좌파의 제국주의 비판이 다시금 걸출한 업적을 이루어냈음을 보여준다. 맥도프는 흔히 미 국제관계의 이례적인 형태로 여겨지던 시대 현실, 즉 겉으로 보기에는 "고립주의 경제"가 개입주의적 외교정책과 함께 나타난 현상을 연구하여 미국 경제가 실제로는 전혀 고립주의적이지 않다는 것을 밝혀냈다. 맥도프는 1950년부터 1964년까지 해외 투자로부터의 수익이 미국 국내 비금융권 기업의 세후 순이익의 10% 수준이었으나 1964년에는 그 비중이 두 배 이상 증가하였다는 자료를 제시하였다.[8)]

제3세계의 부채의 덫의 심화와 세계 경제에서 달러가 차지하는 패권적 지위에 기초한 미국 자본의 국제적 금융 팽창에 관한 맥도프의 주장도 주목할 만하다. 맥도프는 이 부분에서 외채에 대한 계속적인 의존에 내재하는 "역류과정(reverse flow process)"에 대한 해석을 처음으로 내놓았다. 그는 "어떤 나라가 1년에 1,000달러를 빌린다고 치면 얼마 지나지 않아 매해 빌려오는 돈(inflow)보다 이자액의 규모가 더 커질 것이다"라고 하였다. 5%의 이자율로 연간 1,000달러를 "20년 상환 조건으로 빌리는 간단한 경우로 계산해 보면" 5년째가 되면 연간 대출액의 50% 상당을, 10년째 되는 해에는 연간 대출액의 90% 가량을 이자 지불을 위하여 사용하여야 한다. 15년째 되는 해에는 이자 지불액과 할부 상환액이 그해 빌려오는 돈의 액수보다 많아질 것이다. 그리고 20년째 되는 해에는 "채무국은 1달러 빌릴 때마다 1.5달러 이상을 이자로 지불하는 셈이 된다."[9)]

맥도프는 이러한 덫에 빠지지 않기 위하여 국가가 해마다 돈을 빌리는 대신 이미 빌린 돈을 산업개발에 사용하여 더 이상 돈을 빌릴 필요도 없어지고, 이미 빌린 금액까지 모두 갚을 수는 없겠는가라고 반문한다. 그러나 이것이 어려운 이유는 부채 상환을 채권국 통화로 하여야 하는 현실 때문에 (경제 성장률과는 무관하게) 상환에 필요한 외화를 벌 만큼 충분한 수출이 있어야만 부채를 상환할 수 있다는 점에서 찾을 수 있다. 맥도프는 제3세계의 부채 문제가 심각해지기 전인 1969년만 해도 이미 "저개발 국가의 이자 지급액이 수출보다 훨씬 빠르게 증가하였다. 그러므로 부채 부담은 더욱 심해지고 선진 산업국가와 세계은행, IMF와 같은 국제기구에 대한 금융 의존도가 심화되었다"고 분석한다.[10)]

1978년에 나온 맥도프의 저서 『제국주의 : 식민주의 시대부터 현재까지』에 실려 있는 글들은 대부분 제국주의의 역사에 대한 오해들을 다루고 있다. 이 중 가장 중요한 것은 "제국주의는 필수적인가"라는 질문에 대한 맥도프의 대답이다. 그는 자본주의와 제국주의는 완전히 다른 종류이며, 제국주의가 꼭 자본주의의 한 특성은 아니라는 일반의 주장에 대하여 자본주의는 태생부터 세계적 체제였으며 제국주의적 팽창은 넓게 보면 이윤을 찾기 위한 체제 활동의 일부에 불과하다고 답하였다. 맥도프는 또한 제국주의가 자본주의의 태생적인 지구화 경향에 내재한 것이라는 설명 대신 경제위기에 관한 특정 이론이나 자본 수출의 필요성을 가지고 근대 제국주의를 분석하려 한 일부 좌파의 견해를 반박하였다. 자본주의 경제운동의 법칙이 중요하기는 하지만 맥도프는 기계적이고 단순하며 (정치적 · 군사적 · 문화적 요소를 고려하지 않은) 편협한 경제적 설명을 피하였다. 궁극적인 원인은 16세기 이래 자본주의의 역사적 발전에서 찾을 수 있다는 것이다. 맥도프는 "제국주의의 소멸은 자본주의의 전복을 필요로 한다"고 결론지었다.[11]

제국주의 개념에 대한 경계

주류 담론은 자본주의와 연관된 "제국주의" 개념을 수용하지 않고 순전히 이데올로기적인 용어로 낙인찍었다. 또한 편협하고 구획짓기를 좋아하는 주류 사회과학 방법론은 "경제적 제국주의"의 개념을 정치적 · 문화적 제국주의 등과 분리시키고 특별한 비판의 대상으로 삼음으로써 고립화시키려고 하였다.[12] 마르크스주의 이론과 급진 이론의 제국주의 해석에 대한 이와 같은 공격은 매우 성공적이었다. 그래서 1990년 프랍핫 파트나이크(Prabhat Patnaik)는 먼슬리 리뷰지에 기고한「제국주의에 도대체 무슨 일이 일어난 것인가? (Whatever Happened to Imperialism?)」라는 글을 통하여 미국과 유럽 좌파 진영의 분석에서 제국주의란 단어가 완전히 사라진 문제에 대하여 다루었다. 탐욕스러운 다국적 기업들이 세계 전역에서 활기를 치며[유니언 카바이드(Union Carbide)와 같은 회사는 인도에서 수천 명을 죽게 만들었다] 미국이 비밀스럽게, 혹은 공개적으로 니카라과, 엘살바도르, 과테말라, 그라나다, 파나마 등의 국가에 군사적으로 개입하는 상황에서 역설적으로 제국주의 논의가 사라졌다는 사실은 더욱 놀랍다.[13)]

파트나이크는 "젊은 마르크스주의자들은 제국주의란 말이 나오면 어안이 벙벙한 것 같다. 오늘날의 중대한 문제들이 … 제국주의에 대한 언급 없이 논의되고 있다. … 제국주의는 마르크스주의 간행물들에서, 특히 최근에 나온 간행물들 사이에서 사실상 사라졌다"고 말하였다.[14)] 그는 제국주의의 역사와 이론이 더 이상 논의의 대상이 되지 않고 있다고 지적하였다.

이러한 현상의 역사적 중요성은 지구화에 대항한 투쟁과 신발칸 전쟁, 세계무역센터 및 펜타곤에 대한 9 · 11 테러 공격과 이를 이은 테러와의 전쟁에 대한 반응에서 나타난 이데올로기적 분열에서 찾아볼 수 있다. 특히 미국과 나토(NATO)의 군사작전 확대뿐만 아니라 미국의 WTO에 대한 지원과 같은 문제를 대하는 주류 지식인들은 자비로운 패권 또는 유일한 최강대국의 "연성 제국주의(soft imperialism)" 등으로 표현되는 현상을 더욱 빛나게 만들기 위하여 기꺼이 제국주의의 개념을 사용한다. 한편, 후기 마르크스주의자들과 이전의 급진 사상가들은 고전적인 마르크스주의의 관점에서 제국주의의 개념을 사용하는 것을 모두 비판한다. 이들은 제국주의를 자본주의, 지구적 착취 및 경제적 제국주의와 분리하고, 제국주의라는 용어는 고상한 담론이 수용할 수 있는 범위를 벗어난 것이었기 때문에 사용해서는 안 된다고 말한다.

후자의 예로 2002년 3월 11일 『외교정책 초점(*Foreign Policy in Focus*)』 온라인판에 탐 배리(Tom Barry)가 기고한 「개입주의로의 귀환(A Return to Interventionism)」이 있다. 이 글은 표면적으로는 9 · 11 테러 공격과 테러와의 전쟁에 대한 것이었다. 배리는 1970년대에 제국주의의 개념을 거리낌 없이 포용했던 사람이다. 「개입주의로의 귀환」에서 그는 다음과 같이 썼다 :

> 어떤 이들에게는, 특히 신, 구좌파들에게는 [베트남 전쟁 시기가] "제국주의의 시대", 즉 미국이 "개발도상" 지역의 나라와 자원들에 대한 지배를 공고히 하던 시기이다. 이와 같은 반제국주의 비판은 분석으로서는 미약한 점이 많다. 미국이 경제적 가치가 별로 없는 남베트남과 같은 곳에도 왜 그렇게 깊이 관여하였는지에 대하여 잘 설명하지 못하기 때문이다. 미 제국주의에 대한 비판은 전 세계에 자유와 민주주의를 실현하고자 한 윌슨주의적 욕망, 즉 미 개입주의의 이상주의적 측면을 설명하는 데도 별로 도움이 되지 않았다. 미국의 외교정책을 개혁하는 것이 목표라면, 미국을 급부상하는 제국주의 세력이라 비판하는 것은 정책결정자들에게도, 대중에게도 전혀 설득력이 없다. 제3세계의 압제를 지지하고 군사적으로 개입하는 미 외교정책의 경향을 걸러내려면 인권 차원의 비판이 효과적인 듯하다.

위와 같은 관점에서 보면 "미 정책결정자들", 다시 말하여 지배적인 권력구조의 대표자들이 제국주의 개념에 끌리지 않았다는 사실(그리고 세뇌당한 대중이 제국주의라는 용어가 미국 역사와 전혀 관계가 없다고 본다는 사실)은 제국주의라는 개념 자체를 폐기하는 데 충분한 이유가 된다. 어찌되었든 미국은 몇몇 곳을 제외하고는 무엇보다도 "전 세계에 자유와 민주주의를 실현"하려고 노력하지 않았는가? 그러나 이 글이 나온 바로 그 당시 미군은 아프가니스탄에서 전쟁 중이었으며, 중앙아시아 전역에 기지를 세우고 필리핀 등지에 개입을 시작하였다. "제국주의의 시대"라는 개념이 미 좌파에 의해 비판받던 바로 그때, 주류 석학들과 정치인들은 미국이 이끄는 제국주의의 신시대를 칭송하고 있었던 것이다.

제국주의 개념에 대한 보다 영향력 있는 좌파 계통의 비판은 마이클 하르트와 안토니오 네그리의 저서 『제국』에서 나왔다. 하르트와 네그리에 따르면 제국주의는 베트남 전쟁과 함께 끝났다. 이들은 미국이 이라크에 대하여 군사력을 사용한 1991년 걸프 전쟁은 "[미국의] 자국의 이익을 위한 동기에서가 아니라 지구 정의라는 명분으로 일어났다. … 세계 경찰 미국은 제국주의적 이익이 아니라 제국적 이익, [즉 중심도 경계도 없는 제국의 이익]에 따라 행동한다. 이러한 면에서 걸프 전쟁이야말로 [아버지] 부시가 주장한 것처럼 새로운 세계 질서의 시작이라고 할 수 있다." 『제국』의 다른 장에서 하르트와 네그리는 "미국은 제국주의적 계획의 중심에 있지 않다. 실제로 오늘날 어떠한 국가도 그럴 수 없다"고 단언하였다.[15]

바로 이러한 견해가 하르트와 네그리의 『제국』을 무조건적으로 찬양하는 뉴욕타임즈, 타임지, 런던 옵서버, 포린 어페어스 등에서 쏟아져 나왔다. 즉 고전적이고 착취적인 의미에서의 제국주의와 미국 사이의 연관성은 부인하지만 미국의 주권과 힘이 "제국"의 반영으로서, 또한 문명화에 관한 "제국적" 역할의 투영으로서 확대되고 있다고 인식하는 것이다. (후자는 미 헌법이 세계로 확대됨을 의미한다.)

보다 최근에는 현 콜럼비아 대학 저널리즘, 사회학 교수이자 민주사회를 위한 학생연합(Students for a Democratic Society) 전(前) 회장이었던 토드 기틀린(Todd Gitlin)이 뉴욕타임즈에 다음과 같이 기고하였다 :

> 미국 좌파들에게도 … 자신들 나름의 일방주의가 있다. [9 · 11 테러] 공격에 대한 책임은 무슨 이유에서인지 미국 제국주의에 있다고 한다. 미국 제국주의는 항상 모든 문제에 책임이 있기 때문이다. 이는 모든 좋은 권력은 어떻게든 미국 것이어야 하며, 실제로 미국 것이라는 우파들의 사고방식과 완벽하게 동일하다. 극좌파 지식인들과 운동가들은 동정이나 안보 따위에 그다지 흔들리지 않는다. 알 카에다에 대해서 잘 모르는 그들은 알카에다를 반제국주의와, 미국의 탈레반 공격을 베트남 수렁(Vietnam Quagmire)과 동의어로 여겼다. 극좌파 지식인과 운동가들에게는 성조기를 휘날리지 않는 것이 긴급한 대의가 되었다. … 1960년대의 애국 열망과 우리의 반사적인 부정성에서 자유로워진 베트남 전쟁 이후 자유주의자들은 당당하고 두려움 없이 자유주의적 애국주의를 표방할 수 있게 되었다.[16)]

뉴욕타임즈는 소위 자비로운 미국 "제국주의"를 직설적으로 칭송하는 글들을 실어온 제도권 미디어이다. 여기에 글을 게재한 기틀린이 보기에 "미 제국주의"에 대한 비난은 좌파가 시작한 극단적인 왜곡의 일종에 불과하였다. 그는 1991년 걸프 전쟁 이후 사우디아라비아에 설치된 미군 영구 주둔 기지가 알 카에다를 비롯한 사우디아라비아 출신 이슬람 근본주의자들의 등장을 촉발시켰다는 점은 신경도 쓰지 않는다. 아프가니스탄에서 미국의 지원 하에 소련에 대항한 이슬람 근본주의자들의 전쟁에서 오사마 빈 라덴이 테러 훈련을 받았다는 사실에 대해서도 신경 쓰지 않는다. 사담 후세인이 이란-이라크 전쟁 당시 (그리고 쿠웨이트 침공 직전까지) 미 제국의 고객이었다는 점도 마찬가지이다. 기틀린은 사우디아라비아와 이라크가 1, 2위의 산유국이라는 점도, 아프가니스탄이 세계 최대 석유, 천연가스 매장고 중 하나인 중앙아시아로 들어가는 문이라는 점에도 관심을 기울이지 않는다. 마지막으로 현재 미국이 중앙아시아 전역에 미군 기지를 가지고 있으며, 계속 그 기지들을 유지할 계획이라는 점도 신경 쓰지 않는다. 이 모든 것에도 불구하고, 그리고 미국의 "소위 말하는 제국주의"가 주류 사회에서 널리 칭송받고 있다는 사실에도 불구하고 무슨 이유에서인지 좌파들은 미 외교정책에 대한 비판의 일부로 미 제국주의의 문제를 제기해서는 안 된다고 생각하고 있다. 제국주의의 재발견은 오직 특정하고 한정된 이데올로기적 제약 하에서만 가능하다는 것이다.

세계의 부유층은 더 부유해지고 세계의 빈곤층은 더 빈곤해진다[17)]

수류 사회의 제국주의에 대한 재발견의 중요한 특성 중 하나는 그것이 미국의 군사적 · 정치적 지배를 정당화하는 데는 사용되지만 제국주의가 계속 벌어지는 부유한 국가와 빈곤한 국가 사이의 격차와는 전혀 무관한 것으로 간주된다는 데 있다. 후자는 제국주의에 관한 마르크스주의 이론에서 강조한 내용이며, 또한 신반지구화/반자본주의 운동에서 두드러지는 부분이다. 지구적인 신반자본주의 운동의 영향은 세계적인 제도권과 그들의 동맹국들이 자신들을 방어할 필요를 깨달았다는 데서 알 수 있다. 이들은 반지구화론자들은 스스로가 무슨 소리를 하고 있는지도 잘 모른다고 주장한다. 미국의 지배력이 더 강해 보인다면 그것은 경제적 착취와는 전혀 관계가 없다는 것이다.

위와 같은 내용은 뉴욕타임즈에 정기적으로 글을 게재하는 경제 칼럼니스트 중 한 명인 버지니아 포스트렐(Virginia Postrel)이 2002년 8월 15일 동지에 게재한 글에서 찾아볼 수 있다. 주목을 끄는 글의 제목 "부유층은 더 부유해지고 빈곤층은 더 빈곤해진다고?(The Rich Get Richer and the Poor Get Poorer. Right?)"로 미루어 볼 때, 이 글은 의도적으로 2002년 8, 9월 요하네스버그에서 개최될 지속 가능한 발전을 위한 세계 정상회의 직전에 실린 것이었다. 포스트렐의 글의 요지는 "국내적으로든 국제적으로든 세계화 시대에 불평등이 심화되고 있다"고 말한 노암 촘스키(Noam Chomsky)의 주장에 대한 반박이다. 포스트렐은 촘스키는 물론이고 1999년 UN이 발표한 『인간개발보고서(*Human Development Report*)』도 완전히 틀렸다고 주장한다. 『인간개발보고서』는 UN이 수집한 자료를 바탕으로 촘스키가 말한 것과 동일한 결론을 내렸다.

포스트렐을 비롯한 지구화 · 자유화 옹호론자들은 촘스키와 유엔의 주장이 어디가 틀렸다는 것인가? 그들은 자료에 문제가 있다고 말한다. "유엔 보고서 등은 개인 차원의 빈부 격차보다는 세계에서 가장 부유한 국가와 가장 빈곤한 국가 사이의 빈부 격차에 주목한다. 이렇게 수집한 자료에는 거대한 국가에서 한때 빈곤하였으나 훨씬 부유해진 개인들의 경우가 잘 나타나지 않는다"는 것이다.

여기서 세계 체제에 대한 신자유주의적 옹호론자들은 서로 다른 두 가지 질문을 혼동하고 있다. 바로 국가 간 빈부 격차의 문제와 세계 인구들 사이의 불평등한 소득 분배의 문제이다. 이 둘 사이에는 정당한 차이가 분명히 있다. 국가의 크기는 국가 간 빈부 격차를 측정하는 것과 무관하다. 세계 경제는 서로 다른 국가를 통하여 작동한다. 자본주의의 역사는 부유한 국가와 가난한 국가 사이의 격차 확대로 특징지을 수 있다. 이는 부유한 국가가 다른 국가들을 착취함으로써 성장한다는 데서 기인한다. 때로는 큰 나라 하나가 작은 나라들을 착취한다. 그러나 어떤 경우에는 작은 나라 하나가 훨씬 큰 나라들의 경제적 잉여를 착취하기도 한다. 현재 미 제국의 경우와 이전의 대영제국의 경우를 생각해 보라.

미 제국주의의 인자한 특성을 선전하는 데 헌신하는 전 지구적 자본주의의 신봉자들은 지구화와 자유화가 큰 나라건 작은 나라건 간에 국가들 사이의 경제적 평등으로 이어질 것이라고 주장한다. 그러나 UN이 보여준 자료들은 이러한 일은 일어나지 않았다고 확증하고 있다. 오히려 국가들 간 격차는 더욱 벌어졌다.

그러나 뉴욕타임즈는 여전히 이에는 관심이 없다. 뉴욕타임

즈는 사람들에게 관심이 있다. 포스트렐은 다음과 같이 썼다 :

> 지난 30여 년간 … 세계의 가장 큰 두 국가인 중국과 인도는 경제적으로 많이 성장하였다. 상대적으로 많은 인구를 가지고 있는 다른 아시아 국가들도 마찬가지이다. 그 결과는 25억 인구의 생활 수준이 기존 선진국의 10억 인구의 생활 수준만큼 향상되었다. 지구적으로 빈곤은 줄어들고 세계적 평등은 개선되었다. 개개인을 기준으로 볼 때 자유화는 커다란 성공이었다.

도대체 무슨 예를 말하는 것인가! 세계적인 빈곤 감소에 인도가 기여한 바를 살펴보자. 세계은행의 최신 보고서에 따르면 인도 인구의 86%는 하루 2달러 미만의 돈으로 살아가고 있다.[18] 1983년 기준으로 인도의 상위 10% 고소득층의 가계 소득/지출이 전체 가계 소득/지출에서 차지하는 비중이 26.7% 수준이었으나 1992년에는 28.4%, 그리고 1997년에는 33.5%까지 증가하였다. 이를 평등의 개선이라고는 보기 어렵다.[19]

이제 중국의 예를 생각해 보자. 30년 전 중국은 세계에서 가장 평등한 국가였다. 이후 정치 지도자들은 다른 목표를 추구하였다. 이전의 평등우선 원칙 대신 국민들에게 부유해지는 것이 좋은 것이라고 말하였다. 사기업을 장려하고, 해외 투자 유입 기회를 넓혔으며, 미국계 다국적 기업과도 사이좋게 지내고 세계화를 환영하였다. 세계은행도 중국에 진출하였으며, 현재 중국은 WTO 가입국이다.

그 결과 일반적인 교리에 따라 기대할 수 있는 것과는 정반

대이자 포스트렐과 여타 신자유주의적 지구화 옹호론자들이 단순하게 사실로 가정하는 현상이 벌어졌다. 한때 평등에 대한 애착으로 유명했던 중국은 점점 더 불평등해졌다. 그 정도가 심해져서 1990년대 말이 되자 중국의 소득 분배는 미국의 불평등한 소득 분배와 거의 유사하게 되었다(표 1 참조).

표 1 : 미국과 중국의 소득 분배-계층별 소득/지출 비중[20]

	최하위 10%	최하위 20%	최상위 10%	최상위 20%
중국	2.4	5.9	30.4	46.6
미국	1.8	5.2	30.3	46.4

출처 : World Bank, *World Development Report 2001*, 미국 통계는 1999년 기준, 중국 통계는 1998년 기준임.

사실, 세계의 소득 분배에 관한 믿을 만한 자료는 이미 존재한다. 세계은행 경제학자인 브랑코 밀라노빅(Branko Minovic)이 철저하고 훌륭한 연구를 통하여 그 자료를 수집하였다. 그는 세계은행 컴퓨터에 묻혀 있던 엄청난 양의 통계자료를 파헤쳤다. 그의 조사는 1988년과 1993년의 세계 소득 분배에 관한 분석을 낳았다. 그의 분석에 따르면 이 기간 동안 불평등의 정도가 심화되었다(표 2 참조).

1993년에는 인구의 상위 1%가 하위 50%보다 더 많은 소득을 차지하고 있고, 상위 5%의 소득 분배 비중이 하위 75%보다 훨씬 높다. 심지어 전자의 소득이 하위 85%의 소득 수준에 육박하고 있다는 점에 주목할 필요가 있다. (밀라노빅은 여기에 나온 것보다 훨씬 더 자세하게 자료를 분석하였으며, 선 세계 인구의 상위 1%가 하위 57%와 동등한 소득

표 2 : 세계 소득 분배 : 인구와 소득의 누적 %

세계 인구의 누적 %	세계 소득의 누적 %	
	1988	1993
하위 10%	0.9	0.8
〃 20%	2.3	2.0
〃 50%	9.6	8.5
〃 75%	25.9	22.3
〃 85%	41.0	37.1
상위 10%	46.9	50.8
〃 5%	31.2	33.7
〃 1%	9.3	9.5

출처 : Branko Milanovic (World Bank, Development Research Group), "True World Income Distribution, 1988 and 1993 : 가계 조사만 기초로 한 1차 계산." *The Economic Journal*, 112호(2002년 1월), pp. 51–92.

을 차지하고 있다고 결론내렸다.) 이와 같은 수치에서 빈부 격차의 확대를 통하여 번창하는 자본주의의 역사를 유추할 수 있다. 이제 이 법칙은 전 지구적 차원에서 작동하고 있다. 바로 그러한 지구적 착취가 제국주의의 핵심이다. 제국주의는 축적만큼이나 자본주의에 있어서 기초적이고 떼려야 뗄 수 없는 요소이다. 그러나 물론 이것이 제국주의의 전부는 아니다. 제국주의는 여러 정치적 · 군사적 · 문화적(인종적) 요소가 연관된 복잡한 역사의 산물이다. 마르크스주의적 접근에서는 경제적 제국주의가 지구적 자본주의 발전의 다른 여러 특징들과 완전히 분리된 것은 아니라고 본다. 미국의 제국주의적 지배가 이윤을 찾아 헤매듯이 미국의 군사적 · 정치적 힘도 항상 미국 기업과

정부의 이익을 최우선으로 삼고, 세계적으로 그 지배력을 팽창하고 미국의 이윤을 증대하기 위한 탐사를 확대하고 있다.

주류 사회의 제국주의에 대한 재발견은 미국 집권층이 이제 위와 같은 과정을 불가피한 것으로, 즉 도망칠 수 없는 현실로 인식한다는 것을 의미한다. 그러나 분명한 것은 제국주의의 새로운 국면에 대한 반란이 이제 시작되었다는 점이다. 미국 석학들은 자기 마음대로 편리하게 잊어버리고 싶어하지만 세계 인구의 대부분은 미 제국주의가 과거의 착취적인 제국과 닮은 꼴이며, 과거의 제국들과 마찬가지로 문전까지 와 있는 "야만인"들의 반란과 제국 내부로부터의 반란이라는 운명을 맞이할 가능성이 크다는 점을 알고 있다.

Chapter 6

미국의 제국주의적 야망과 이라크

2002년 12월

현재 미국의 공식적인 대이라크 정책은 군사 쿠데타를 통해서든 미국의 침략을 통해서든 "정권교체"를 달성하는 것이다.[1] 미국의 침략은 대량살상무기를 개발·사용하려는 불량국가에 대한 "예방 전쟁"의 명분으로 정당화된다. 그러나 만약 미국이 이라크를 침략한다면 단순히 바그다드의 정권교체만을 목표로 삼지는 않을 것이다. 더 중요한 목표는 중동 지역 전체에서의 미국의 우위를 이용하여 전 세계적으로 힘을 행사하는 것이다. 그러므로 오늘날 세계는 제국주의 역사의 새롭고 중요한 발전의 가능성을 보고 있다.

오늘날의 제국주의는 19세기 후반의 그것과는 분명 다르다. 근대 제국주의의 초기 시대에는 독일, 일본, 미국 등의 몇몇 강대국이 세계 각지에서 영국의 패권에 도전하였다. 이 시기 제국주의에는 몇몇 주목할 만한 특징이 있다. 아프리카 분할을 둘러싼 유럽 국가들 사이의 쟁탈전, 상대의 시장을 차지하려는 유럽 내부의 경쟁 심화, 국제 금융시장 중심지로서의 런던의 위상에 대한 독일의 도전 증가 등이 그것이다. 동시에 미국은 시장을 둘러싼 유럽 내부의 경쟁에 뛰어들려고 시도하고 있었으며, 라틴 아메리카와 아시아에 자신의 영향권과 식민지를 개발하였다. 제1차 세계대전의 주요 원인 중에는 식민지와 시장을 둘러싼 강대국 간의 치열한 경쟁과 국제 금융, 상품시장의 중심인 영국을 제거하려는 독일의 시도가 포함되어 있다.

제1차 세계대전 이후의 시기는 근대 제국주의 제2기에 해당한다. 베르사이유 조약은 승전국들이 볼셰비즘 타파라는 동일한 목표 하에 전리품을 나누는 과정이었다. 쏘스타인 베블렌은 볼셰비즘을 지도상에서 완전히 없애버리는 것이 베르사이유 조약에서 단순한 비밀조항 정도가 아니라 베르사이유 조약이 씌어진 "종이" 그 자체라고 썼다.[2)] 그러나 소련을 고립시키고 무너뜨리려는 계획은 세계 체제에서 더 많은 구역을 차지하려는 추축국—독일, 이탈리아, 일본—의 몸부림에서 발발한 제2차 세계대전과 대공황에 의하여 중단되었다.

제국주의 제3기는 제2차 세계대전 이후에 나타났다. 자본주의 세계의 새로운 패권 국가이던 미국은 제2차 세계대전 동안에 자신들이 세계 경제의 전략적 중심으로 간주한 지역을 지배하기 위한 계획을 세웠다. 당시 미국의 이러한 야망을 제약하는 것은 소련권의 존재뿐이었다. 1981년 11월, 노암 촘스키는 이 시기 미국의 지정학적 전략 수립을 다음과 같이 묘사하였다 :

제2차 세계대전 이래로 미국 외교정책 개발의 바탕이 된 일반적인 사고의 틀은 1939-1945년 동안 '전쟁과 평화 연구 프로그램(War and Peace Studies Program)'을 위하여 만났던 당시 국무부 정책 입안자들과 미 외교협회 관련자들의 계획서에서 가장 잘 나타난다. 1941-1942년이 되자 이들은 제2차 세계대전은 미국이 강대한 전 지구적 우위를 가짐으로써 끝날 것이라는 것을 분명히 알았다. "그렇다면 어떻게 세계를 조직할 것인가?"라는 질문이 제기되었다.

그들은 대영역 계획(Grand Area Planning)이라는 개념을 도출하였다. 연구 프로그램 당사자들이 보는 대영역이란 "세계 지배를 위하여 전략적으로 필수적인" 지역을 의미한다. 그들은 지정학적 분석을 통하여 세계의 어떤 지역이 이윤의 본국 송환과 투자에 "개방"되어야 하는지, 즉 미국의 지배에 개방되어야 하는지를 결정하고자 하였다.

전쟁과 평화 연구 프로그램은 미국 경제가 (당시 모든 논의에서 매우 중요하다고 지적되었던) 내적인 변화 없이도, 그리고 구조적 조정이나 권력과 소득의 재분배 없이도 번창하려면 세계 지배가 필요하며, 세계 지배를 위해 전략적으로 필요한 최소한의 지역이 서반구 전체, 당시 해체 중이던 대영제국 영토, 그리고 극동 지역이라고 결론지었다. 최소한이 이 정도이고 최대는 우주 전체였다.

대영역은 최소한과 최대한의 전략적 필요 지역 중간 정도 수준으로 탄생하였으며, 이 대영역을 금융제도와 계획의 측면에서는 어떻게 조직할 것인가 하는 과제가 대두하였다. 이것이 바로 전후 시대 전반에 걸쳐 계속 유지된 틀이다.[3)]

유럽 식민지가 해방되고 태평양에서 일본의 야망이 좌절되자 미국 자본은 미국 군사력의 지원을 받아 종전에는 접근이 불가하였던 시장으로 침투할 수 있게 되었다. 브레튼우즈 협정이 제국주의적 국가들에게 새로운 경제적 틀을 제공하게 되자 미국은 전 세계에 걸쳐 군사력을 발휘하고 비밀 작전을 수행하였다. 한국과 베트남에서의 전쟁, 이란 · 과테말라 · 칠레 정권 전복, 쿠바 정권 전복 시도, 중앙 아메리카와 아프리카의 수많은 내전에 개입한 것 등이 그 예이다.

대영역 개념의 핵심은 대영제국 옛 영토의 일부이자 전 세계의 정치적 · 경제적 · 군사적 지배에 있어서 필수적인 중동 지역에 대한 지배였다. 중동이 현재까지 알려진 최대의 석유 보유고라는 점도 그 중요한 이유 중 하나이다. 미국은 1950년대에 중동 지역에서 일련의 공개적 군사작전이나 비밀 군사 개입을 단행하였다. 그 중 가장 중요한 것은 민주적으로 선출된 이란의 모사데크 정부를 전복시킨 것이다. 모사데크 정부는 이란 내 외국 석유회사들을 국유화하였다. 이러한 계획의 성공은 분명하게 나타났다. 1940년부터 1967년 사이 미국 회사들은 중동 석유 매장량에 대한 지배를 10%에서 거의 60% 수준으로 끌어올렸다. 반면, 영국이 지배하는 석유 매장량은 1940년 72%에서 1967년 30%로 떨어졌다.[4)]

부분적으로는 경제침체 등의 이유로 서유럽의 중요한 통합이 지연되면서 유럽 지도자들이 바랐던 것처럼 유럽이 미국의 이익에 대한 방파제 역할을 하지 못하게 되었다. 아시아에서 미국의 이해관계에 심각하게 도전할 수 없는 약한 유럽과 일본, 그리고 1990년대 초반에 이르러 유럽에서 실재하던 사회주의의 패배는 1970-1980년대에 부분적으로 약화된 미국 패권에 새로운 시대를 열어주었다.

제국주의의 역사적 진화라는 관점에서 보면, 이라크 전쟁의 진짜 동기는 이라크가 실제로 군사적 위협이기 때문이 아니라, 미국이 자신의 의지에 따라 힘을 사용할 준비가 되어 있다는 것을 보여주기 위함이다. 아틀란타 저널 컨스티튜션(*Atlanta Journal Constitution*)의 부 편집장 제이 북맨(Jay Bookman)은 다음과 같이 분석하였다 :

> 이라크에 관한 공식적인 이야기들은 전혀 말이 안 된다. … [이라크 침공 위협은] 대량살상무기나 테러리즘, 사담이나 유엔 결의안에 관한 게 아니다. 만약 이라크 전쟁이 일어난다면, 그 전쟁은 전 지구적 제국으로 완전히 성장하여 지구 경찰로서의 권위와 책임을 독차지할 미국의 공식적 출현을 알리기 위한 것이다. 이것은 세계 지배의 기회를 잡아야 한다고 믿는 이들이 지난 10여 년에 걸쳐 기획하고 실행해 온 계획의 완성이 될 것이다. 비록 우리의 적들이 비난해 온 것처럼 "미 제국주의자"가 되는 것을 의미할지라도 말이다. … 로마는 봉쇄정책으로 만족하지 않고 정복에 나섰다. 우리도 그래야 한다.[5)]

제국의 정당화

아무리 정당화할 수 없다 할지라도 제국의 팽창을 위한 전쟁은 언제나 어떤 정당화를 필요로 한다. 그래서 방어전쟁의 논리가 종종 이용된다. 조셉 슘페터(Joseph Schumpeter)는 1919년에 쓴 「제국주의의 사회학(The Sociology of Imperialisms)」에서 로마가 최대로 팽창하던 시기에 대하여 다음과 같이 썼다 :

> 로마의 이익이 위험에 처하였거나 실제 공격을 받고 있다고 말하지 않는 곳이 당시 알려진 세계 중에는 없었다. 로마의 이익이 아니면 로마의 동맹국의 이익이 위험해 처했다고 하였고, 동맹국이 없으면 동맹을 만들어 냈다. 그러한 이익을 고안해내는 것이 절대적으로 불가능할 경우에는 국가의 명예가 모욕당했다는 명분을 내세웠다. 싸움에는 항상 적법성이 부여되었다. 즉 로마는 언제나 사악한 이웃에게 공격을 받아 생존을 위하여 싸운다는 것이다. 전 세계에 적들이 넘쳐났고, 로마의 자명한 의무는 호전적인 적들의 계획에 맞서 자신을 보호하는 것이었다.[6)]

세계 구석구석에서 공격에 열중하고 있는 사악한 세력을 저지하기 위하여 끝없이 방어전쟁이 필요하다는 구실은 로마제국이 멸망해도 함께 사라지지 않았다. 19세기 영국 제국주의와 20세기 미국 제국주의의 팽창에도 같은 논리가 동원되었다.[7)] 최근 행정부가 의회에 제출한 『미국 국가안보 전략』에도 동일한 사고방식이 스며 있다.[8)] 이 문서는 미국의 전략적 정책을 위한 3가지 주요 원칙을 제시하고 있다. (1) 전 세계적으로 미국의 군사적 지배를 영속화하여 경쟁 상대의 등장을 허용하지 않는 것, (2) 미국과 미국의 군사력 및 시설, 미국의 우호국과 동맹국의 안보에 위협이 되는 것으로 여겨지는 국가나 세력에 대하여 언제든지 “예방적” 군사공격을 감행할 준비 태세를 갖추는 것, (3) 미국 시민의 국제형사재판소(International

Criminal Court) 면책특권 부여가 그것이다. 에드워드 케네디(Edward M. Kennedy) 상원의원은 이와 같은 신『국가안보 전략』에 대하여 "현 행정부의 원칙은 다른 어떤 국가도 받아들일 수 없으며, 받아들여서는 안 되는 21세기형 미 제국주의를 지향"한다고 비판하였다.[9)]

미증유의 전 지구적 제국을 세우려는 워싱턴의 야심에 부합하는 것은 전 세계 구석구석에 숨어 미국 "국토" 안보에 위협을 가할 준비가 되어 있는 무수한 적들에 대한 집요한 두려움밖에 없다. 이러한 외부적 위협은 미국이 보기에는 미국의 힘의 확장을 정당화할 뿐이다. 현재 미국이 목표로 삼고 있는 적들은 편리하게도 모두 미 제국주의의 노골적인 팽창이 제일 용이한 제3세계에 위치하고 있다.

사담 후세인의 잔인한 독재 하에 있는 이라크는 가장 심각한 불량국가이자 전 세계 최대의 적으로 표현된다. 아직 이라크가 가장 두려운 대량살상무기인 핵무기로 무장한 상태는 아니지만 부시 행정부는 이라크가 곧 핵무기를 획득할 것이라고 주장한다. 게다가 완전히 제 정신이 아니라고 알려진 지도자 때문에 이라크는 핵 억지(deterrence)가 통하지 않을 정도로 비이성적이라고 주장한다. 따라서 우리는 이라크가 핵무기를 획득하기 전에 이 사악한 정권을 빨리 공격하는 것 이외에는 선택의 여지가 없다는 것이다. 비록 다른 안전보장이사회 회원국들은 동의하지 않았지만 부시 행정부는 현 단계에서 UN의 핵사찰이 무의미하다고 주장해 왔다. 미국은 사담 후세인이 어딘가에 있는 자신의 은신처에 가장 치명적인 무기 관련 활동을 숨길 수 있을 것이고, 이라크가 아무리 무조건적 사찰에 동의한다 할지라도 개인 은신처는 사찰단에게 공개되지 않을 것이라고 주장하였다.

그러므로 무력—군사 쿠데타나 무력침공 둘 중 하나—을 통한 "정권교체"(즉 꼭두각시 정권을 세우는 것) 이외에는 다른 선택의 여지가 없다는 것이다.

부시 행정부는 9·11 테러 공격으로 이미 격앙된 미국 대중에게 이런 식으로 두려움을 주입시킴으로써 자국과 전 세계를 전쟁을 향하여 나가도록 하였다. 만약 미국 대통령과 그의 행정부가 매일같이 미국이 임박한 대량살상무기 공격에 취약하다고 주장한다면(그리고 논란의 대상이 되는 국가가 핵능력이 없는 경우에도 "버섯구름"을 일으키는 기습 핵공격의 가능성을 제기한다면) 대중의 대다수는 설득당할 수밖에 없다. 대중매체까지 가세하여 일종의 커다란 거짓말 원칙에 따라 쉴 새 없이 계속되는 이와 같은 무서운 경고는 대중의 회의 때문에 서서히 그 위력이 약해진다. 국방장관 도널드 럼스펠드(Donald Rumsfeld)는 환영받지 못하는 전쟁에 대한 대중의 지지를 얻어내기 위해서는 "미국의 지도자들이 기간이 얼마가 되건 간에 대중의 지지를 유지하기 위하여 필요한 정치적 자본을 투자할 각오가 되어 있어야 한다"고 말하였다.[10)]

이라크 침공에 대한 가장 기초적인 정당화조차도 날조해내기 위하여 대통령 집무실에서 흘러나오는 주장들은 너무도 말이 안 되었지만, 사직을 하고 대통령의 잘못된 주장에 이의를 제기한 사람은 CIA 국장 조지 테닛(George J. Tenet)밖에 없었다. 테닛은 이라크가 미국에 당장의 핵위협이 되고 있다는 대통령의 주장을 공개적으로 반박하였다. 그는 이라크가 단 한 개의 핵무기를 만들기 위하여 필요한 핵분열 물질을 생산해내는 데만도 최소한 반세기는 더 있어야 할 것이라고 지적하였다. 부시 행정부는 이라크 생화학 무기의 위협에 초점을 맞춤으로써 핵무기와 관련한 자신의 논리의 취약성을 극복하고자 하였다. 부시 대통령은 2002년 10월 7일 신시네티에서 한 연설에서 이라크가 테러리스트 네트워크의 도움을 받아 목표물까지 생화학 무기를 운반하여 불시에 공격을 감행할지 모른다고 말하였다. 그러나 CIA는 같은 날 테닛이 서명하여 의회에 보낸 서한에서 대통령의 이와 같은 판단을 부정하고, 이라크가 적에 대한 억지의 목적 이외에는 생화학 무기를 개발하고 있다는 증거가 전혀 없으며, 미국이 먼저 공격을 감행하지 않는다면 이라크도 가까운 장래에는 테러 공격에 대한 지원을 하지 않을 것으로 예상할 수 있다고 한다. 동 서한은 "현재 이라크가 재래식 무기나 생화학 무기를 사용하여 미국에 대한 테러 공격을 감행하려 하는 것으로 보이지는 않는다"고 하였다. 그러나 "만약 사담이 미국이 주도하는 공격을 더 이상 억지할 수 없다고 판단할 경우, 테러리스트적인 행동에 대한 그의 절제력은 훨씬 약화될 것이다"라고 동 서한은 말한다.[11)]

트로이의 목마

오늘날 이라크는 유효한 생화학전 수행능력을 가지고 있지 않다. 이는 1991-1998년 UN 사찰을 통하여 생화학 무기를 효과적으로 파괴하였기 때문이다. 사담 후세인의 이라크는 미국의 동맹국이었던 1980년대에 실제 생화학 무기를 보유한 바 있나. 이란-이라크 전쟁(1980-1988) 중이기도 했던 1985-1989년, 그리고 이라크가 이란에 대하여 화학 무기를 사용한 1984년 이후 미국 기업들은 레이건 행정부와 아버지 부시 행정부의 허가 하에 탄저균을 포함한 다량의 치명적인 생물 배양균을 이라크에 보냈다. 미 상무부는 총 8차례의 배양균 수송을 허가하였으며, 이는 후에 미 질병통제센터(Center for Disease Control)에 의하여 "생물학전 관련 중요성"이 있다는 이유로 기밀로 분류되었다. 이 기간 동안 이라크는 최소한 총 72회에 걸쳐 세포균, 세균, 그리고 생화학전에 이용될 가능성이 있는 화학물질을 공급받았다.[12] 미국은 심지어 이라크가 1998년 이라크 북부 지역의 쿠르드 족에게 화학무기를 사용했다고 알려진 뒤에도 앞에서 언급한 치명적 물질들을 계속 이라크에 보냈다.

가장 많은 대량살상무기를 보유하고 이 분야의 최고 기술을 가지고 있는 국가가 미국임은 잘 알려져 있다. 그러므로 많은 나라들이 워싱턴이 이라크와 같은 국가에 맞설 때 이중적 기준을 가지고 있다고 보는 것은 놀라운 일이 아니다. 유엔 이라크 사찰단을 이끌었던 리차드 버틀러(Richard Butler)는 "미국인들이 그들의 이중적 기준에 대한 토론에 참여하게끔 하려 한 나의 시도는 완전히 실패하였다. 교육 수준이 높고 해당 문제에 깊이 관련되어 있는 미국인들의 경우에도 마찬가지였다. 그들이 얼마나 이해를 못 하던지 나는 종종 화성인에게 이야기하는 듯한 느낌이었다"고 말하였다. 버틀러의 입장에서 볼 때 "미국은 자신들의 대량살상무기가 이라크의 대량살상무기만큼이나 문제가 된다는 것을 전혀 이해하지 못하고 있다." "대량살상무기에도 선한 것과 나쁜 것이 있다"는 견해는 잘못된 것이다. 유엔 무기

사찰관으로서 버틀러는 이러한 모순에 매일 부딪혔다 :

> 바그다드에서 가장 힘들었던 순간 중 하나는 이라크인들이 200개 이상의 핵무기를 보유하고 있다고 알려진 이스라엘은 그렇지 않은데 왜 우리만 대량살상무기 때문에 집요하게 괴롭힘을 당해야 하냐고 물었을 때이다. … 미국, 영국, 프랑스가 자신들은 국가안보에 필수적이라고 당당하게 주장하면서 자랑스럽게 대량살상무기를 보유해 왔고, 앞으로도 그럴 것이라는 점은 무시하면서 대량살상무기에 대한 맹렬한 비난을 퍼부을 때면 나 역시도 겁에 질려 움찔하게 된다. … 인류는 이와 같은 불공평함을 묵인하지 않을 것이기 때문이다.[13)]

다른 어떤 국가보다도 대량살상무기에 커다란 이해관계를 가지고 있는 미국은 일관되게 대량살상무기의 확산에 반대하기는커녕 이들 무기를 제한하려는 국제적 노력을 종종 방해하였다. 예를 들어 9·11 테러 공격이 있고 두 달 뒤인 2001년 12월, 부시 대통령은 만약 미국 내에서 생물 무기 사찰이 있을 경우 미국 바이오 기술 기업들의 기술적 기밀과 이익을 위협할 수 있다는 그럴싸한 이유로 생물 및 독성 무기 금지협약(Biological and Toxin Weapons Convention)의 시행, 검증 방안을 무산시킴으로써 국제사회를 놀라게 했다.

걸프 전쟁 이후 수년간 이라크에서 미국의 목표는 이라크의 대량살상무기를 제거하는 데 목표를 둔 유엔의 사찰, 무기 폐기 과정과는 모순되었다. 1991–1998년 유엔 이라크 무기사찰 단원이었던 스콧 리터(Scott Ritter)는 이것이 미국의 일방적인 사찰 방해에서 분명하게 드러났다고 말하였다.[14] 1998년까지 이라크가 보유한 것으로 추정되던 금지 무기의 90-95%가 유엔 사찰의 결과로 파악, 파괴되었다. 이 사찰에서 논란이 되었던 것은 사담 후세인 개인과 바트당의 안보를 위해 세워진 일련의 대규모 시설들이다. 이라크는 "민감지역 사찰 규정(Modalities for Sensitive Site Inspection)"으로 알려진 절차에 합의하여 4명의 유엔 사찰단이 이 시설들에 즉각 들어가 조사할 수 있게 하였다. 그러나 미국은 1998년 12월 바그다드에 있는 바트당 중앙 당사에 대한 조사의 경우, 4명의 UN 사찰단뿐만 아니라 미국의 정보기관 요원들도 추가로 출입이 허용되어야 한다고 주장하였다. 미국의 목표는 대량살상무기 사찰과 관계없이 후세인의 보안기구 내로 침투하는 것이었다. 이는 국제적인 문제가 되었다. 리터에 따르면 이 모든 작전은 미 국가안보회의가 주도하였으며, 당시 유엔 사찰단장이던 리차드 버틀러가 직접 명령을 전달받았다.

이라크는 민감 지역 사찰규정에 대한 이와 같은 중대한 위반에 항의하였다. 리터의 말을 빌리자면 미국은 이를 "날조된 위기"를 위한 빌미로 사용하였다. 미국은 유엔 사찰단의 철수를 명령하고, 이틀 뒤에 '사막의 여우' 작전(Operation Desert Fox)을 실시하여 사담 후세인의 개인 보안시설에 72시간 동안 폭격을 가하였다. 미국이 유엔 무기 사찰 규정을 위반하며 얻어낸 바트당의 은신처에 대한 정보가 폭격에 이용되었다. 이 사건 이후 이라크는 사찰단이 이라크 정부에 대한 감시책으로 사용되고 있다며 민감한 장소에 대한 사찰단 출입 허용을 거부하였고, 유엔 사찰은 중단되었다.

이런 식으로 워싱턴은 유엔 사찰 과정의 마지막 단계를 무력

지도 1 : 세계 석유 매장량

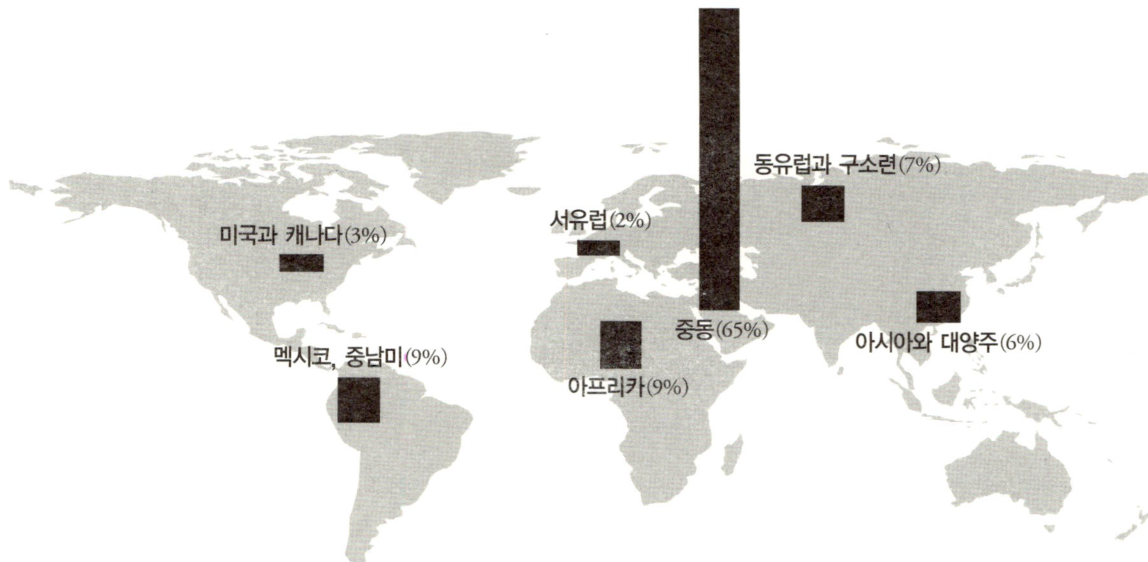

출처 : U. S. Department of Energy

화시키고, 미국의 진정한 목표는 이라크의 무장해제가 아니라 "정권 교체"임을 분명히 하였다. 미국은 이라크 정권을 파괴하기 위하여 무기 사찰을 트로이의 목마로 이용한 것이다.

석유 패권

제국주의의 모든 단계에서 군사적 · 정치적 · 경제적 측면은 서로 복잡하게 얽혀 있다. 그러나 중동에서의 미국의 야심에 가장 중요한 요소는 석유이다. 석유가 대기업들에게 가져다 줄 잠재적인 이윤 이외에도 세계 석유 매장량의 2% 정도만 가지고 있는 미국이 연간 세계 석유 생산량의 25%를 소비한다는 사실은 미국이 석유 공급을 지배하고자 하는 또 하나의 이유이다. 미국이 사우디아라비아 다음으로 많은 석유를 보유하고 있는 이라크의 석유 생산을 지배하고자 한다는 데에는 이론의 여지가 없다. 이라크의 석유 매장량은 1,100억 배럴로, 이는 세계 석유 공급의 12%에 달하는 양이다. 미 에너지부는 이라크의 "존재 가능성이 높은" 장소에 2,200억 배럴에 달하는 석유가 추가적으로 매장되어 있을 것으로 추정한다. 이러한 추정치는 미국의 연간 석유 수입량이 현재 수준으로 유지될 경우 95년간 수입할 수 있을 만큼 충분한 양이다. 또한 경제 제재 조치가 해제되고 7년이면 이라크가 석유 생산량을 하루 300만 배럴에서 600만 배럴로 늘릴 수 있을 것으로 추정된다. 보다 낙관적인 조사에 따르면 하루 천만 배럴을 생산할 수 있을 것이라고 추정하기도 한다.[15)]

미 에너지부는 향후 20년 안에 세계 석유 수요가 현재의 하루 7,700만 배럴 수준에서 1억 2천만 배럴 수준으로 늘어날 것이라고 예상한다. 특히 미국과 중국에서 수요가 가장 급증할 것이다. 현재 미국은 전체 석유 수입량의 24% 가량을 중동에서 들여오며, 이 비중은 여타 매장고들이 고갈되어 감에 따라 급격히 증가할 것이다. 그러나 사우디아라비아가 주도하는 석유수출국기구(OPEC)는 높은 가격을 유지하기 위하여 석유 공급량을 적게 유지하고 있다. 지난 20년간 중동의 석유 생산량은 정체 상태였으며, OPEC 전체 석유 생산량은 (엄청난 매장량에도 불구하고) 1980년보다도 낮은 수준이다.[16] 이러한 이유로 석유 공급의 안정성과 접근 가능성은 미국 기업과 미국의 전략적 이익에 있어서 점점 더 중요한 문제가 되고 있다. 우익 성향의 전문가이자 예일 대학교 교수인 도널드 케이건(Donald Kagan)은 "우리에게 경제적 문제가 발생하면 그것은 석유 공급에 차질이 생겼기 때문"이라고까지 말하였다.[17] 미국 기업들은 이미 이라크와 이란으로 재진출할 날에 대비하고 있다. 석유회사 아나다코(Anadarko)의 회장인 로버트 앨리슨 2세(Robert J. Allison Jr.)는 "우리는 중동에 근거지를 마련하기 위하여 카타르와 오만에 진출하였다. … 우리는 이라크와 이란이 다시 가족의 일부가 될 날에 대비하여야 한다"고 말하였다.[18] 현재 프랑스의 거대 석유 기업 토탈피나엘프(TotalFinaElf)가 마즈눈과 빈 우마르 지역에서 독점적인 석유 개발 협상권을 갖는 등 이라크에서 가장 큰 지분을 가지고 있다. 그 다음으로 큰 계약은 루크오일(LukOil)이 이끄는 러시아 석유 컨소시엄과 이탈리아의 에니(Eni)사에게 돌아갈 것으로 예상된다. 그러나 미군이 이라크에 들어가 꼭두각시 정권이나 미 대표부를 세울 경우 이 모든 상황이 어떻게 변할지는 불투명하다. 어느 나라 기업이 새 석유 계약을 맺을 것인가? 그리고 어느 나라 기업이 현재 프랑스와 여타 미국 외의 국가의 기업들이 소유하고 있는 상당한 석유 지분을 갖게 될 것인가?

그러나 석유에 대한 미국의 직접적인 접근권 확보와 미국 석유 기업의 이윤만으로는 중동 지배에 관한 미국의 우선적인 이해관계를 설명하기 어렵다. 미국은 중동 전체를 자국의 전 지구적 패권을 유지하기 위한 전략에 있어서 필수적인 지역으로 보고 있다. 이라크 점령과 미국이 지배하는 정권의 수립은 (부시 행정부가 규정한 "악의 축" 국가 중 하나이자 산유국이기도 한) 이란을 가운데 두고 북쪽으로는 중앙아시아, 서쪽으로는 터키와 이라크, 남쪽으로는 쿠웨이트, 사우디아라비아, 카타르, 오만, 동쪽으로는 파키스탄과 아프가니스탄에 있는 미군 기지로 완전히 둘러싸게 될 것이다. 이로써 미국은 중앙아시아의 카스피 해에서 아프가니스탄과 파키스탄을 거쳐 아라비아에 이르는 송유관을 보다 쉽게 보호할 수 있을 것이다. 또한 미국은 이미 지역 내 10여 개 국가에 주둔하고 있는 수만 명의 미군에 더하여 중동에 보다 공고한 군사기지들을 더 건설할 수 있게 될 것이다. 전 지구적 초강대국으로서 미국은 사우디아라비아 및 다른 중동 국가들에 대한 통제와 팔레스타인인들을 몰아내고 이스라엘의 팽창에 유리한 조건들을 중동 지역 전체에 강제하려는 노력을 더 강화할 것이다. 또한 유럽, 일본 및 부상하는 경제 강국인 중국은 자신들의 중대한 에너지원을 확보하기 위하여 미국이 지배하는 중동 석유체제에 더욱 의존하게 될 것이다. 그러므로 군사력을 통한 석유 지배는 전 지구적 차원에서 미국의 더 큰 경제적 · 정치적 · 군사적 힘으로 이어질 것이다.

단극세계

1970년대 초, 사람들은 미국이 패권적 자본주의 국가로서의 지위를 잃고 있다고 생각하였다. 미국이 이전 25년간 유럽과 일본에게 경제적 기반을 잃었고, 1971년에는 달러-금태환제마저도 폐지되었기 때문이다. 그러나 1990년대에 소련이 몰락하자 미국은 세계 유일의 초강대국이 되었고, 갑자기 전혀 다른 상황이 펼쳐졌다. 미국의 전략가들 사이에서는 자본주의의 역사나 세계 역사에서 유례가 없는 사상 최대의 미 제국, 즉 진정한 팍스 아메리카나의 도래에 관한 아이디어들이 나오기 시작하였다. 오늘날 미 외교정책 분석가들은 이를 "단극세계"의 부상이라고 일컫는다. 이러한 단극세계를 영구적으로 확립하겠다는 것이 9 · 11 테러가 있은 지 1년 만에 부시 행정부의 노골적인 목표가 되었다. 존 아이켄베리 교수는 다음과 같이 말하였다 :

> [부시 행정부가 제창한] 새로운 거대 전략은 … 미국과 경쟁할 동등한 상대가 없는 단극세계를 유지하겠다는 집착에서 시작된다. 미국이 참여하지 않는 어떠한 강대국 간의 동맹도 패권을 갖지 못할 것이다. 부시 대통령은 6월에 미 육군사관학교 졸업식 연설에서 이를 미국 안보정책의 핵심

> 으로 분명히 밝혔다 : "미국은 지금까지도 그래왔으며 앞으로도 아무도 도전할 수 없는 군사력을 유지하고자 한다. 이로써 이전 시대의 불안정을 야기해 왔던 무기경쟁은 무의미하게 될 것이며, 평화 보존과 무역에 대한 경쟁만 있을 것이다." … 미국은 [1990년대] 10년간 다른 주요 국가들보다 빠르게 성장하였으며, 군비 지출은 상대적으로 서서히 줄이는 한편, 군사력의 기술적 발전에 대한 투자를 주도하였다. 그러나 오늘날 우리의 새로운 목표는 이러한 우위를 영구히 하는 것이다. 즉 다른 국가들이 미국을 따라잡으려는 시도조차 하지 않도록 이를 기정사실화하는 것이다. 일부 학자들은 미국이 (로봇 공학, 레이저, 위성, 정밀 무기 등에 있어서) 너무도 빠르게 기술적 발전을 이루어 다른 국가나 동맹들이 전 지구적 지도자, 보호자 그리고 집행자로서의 미국에 결코 도전할 수 없을 것이라는 점에서 미국의 거대 전략을 "돌파(breakout)"라고 표현하기도 한다.[19)]

장기적으로 볼 때 이러한 무제한적인 제국적 지배 추구는 실패할 수밖에 없다. 자본주의 하의 제국주의는 중앙집권적 경향뿐만 아니라 지방분권적 경향도 가지고 있다. 군사적 지배는 경제적 지배도 함께 유지하지 않는 이상 계속되기 어렵다. 그리고 자본주의 하에서 경제적 지배는 본질적으로 불안정하다. 그러나 우리는 미국이 잠재적인 경쟁 상대와 남반구를 희생시키면서 자신의 지배력을 급속하게 강화시키는 현실에 직면해 있다. 그 결과로 전 세계적으로 착취가 심화되고 제국주의적 경쟁이 다시 나타날 가능성이 크다. 다른 자본주의 국가들이 당연히 미국의 "돌파" 전략을 추진하지 못하도록 제어하려 할 것이기 때문이다.

부시 행정부는 미 제국이 미국을 영구적으로 세계 최강국으로 만들려는 전략일 뿐만 아니라, 나아질 기미가 보이지 않는 미 경제의 위기 탈출 방안으로도 보고 있다. 부시 행정부는 군사비 지출과 무기 수출을 늘림으로써 경제를 되살릴 수 있다고 굳건하게 믿고 있다. 그러나 전쟁과 결부된 군사비 지출 증가는 경제적인 문제를 일으킬 수도 있다. 국민들의 삶을 도울 뿐만 아니라 기업들이 경제성장을 위하여 꼭 필요로 하는 소비재에 대한 수요를 창출해내는 사회복지 프로그램 관련 지출이 더욱 줄어들 것이 분명하기 때문이다. 역사적으로 국가가 국내적으로 필요한 경제적 · 사회적 변화를 우회하는 수단으로서 제국의 팽창을 도모한 경우는 모두 실패로 끝났다.

결론적으로, 세계 지배에 대한 미국의 새로운 신조가 단순히 특정한 행정부의 산물이 아니라는 점—특정 행정부 내의 일부 인사가 만들어낸 것은 더더욱 아니다—을 이해하여야 한다. 그보다는 제국주의의 가장 최근 단계에서 일어난 발전이 최고조에 이른 것이다. 더 큰 제국을 향한 돌진을 되돌리는 것은 쉬운 일이 아니다. 그러나 민중의 의지는 워싱턴이 제국의 야망을 얼마나 펼칠 수 있을 것인가를 결정하는 데 중요한 역할을 할 수 있다. 그러므로 미국과 해외에서 전쟁과 제국주의 모두에 대항하는 투쟁에 민중을 동원하는 것이 인류의 미래를 위하여 가장 중요한 일이다.

Chapter 7

"제국적 미국"과 전쟁

2003년 5월

2000년 11월 11일, 미 국가안보회의의 일원이자 아버지 부시의 특별 보좌관이었으며, 곧 새로 당선된 조지 W. 부시 대통령의 국무부 정책국장으로 임명될 예정이던 리차드 하스가 아틀란타에서 「제국적 미국(Imperial America)」이라는 글을 발표하였다. 그는 미국이 전 지구적 우위라는 목표를 달성하기 위해서는 "자신의 역할을 전통적인 민족국가의 그것에서 제국적 힘으로 재정립"할 필요가 있다고 말하였다. 하스는 미국의 역할을 설명할 때 "제국주의"라는 용어를 의도적으로 피하고 대신 "제국적"이라고 묘사하였다. 제국주의는 "주로 상업적인 목적을 위한 착취"와 "영토적 지배"의 의미를 내포하고 있기 때문이다. 그러나 그의 의도는 아주 분명했다 :

> 제국적인 외교정책을 옹호한다는 것은 국가들 간의 관계와 그 조선들

> 에 영향을 미치는 특정한 원칙에 따라 세계를 조직하는 것을 목표로 하는 외교정책을 지지하는 것을 의미한다. 미국의 역할은 19세기 영국의 그것과 유사하다. … 강제와 무력의 사용은 주로 최후의 수단이다. 존 갤러거(John Gallagher)와 로널드 로빈슨(Ronald Robinson)이 한 세기 반 전에 말한 것처럼 "가능한 한 사적인 지배를 확대하고 필요할 경우에는 공적인 통치를 한다는 원칙에 기반한 영국의 정책"이 21세기에 들어와서는 미국의 역할에도 적용될 수 있을 것이다.[1)]

미 제국의 존재는 비밀이 아니다. 비록 선통석으로 미국 내 권력층은 이를 부인해 왔지만 세계의 대부분은 미 제국의 존재를 널리, 심지어 보편적으로까지 인식하고 있다. 그러나 하스가 지향하는 것은 이와 같은 미국의 제국적 역할을 미국인들과 전 세계가 모두 알 수 있도록 훨씬 더 공개적으로 인정함으로써 미국의 제국적 야망을 심화시키는 것이다. 그는 "미 외교정책이 계속적으로 고민해야 할 근본적인 질문은 넘치는 힘과 그것이 미국에 주는 상당한 우위들을 무엇에 사용할 것인가"라고 말한다. 이 넘치는 힘은 미국이 19세기 영국과 같은 정도로 제국적 이해관계를 가지고 있다는 점을 인식할 때만이 사용 가능하다. 그러므로 세계는 미국이 전 지구에 걸쳐 자신의 정당한 이익이라고 여기는 것들을 확보하기 위하여 가능하다면 사적으로, 그렇지 않을 경우 공식적으로 "자신의 통치를 확대"할 준비가 되어 있다는 점을 알아야 한다. 하스의 글 마지막 장의 제목은 "제국주의는 국내에서 시작된다(Imperialism Begins at Home)"이다. 여기서 그는 "현재 미국이 당면하고 있는 더 큰 위험부담은 … 미국이 별로 일을 하지 않음으로써 자신의 핵심적 이해관계에 우호적인 세계를 만들 기회를 놓칠 수 있다는 것이다. 즉 제국의 과도 팽창보다 과소 팽창이 더 큰 문제"라고 말하였다.

하스가 신봉하는 "제국적 미국"에 관한 주장이 현재 미국 지배계급과 이들을 최우선적으로 고려하여 일하는 미국 정부 내에서 주도적인 견해라고 볼 근거는 충분하다. 수년간 미 제국의 존재를 부인해 온 끝에 미 여론은 "제국의 군사력"과 "제국의 보호령"을 보유한 "초대국 미국(American Imperium)"을 자랑으로 여기는 새로운 관점을 받아들였다. 이러한 대외적 태도 변화는 소련의 몰락과 함께 미국이 유일한 초강대국이 되었을 뿐만 아니라, 유럽과 일본의 경제 성장률이 상대적으로 하락하여 경제적으로 미국의 경쟁 상대가 되기 어려웠던 1990년대 말에 처음 나타났다. 유고슬라비아 내전은 당시 유럽이 유럽 내부에서까지도 미국의 도움 없이는 군사행동을 감행할 능력이 없다는 것을 보여주었다.

워싱턴이 9·11 테러 이후 전 지구적인 테러와의 전쟁을 시작한 뒤에 미 외교정책의 제국적 성격은 더욱 분명해졌다. 그 결과 현재 정치 전문가들과 주류 언론은 미 제국이 세계 무대에서 비할 데가 없는 미국의 역할로 인하여 필수적인 "부담"을 (미국이) 짊어져야 한다고 말하고 있다. 미국은 국익, 경제적 착취, 인종주의, 식민주의 등과는 전혀 관계없이 자유와 인권 증진만을 위하여 존재하는 새로운 종류의 제국의 출현을 보여주고 있다고들 한다. 마이클 이그나티에프가 뉴욕타임즈 매거진에 기고한 글에서 주장하였듯이 "미 제국은 식민지와 침략, 백인의 부딤에 기반하어 건설된 과거의 제국과는 다르다. … 21세기의 초대국은 정치학의 역사에서 새롭게 출현한 것으로 옅은 제국(empire lite), 즉 미증유의 강력한 군사력을 바탕으로 자유 시장, 인권, 민주주의 등의 고상한 개념을 전파하는 전 지구적 패권이다."[2)]

이처럼 떠들썩한 말들은 제쳐두고라도 오늘날 인류에게 있어서 "21세기 초대국"이 주요한 걱정거리로 된 것은 워싱턴이 언제든지 자신의 목표에 절대적으로 필요하다고 여겨질 경우 경쟁 상대가 없는 군사력으로 다른 나라를 침략하고 점령할 준비가 되어 있다는 점이다. 그러나 인도의 경제학자 프랍핫 파트나이크가 이미 10여 년 전에 분석하였듯이 "제국의 존재 여부를 전쟁으로부터 추론해낸 마르크스주의자는 단 한 명도 없다. 오히려 제국주의가 전쟁의 존재를 설명한다." 일단 이러한 전쟁이 발생하여 다시금 세계의 이목이 제국주의 현실에 집중되고 있는 지금, 제국주의의 근원적인 발생원인이 무엇인지 밝히는 것이 중요하다.

고전적 제국주의

19세기 영국 제국주의에 대한 주된 역사적 설명 중 하나는 반세기 전에 경제사학자 존 갤러거와 로널드 로빈슨이 쓴 『자유무역의 제국주의(*The Imperialism of Free Trade*)』에서 찾아볼 수 있다. 하스는 이들의 분석 일부를 이용하여 "제국적 미국"에 관한 자신의 견해를 발전시켰다. 갤러거와 로빈슨의 글의 요지는 간단하다. 제국주의는 근대의 경제적 팽창의 계속적인 현실이라는 것이다. 제국주의를 식민지와 식민주의에 우선 연관지어 생각하고, 따라서 아프리카를 둘러싼 쟁탈전과 19세기 말의 식민지 팽창을 제국주의의 일반적 모형의 기초로 생각한다면 이는 틀린 생각이다. 19세기 영국 제국주의는 한때는 자유무역의 확대에 집중하였고, 또 다른 시기에는 식민지 합병에 집중하였음에도 불구하고 그 내적인 논리만큼은 항상 동일하였다. 갤러거와 로빈슨은 이를 다음과 같이 자세히 설명하였다(하스도 동일한 부분을 인용하였다) :

> 영국의 정책은 가능한 한 사적인 지배를 확대하고 필요할 경우에는 공적인 통치를 한다는 원칙을 따랐다. 이 중 어떤 방식은 '반제국주의적이고' 또 어떤 것은 '제국주의적'이라고 구분하는 것은 어떠한 방식을 사용하였건 간에 영국의 이익이 지속적으로 보호되고 확대되었다는 사실을 간과한다. 자유무역 제국의 정책을 '무역은 하되 통치는 하지 않는다'고 흔히들 정의하지만, 이는 사실 '가능하다면 사적인 지배를 통하여 무역을 하고, 필요할 경우에는 공식적인 통치를 통하여 무역을 한다'는 의미로 보아야 한다. … '싼 값으로 제국주의를 운용'하려는 노력에도 … 불구하고 … [19세기 말] 열대 아프리카 지역에서 영국은 결국 공식적 통치로 전환할 수밖에 없었다. 열강들의 영국의 우위에 대한 도전이 계속되었고, 다른 곳에서는 대영제국의 사적인 팽창에 크게 기여했던 대규모의 강력하고 고유한 정치적 기관이 열대 아프리카에는 부재했기 때문이다.[3)]

이러한 논리에 따르면, 19세기 영국 제국주의를 이해하기 위해서는 식민주의가 아니라 "자유무역의 제국주의"에 초점을 맞추어야 한다. 영국은 일단 경제적인 목적이 달성되고 난 뒤에만 다른 목적들을 달성하기 위하여 직접적이고 지속적인 군사적 · 정치적 지배, 즉 공식적인 제국주의나 식민주의에 의존하였다. 흔히 "무역은 국기를 따른다"고들 하지만, "영국의 무역에는 사적 제국의 보이지 않는 국기를 따르는 일반적인 경향"이 있었다고 하는 것이 보다 정확한 표현일 것이다. 갤러거와 로빈슨은 "군사력과 패권적인 힘을 경제적 지배와 팽창을 위한 조건들을 확보하는 데에만 제한적으로 사용하였던 데에 19세기 영국의 자유무역 제국주의의 독특한 특성이 있다고 주장한다.

이와 같은 사적 제국주의 팽창의 가장 단적인 예는 19세기 남아메리카에서의 영국의 활동에서 찾아볼 수 있다. 영국은 해군력을 등에 업고 다양한 상업조약과 금융관계를 통하여 이 지역에 대한 지배를 유지하였다. 1824년 영국 외무장관 조지 캐닝(George Canning)은 "중남미(Spanish America)는 공짜다. 우리가 우리의 일들을 심하게 잘못 처리하지만 않으면 서남아는 영국의 것"이라고 말하였다. 갤러거와 로빈슨은 영국이 항상 이들 "지역을 대영제국의 원자재와 식품 공급처이자 영국 제조업 시장의 확대를 위한 보완적인 위성경제"로 바꾸기 위하여 자신의 영향력을 사용하였다고 밝힌다. 더 이상 지배력을 행사할 방법이 남지 않게 되면 영국은 항상 적극적인 개입에 나섰다.

저명한 독일 역사학자 볼프강 몸젠(Wolfgang J. Mommsen)은 그의 저서 『제국주의론(*Theories of Imperialism*)』에서 사적 제국주의 개념의 중요성은 경제적 팽창의 발현—사적 제국주의 개념은 이를 공식적인 정치적/군사적 발현 형태들과 혼동하지 않는다—으로서의 제국주의가 가지는 역사적 지속성을 강조함으로써 제국주의에 대한 비마르크스주의와 마르크스주의 접근법 사이의 간격을 메우려고 한 데에 있다고 지적하였다 :

> 공식적인 통치가 수립되기 이전부터, 혹은 그와 동시에, 심지어는 공식적인 통치의 수립을 불필요하게까지 만드는 사적인 형태의 제국주의적 지배가 다양하게 있었다는 점을 인식함으로써 제국주의에 관한 서구의 [비마르크스주의] 사고는 마르크스주의 이론에 보다 가까워졌다. … 일반적으로 말해서 오늘날 대부분의 비마르크스주의 이론가들은 제국주의적 종속이 사적 영향력의 다양한 종류로부터, 그 중에서도 특히 경제적인 것들로부터 비롯된다는 점을 인정한다. 식민지 주변부에서 제국주의적 힘이 반드시 정치력의 실제적 행사에만 의지해야 하는 것은 절대 아니다. 제국주의자들은 위기 시에는 본국의 지원에 의존할 수 있었다는 것을 아는 것만으로도 대부분 충분하다. 따라서 공식적인 정치적 통치는 가장 구체적인 제국주의적 종속의 형태이기는 하지만 가장 전형적인 형태는 아니다.[4)]

역설적으로, 갤러거와 로빈슨은 존 홉슨과 레닌의 관점을 공식적인 통치와 식민주의를 수반하는 제한적인 사례와 연관시킴으로써 자신들의 접근법을 홉슨이나 레닌의 고전적인 분석과 차별화하였다. 갤러거와 로빈슨은 식민지 합병이 최고조에 달하였던 19세기의 마지막 25년을 자본주의의 질적으로 다른 새로운 단계, 즉 독점 혹은 제국주의 단계로 취급함으로써 고전적인 이론가들, 특히 레닌이 제국주의를 사적인 지배보다 공식적 통치와 더 연관시켰다고 주장하였다.

그러나 이와 같은 비판은 레닌도 19세기 라틴 아메리카에서의 대영제국의 예를 통하여 제국주의가 꼭 공식적 통치를 수반하는 것은 아니라고 강조했다는 점을 고려하면 허점이 있다. 레닌은 세계가 "피식민국가와 식민국가로 분리되는 것"이 민족국가 간의 중심-주변 관계를 부정하는 것은 아니라고 하였다. 실제로 레닌은 "종속국가의 다양한 형태, 즉 공식적으로는 정치적으로 독립되어 있지만 외교적 · 재정적 종속의 그물에 걸려 있는 국가인 … 반(半)식민지"에 주목하였다. 재정적으로 런던에 너무도 의존적이어서 사실상 식민지와 다름없었던 아르헨티나의 경우가 이에 해당한다.[5)]

사적인 자유무역 제국주의(즉 식민지 없는 제국주의)는 제국주의를 자본주의 팽창과 연관된 역사적 과정으로 보는 마르크스주의 이론으로는 수수께끼였던 적이 없었다. 제국주의에 있어서 가장 중요한 것은 자본주의의 팽창이고, 그 다음이 제국주의를 실제로 구현하는 특정한 정치적 형태이다. 레닌과 그 뒤를 이른 마르크스주의 이론가들의 연구들이 19세기의 마지막 25년간을 제국주의의 시대로 부르는 것은 단순히 사적 제국주의에서 공적 제국주의로의 전환 때문이거나 주변부에서 식민지 합병이 유행하였기 때문이 아니다. 그보다는 질적으로 다른 형태의 제국주의를 만들어내며 독점단계로 발전한 자본주의 자체의 진화와 더 큰 관련이 있다. 제국주의를 자본주의의 복합적인 구성요소(경제, 정치, 군사) 모두가 발전한 결과로 보는 역사적 분석 덕분에 제국주의에 관한 마르크스주의 이론은 자본주의 체제에 내재한 지구화 경향을 이해하는 조리 있는 방법으로 인정받게 되었다.

이상과 같은 해석에는 제국주의가 자본주의의 태생 단계부터 내재해 있었다는 의미도 들어 있다. 세계 시장의 발달, 중심과 주변부의 분화, 식민지와 반식민지를 차지하려는 경쟁, 잉여가치의 착취, 본국으로 들여올 원자재 확보와 같은 현대 제국주의의 많은 특징들은 15세기 후반 이래로 세계 체제로서의 자본주의의 한 부분이었다. 넓은 의미에서 제국주의는 자본주의 세계 경제의 중심에 위치한 국가들(특히 이들 국가의 부유층)로 하여금 주변부로부터 잉여가치와 핵심적인 자원을 전유(專有)하도록 장려하는 축적역학이란 체계—이것은 이윤추구만큼이나 본질적이다—에 기반을 두고 있다. 피에르 잘레(Pierre Jalée)는 이를 "제3세계에 대한 약탈"이라고 칭하였다. (15세기 후반에서 16세기에 걸친 정복의 시대 때부터) 여러 가지 강압적 방식을 통하여 상대적으로 가난한 위성 경제들은 그들의 생산과 분배 체제를 자신들의 필요보다도 지배적인 본국의 필요를 채우는 데 사용하도록 구조화되었다. 그럼에도 불구하고 자본주의 발전의 여러 단계에서 이러한 제국주의의 특징들이 공통적으로 나타난다는 것은, 19세기 마지막 25년 동안에 제국주의의 본질과 중요성에 있어서 질적인 변화—레닌은 이 변화를 자본주의의 새로운 단계와 연결지었다—가 있어났다는 분석과 전혀 모순되지 않는다.

그리하여 마르크스주의자들은 종종 구제국주의와 19세기의 마지막 10년 동안에 시작된 소위 "신제국주의"를 구분짓는다. 신제국주의를 차별화시키는 것은 크게 두 가지이다. (1) 영국 패권의 붕괴와 선진 자본주의 국가들 간 전 세계의 영토를 둘러싼 지배권 경쟁, 그리고 (2) 모든 선진 자본주의 국가에서 거대하고 통합적이며, 독점적인 산업, 금융 기업들이 지배적인 경제 행위자로 등장한 것이 그것이다. 새로이 등장한 거대 기업들은 본질적으로 국경을 넘어 팽창하여 지구적인 생산과 소비를 지배하려고 노력하였다. 점점 더 넓은 권역에서 독점적 지배를 획득하려는 움직임은 기업활동의 가장 기본적인 요소이다. 민족국가들은 이와 같은 제국적 투쟁에 참여한 자국의 독점적 기업들을 우대하였다. 그 결과 대기업의 성장에 초점을 두고 신제국주의를 설명하는 마르크스주의 이론은 후에 다국적 기업 혹은 지구적 기업으로 불리게 될 기업들의 등장과 함께 나타날 지구적인 경제환경 변화에 주목하였다. 이 모든 것을 배경으로 하여 잉여가치의 착취, 원자재를 확보하려는 경쟁, 세계의 주변부에서 경제적 종속의 강화, 경쟁적인 자본주의 국가들 사이의 끝이 없는 대결과 같은 오래된 현상들이 변형된 방식으로 새롭게 나타났다.

자본주의 체제 자체가 진화할 때마다 나타나는 새로운 특징에 주목하며 제국주의를 자본주의 발달의 역사적 현실로 이해한 이러한 관점이야말로 마르크스주의 접근법과 주류 해석과의 차이를 가장 극명하게 보여주었다. 후자는 제국주의를 단순한 정책의 일종으로 보고 주로 국가의 정치적 · 군사적 행위와 연관시켰다. 보다 널리 알려진 주류 이론의 경우(이로부터 갤러거와 로빈슨과 같은 현실주의 경제사학자들이 나왔다), 제국주의는 실제 군사적 침략으로 시작되는 정치적 · 영토적 지배의 분명한 사례에서만 찾을 수 있다고 본다. 이에 반하여 마르크스주의에서는 제국주의가 단순히 국가의 정책을 통해서만이 아니라 기업 행위 및 무역, 투자, 금융 메커니즘을 통해서도 발생한다고 본다. 제국주의는 종속 사회에서 현지 협력자나 매판(買辦)의 양육과 같은 계급관계의 총체와도 관련된 것이다. 그러므로 근대 자본주의가 어떻게 작동하는지에 관한 설명은 독점자본주의 체제 전체에 대한 설명을 반드시 필요로 한다. 이러한 관점에서 보면 자본주의 세계 체제의 중심부 국가들에 의한 주변부 국가의 사적 지배는 공적 통치만큼이나 중요하다. 패권을 둘러싼 투쟁, 보다 일반적으로 표현하자면 주요 자본주의 국가들 사이의 경쟁은 계속 나타나지만 경쟁국들이 가지고 있는 경제적 · 정치적 · 군사적 자원에 따라 경쟁의 형태가 바뀌었다.

탈냉전 세계의 "제국적 미국"

마르크스주의의 관점에서 근대 제국주의의 가장 중요한 특징이 대기업의 지배 현상과 관련된 것이라 할지라도 자본주의 체제 내에서의 권력의 배치는 상당히 많이 바뀌었다. 이는 여러 민족국가들의 상대적인 지위에도 반영되어 있다. 19세기 말과 20세기 초의 세계는 영국 패권의 쇠퇴로 인해 선진 자본주의 국가들 사이의 경쟁이 심화되었다. 이는 제1, 2차 세계대전으로 이어졌다. 제1차 세계대전이 진행되는 상황 속에서 등장한 소련은 자본주의 체제에 대한 외래적인 위협이었으나, 결국 제2차 세계대전 이후 자본주의 세계 경제의 새로운 패권적 힘으로 부상한 미국과의 냉전적 대결을 낳았다. 1991년 소련이 몰락하면서 미국은 세계 유일의 초강대국이 되었다. 1990년대 말에는 미국이 다른 주요 경제적 경쟁 상대들에 대한 우위도 점하게 된다. 이로써 헨리 키신저가 2001년에 단언한 것처럼 미국은 새로운 세기의 초입에서 "과거의 가장 강력한 제국들도 누려본 적이 없는 우위"를 획득하였다.[6)]

이제 자연스럽게 다음과 같은 질문이 제기된다. 미국은 어마어마하게 "넘치는 권력"을 가지고 무엇을 할 것인가? 이 질문에 대한 워싱턴의 대답은 특히 9·11 테러 이후에 세계의 주변부(이 정도 범위는 베트남전 이후로 찾아볼 수 없었던 수준이다)에 대한 개입을 다시 시작하여 제국의 야망을 추구한다는 것이었다. 테러와의 전쟁이라는 제국적 전쟁을 수행함에 있어서 국가는 미국 기업의 팽창적인 목표를 공유하고 있다. 2003년 2월 초 비지니스 위크 온라인(*Business Week Online*)은 이라크 침공의 경제적 이익을 다음과 같이 설명하였다 : "미군이 [세계에서 사우디아라비아 다음으로 매장량이 많은] 이라크의 석유와 가스를 얼마간 지배하게 되면 미국 기업은 돈을 쓸어담을 일만 남았다. 미국 기업들은 채굴권까지 낚아챌 수도 있다."[7)] 세계의 석유산업은 미국이 주도하고 있으므로 석유회사들은 "미 특수부대만큼이나 의기양양할"지도 모른다. 실제로 이라크 침략의 주목표는 정권교체에 이어 "불량국가"의 경제를 개혁함으로써 이라크를 자본주의 세계 경제의 요구사항에 대하여 보다 순종적이게 만드는 것이다. 그러면 이라크는 세계 경제가 자신의 자원을 더 광범위하게 착취할 수 있도록 문호를 개방할 것이다. 이라크가 "불량국가"라고 불리는 이유는 미국이 주도적으로 정의한 제국적 질서에 따르지 않기 때문이다.

현 정권에서 아프가니스탄의 미래를 위한 정책조정자의 역할까지 맡고 있는 리차드 하스는 많은 경우에 정권교체는 전면적인 군사 개입을 통하여 피침략국을 폐허로 만들고 "국가 건설(nation-building)"을 꼭 필요하게 함으로써만 가능하다고 지적한다 :

> 특정 개인을 군사력 행사의 목표물로 삼는 것은 어렵다. … 리비아의 카다피, 이라크의 사담, 소말리아의 아이디드에 대한 공격의 경우 정치 지도층을 바꾸기 위하여 무력을 사용했던 미국의 시도는 실패하였다. 무력은 정치적 변화가 일어날 가능성이 더 큰 환경을 만들어낼 수는 있지만, 뛰어난 지능과 굉장한 행운이 없이는 무력만 가지고는 특정한 정치적 변화를 이끌어내기 어렵다. 이러한 변화의 가능성을 높이는 유일한 방법은 국가 건설과 같은 매우 간섭적인 개입밖에 없다. 국가 건설은 우선 모든 반대파를 제거하고 난 뒤, 그 다음으로는 상당한 수준으로 새로운 사회의 건설을 가능하게 하는 군사적인 점령 과정을 수반한다.[8)]

하스는 이상과 같은 "국가 건설"을 위한 점령이 "현지의 모든 저항을 물리치고 무력화시키는 과정과, 군사력의 정당한 사용에 대한 독점권, 혹은 거의 독점에 가까운 권한을 누리는 정치당국—비록 이라크의 경우에는 침략군에 의하여 행해지기는 하였지만, 이것이 막스 베버(Max Weber)의 유명한 국가의 정의이다—을 세우는" 과정을 필요로 한다고 강조하였다. 그러므로 하스가 한 외교정책 분석가의 말을 인용하여 설명하였듯이 국가 건설은 "어쩌면 영원히 끝나지 않을 제국의 임무" 수행을 필요로 한다.[9]

바로 이와 같은 "제국의 임무" 수행과 언제 끝날지 모르는 점령이 현재 워싱턴의 테러와의 전쟁의 주요 내용인 듯하다. (아프가니스탄에서도 그랬듯이) 침략과 그 뒤를 이은 점령 및 "국가 건설" 과정에서 19세기의 그것과 같은 뻔뻔스러운 식민주의는 나타나지 않을 것이다. 공식적인 합병은 없을 것이며, 심지어 직접적인 군사 점령 기간 동안에도 적어도 명목상으로는 현지인에 의한 통치가 처음부터 이루어질 것이다. 그러나 핵심 목표는 고전적인 식민주의가 이전에 성취했던 것들을 얻어내는 일이다. 맥도프는 다음과 같이 지적하였다 :

> 직접적인 군사력과 정치력을 행사하는 식민주의는 많은 종속적 국가들의 사회적 · 경제적 제도를 본국의 필요에 맞도록 재구성하는 데 결정적이었다. 이러한 재구성이 완성되고 나면 국제 가격, 시장, 금융체제와 같은 경제적 힘들만으로도 본국과 식민지 사이의 지배와 착취관계를 충분히 강화하고 영속화시킬 수 있다. 식민지는 필수적인 사항을 바꾸지 않는 한, 그리고 처음에 식민지를 침략한 이유였던 본국의 이해관계들을 너무 심각하게 해치지 않는 한, 공식적으로는 정치적 독립을 보장받았다.[10]

이러한 현상의 일부가 아프가니스탄에서 현재 나타나고 있으며, 이라크에서도 계획되고 있다. 일단 한 국가가 완전히 무장해제되고 자본주의 세계 중심부의 국가들의 필요에 맞도록 "재구성"되면

"국가 건설"은 완성되고 점령도 아마 끝날 것이다. 그러나 석유와 같은 사활이 걸린 자원이 매장되어 있는 지역에서는(혹은 그러한 자원에 대한 접근권을 얻는 데 전략적으로 중요하다고 생각되는 지역에서는) 침략 이후 공적 제국주의에서 사적 제국주의로의 전환이 느리게, 또는 매우 제한된 방식으로 나타날 수 있다. "사적 지배", 즉 핵심 국가들에게 구조적으로 유리하게 되어 있는 전 지구적 축적 메커니즘은 제국주의가 주변부를 착취하는 전형적인 방법이다. 그러나 때에 따라서는 완강하게 저항하는 국가들을 국제적인 권력의 위계질서와 시장에 순응하도록 만들기 위하여 특단의 조치가 필요하기도 하다.

현재 미 제국주의는 특별히 노골적으로 보인다. 미 제국주의가 전쟁과 직접적으로 연관되어 있고, 동일한 목표를 이루기 위하여 미래에도 끝없이 전쟁을 계속할 것으로 보이게 때문이다. 그러나 현재 작동하고 있는 근원적인 힘을 이해하려면 이와 같이 심화된 군사주의와 공격 때문에 제국주의의 내적인 논리를 간과해서는 안 된다. 제국주의의 내적인 논리는 부유한 국가와 가난한 국가들 사이의 부와 소득의 격차 확대, 그리고 이를 가능하게 하는 주변부에서 중심부로의 경제적 잉여가치의 순이전(net transfer)에 가장 극명하게 나타난다. 국가들 사이의(그리고 국가 내적으로도) 빈부의 양극화는 자본주의 체제가 세계적 차원에서 이루어낸 최고의 성과이다. 그것은 또한 궁극적으로는 근대 제국주의에 대한 투쟁이 당면한 문제이기도 하다. 맥도프가 『식민지 없는 제국주의(*Imperialism without Colonies*)』에서도 주장하였듯이 자본주의 하의 경제적 · 정치적 · 군사적 지배 사이에는 "본질적인 일체성(oneness)"이 존재한다.[11]

제국주의의 발현에 저항하고자 하는 이들은 다른 것들에 대한 의문을 제기하지 않고 위에서 말한 지배 중 하나에만 도전해서는, 즉 체제 전체에 도전하지 않고서는 어떠한 저항도 불가능하다는 점을 반드시 숙지하여야 한다.

Chapter 8

제국주의의 새로운 시대

2003년 7월 - 8월

제국주의는 국가보다도 지배계급의 필요에 봉사하도록 되어 있다. 이는 민주주의와는 전혀 거리가 멀다. 아마도 이러한 이유 때문에 존 홉슨과 같이 영리한 비평가조차도 1902년에 나온 그의 고전적 저서 『제국주의 연구』에서 제국주의를 기생적 현상으로 묘사하였을 것이다.[1)] 그리고 안타깝게도 이러한 비판으로부터 제국주의적 팽창이 단순히 권력층에 속한 개인들이 자국의 외교정책을 자신들의 편협한 이익에 봉사하도록 악용한 결과라는 미숙한 개념을 이끌어내기가 쉽다.

(미국 내 좌파와 유럽을 포함하여) 현재 미 제국의 팽창을 비판하는 수많은 비평가들이 조지 W. 부시 행정부가 이끄는 미국이 폴 월포위츠(미 국방부 차관), 루이스 리비(Lewis Libby, 미 부통령 비서실장), 리차드 펄[Richard Perle, 국방정책위원회(Defense Policy Board)] 등이 주축을

이루는 네오콘에게 점령당했다고 주장한다. 이들 네오콘들은 미 국방장관 도널드 럼스펠드와 체니 부통령, 그리고 궁극적으로는 부시 대통령의 강한 지지를 받고 있다고 알려져 있다. 행정부 내에서 네오콘 패권주의자들이 두드러지게 부상하게 된 것은 대법원이 부시를 대통령으로 지명한 2000년의 비민주적 선거와, 갑작스럽게 국가안보 관련 기관을 확대시키게 된 계기였던 9 · 11 테러 때문이라는 게 정설이다. 우리는 또한 이 모든 것이 역사적으로 미국의 세계적 역할과는 맞지 않는 일방주의적이고 호전적인 외교정책을 낳는 데 기여했다고 들어왔다. 이코노미스트(*Economist*)지가 제기했던 질문처럼 "정말 특정한 파벌이 세계 최강국의 외교정책을 점령하고 있다는 말인가? 일련의 소규모 이념가 집단이 부당한 권력을 사용하여 결과야 어떻든지 간에 다른 나라의 국제 문제에 개입하고, 제국을 만들며, 국제법을 조롱하고 있단 말인가?"[2)]

이코노미스트의 답은 "그렇지 않다"는 것이었다. 이코노미스트는 파벌 이론을 정확히 거부하며 "네오콘은 단지 더 커다란 움직임의 일부일 뿐"이라고 주장하고, "[미국 정책 엘리트들 사이에는] 미국이 세계를 재구성하기 위하여 자신의 힘을 적극적으로 사용해야 한다는 거의 합치된 의견이 존재한다"고 밝혔다. 그러나 이코노미스트는 물론 비슷한 모든 논의들이 제국주의가 단순한 정책이 아니라 자본주의 발달의 본질에서 비롯된 구조적인 현실이라는 점을 간과하고 있다. 소위 말하는 "단극세계"의 부상과 관련하여 나타난 제국주의의 역사적 변화는 몇몇 힘 있는 개인의 잘못된 야망에 의한 것으로 일축할 수 없다. 그러므로 미 제국주의의 새로운 단계의 더 본질적인 기원과 현재 미 제국주의의 나아갈 길을 결정하는 특정 행위자를 비롯한 미 제국주의의 역사적 기초를 고찰해 볼 필요가 있다.

제국주의의 시대

정치 지도자들의 변덕이 미국의 제국적 팽창 여부를 결정하는 것은 어제오늘 일이 아니다. 해리 맥도프는 이 문제를 1969년에 발표된 그의 저서『제국주의의 시대 : 미국 외교정책의 경제학』첫 장에서 다루었다. 동 연구는 제국주의에 대한 구조적인 연구를 미국에 재도입하였다고 평가할 수 있다. 맥도프는 "[베트남] 전쟁은 미국 대외정책의 보다 일반적이고 일관적인 계획의 일부였는가, 아니면 권력을 잡고 있는 특정 개인들이 만들어낸 이례적인 결과였는가?"라고 물었다.[3] 물론 이에 대한 답은 비록 권력층의 특정 개인들이 이 과정을 주도하고 있기는 하지만, 베트남 전쟁은 자본주의 자체에 그 뿌리를 두고 있는 미 외교정책의 고질적인 경향을 반영하고 있다는 것이다. 맥도프는 미 외교정책을 근원적으로 지배하는 경제적 · 정치적 · 군사적 힘을 밝히는 작업에 착수하였다. 이는 1960년대에 가장 중요한 미 제국주의 분석이 된다.

베트남 전쟁 당시 유력한 이론은 미국이 공산주의를 "봉쇄"하기 위하여 전쟁에 참여하였으며, 따라서 베트남전 자체는 제국주의와 전혀 상관이 없다는 것이었다. 그러나 당시 중국과 소련 모두 전 지구적인 팽창경향을 전혀 보이지 않았으며, 제3세계의 혁명이 대부분 그 지역에서 자체적으로 발생한 것이라는 점이 분명했기 때문에 베트남전의 규모와 잔인함은 전쟁을 단순히 봉쇄정책으로 설명하려는 어떠한 시도와도 모순되는 듯하였다.[4] 맥도프는 제3세계에 대한 미국의 개입을 냉전의 산물로 보는 주류의 입장이나 베트남전을 텍사스 출신 대통령과 그의 보좌관들이 행한 이례적인 일로 보는 자유주의적 경향을 모두 거부하였다. 그는 대신 역사적 분석을 강조하였다.

19세기 말과 20세기 초의 제국주의는 크게 두 가지 특징을 가지고 있다. (1) 영국 패권의 붕괴와 (2) 독점자본주의의 성장, 즉 생산의 집적과 집중이 낳은 대기업이 주도하는 자본주의가 그것이다. 레닌은 이 시기를 제국주의 단계라고 명명하였다. (레닌은 "최대한 간단하게 정의하면" 이 시기는 "독점단계의 자본주의"라고 묘사하였다). 이 시기를 차별화시켜 주는 위의 두 특징 이외에도 중요한 몇몇 요소가 있다. 자본주의는 물론 끝을 모르고 팽창하는 축적의 욕구에 의해 결정되는 독특한 체제이다. 자본주의는 팽창하는 세계 경제이다. 이는 오늘날 지구화라고 불리는 과정으로 특징지을 수 있다. 그러나 동시에 자본주의는 정치적으로는 수많은 경쟁국가들로 구성되어 있다. 게다가 자본주의 체제는 모든 단계에서 중심과 주변으로 양극화되어 있다. 16-17세기 그 태생에서부터, 그리고 독점단계에서는 더욱 더 주변부의 노동력과 원자재에 대한 접근권을 지배해야 할 필요성이 체제의 중심부에 있는 각 민족국가 내부의 자본을 움직였다. 더욱이 독점단계의 자본주의 하에서는 민족국가와 그 기업들이 세계 경제를 자신의 투자에 대하여 최대한 개방된 상태로 유지하려고 노력한다. 그러나 자신의 경쟁자에게까지도 이러한 개방 상태를 허락하고자 하지는 않는다. 이와 같이 축적을 위한 권역을 둘러싼 경쟁은 주변부의 다양한 지역에 대한 지배권을 차지하려는 쟁탈전을 낳는다. 이러한 쟁탈전의 가장 유명한 예가 19세기 말 당시 모든 서유럽 열강들이 참여했던 아프리카 분할을 둘러싼 다툼이다.

그러나 제국주의는 고전적인 독점단계의 자본주의 시기를 넘어 계속 진화하였다. 제국주의의 고전적인 단계는 제2차 세계대전과 그 뒤를 이은 탈식민화 운동에 의하여 끝났다. 1950-1960년대에 다음 단계의 제국주의가 그 특징들을 드러냈다. 역사적 특수성을 지니는 그 특징들 중 가장 중요한 것이 미국이 자본주의 세계 경제의 패권 국가로서 영국을 대신한 것이다. 또 다른 중요한 특징은 소련의 존재로, 소련은 제3세계에서 혁명 운동을 가능하게 하였을 뿐만 아니라, 주요 자본주의 국가들을 냉전의 군사적 동맹에 가담케 하여 미국의 패권을 더욱 강화시켜 주었다. 미국은 자신의 패권적인 지위를 이용하여 관세 및 무역에 관한 일반협정, IMF, 세계은행으로 구성된 브레튼우스 체제를 수립하였다. 이는 주변부, 그리고 결과적으로는 세계 시장 전체에 대하여 중심부 국가들, 특히 미국이 행사하는 경제적 지배를 강화하기 위한 것이었다.

맥도프는 미국 패권의 존재가 자본주의 국가들 사이의 경쟁이 끝났음을 의미하는 것은 아니라고 보았다. "미국의 세기"가 계속 거론되었음에도 불구하고 현실주의 분석가들이 보기에 패권은 역사상 항상 일시적이었다. 불균등한 자본주의의 발달은 제국주의적 경쟁을 지속시킨다. 때에 따라서는 이러한 경쟁이 잘 드러나지 않기도 한다. 그러나 맥도프는 "고르지 않게 발전하는 산업 중심국들 사이의 적대감이 제국주의를 굴러가게끔 하는 핵심 축이다"라고 말하였다.[5)]

이 분석에 의하면 미 군사주의는 제국의 역할과 밀접한 관계에 있으며, 소련과의 냉전적 경쟁의 단순한, 혹은 주된 산물이 아니다. 군사주의는 자본주의 세계 경제의 패권적 힘인 미국이 필요할 경우 무력을 사용해서라도 해외 투자에 대한 문호를 열어야 하기 때문에 발달한 것이다. 동시에 미국은 자국 기업의 필요를 충족시키기 위하여 자신의 힘을 사용하였다. 그 한 예로, 열강들은 라틴 아메리카에서의 미국의 우위에 도전할 엄두도 내지 못하였다. 미국은 제2차 세계대전 이후 이와 같은 군사적 역할을 주변부의 전역에서 수행하였을 뿐만 아니라, 이를 공산주의에 대항한 싸움의 일부로 정당화할 수 있었다. 전 지구적 패권 국가이자 동맹 지도자로서의 역할과 결부된 군사주의는 미국 내 축적의 모든 측면에서 반영되었다. 아이젠하워 전 대통령이 퇴임 연설에서 처음 사용한 "군산복합체"라는 용어는 현실을 과소평가한 것이었다. 그가 재임할 당시 미국은 이미 모든 국내 축적의 중심지가 군수품 생산지였다. 군수품 생산은 미국 경제 전체를 받쳐주었으며, 경제침체를 막아준 한 요인이었다.

맥도프는 현대 제국주의가 어떻게 직접적으로 체제의 중심부 자본에 혜택을 주었는지 보여주는 증거를 제시하였다. 제국주의는 주변부의 경제적 잉여를 흡수하여(그리고 제국적 종속으로 인하여 왜곡된 주변부의 계급관계 때문에 그나마 주변부에 남아 있는 경제적 잉여도 오용되었다) 저발전을 영속화시켰다는 것이다. 그러나 맥도프의 분석에는 독특하지만 잘 알려지지 않은 다른 두 가지 측면도 있었다. 제3세계의 부채의 덫 심화를 경고하고 은행 및 금융 자본 일반의 팽창에 대해 심도 있게 접근한 것이 그것이다. 제3세계의 부채의 덫은 브라질, 멕시코 및 소위 "신흥 산업경제(new industrializing economies)"라 불리던 다른 국가들의 채무 불이행 사실이 갑자기 알려진 1980년대 초에 이르러서야 주목받기 시작했다. 세계 경제의 금융화의 중요성 또한 1980년대 후반이 되어서야 제국주의 분석가들에게 보이기 시작하였다.

제국주의에 대한 구조적이고 역사적인 접근법에 따르면 이란, 과테말라, 레바논, 베트남, 도미니카 공화국 등에 대한 미국의 군사적 개입은 "미국 시민의 보호"나 공산주의권의 팽창에 대한 저항을 위한 것이 아니었다. 그보다는 역사적 복잡성을 띠는 제국주의라는 더 큰 현상과 자본주의 세계의 패권적 힘인 미국의 역할과 관련된 것이었다.

그러나 당시 베트남전에 대한 자유주의 비평가들의 연구는 이러한 해석을 정면으로 반박하였다. 그들은 (이전에 대영제국 옹호론자들이 주장했던 것처럼) 미국이 자신의 제국을 확장하려 해왔다는 점을 때때로 인정하기는 하였지만, 미국의 역사 전체에서 볼 때 이는 어떤 설계라기보다 일개 사건에 불과하다고 본다. 자유주의자들은 또한 미국의 외교정책이 물질적인 이해관계보다 주로 이상주의에 의해 결정된다고 주장한다. 베트남 전쟁은 강력한 정책결정자들의 "서투른 정치적 지식"의 결과로 미국이 본래 경로에서 이탈하게 된 것이라고 설명해 버린다. 로버트 터커(Robert W. Tucker)는 1971년에 발표된 『급진 좌파와 미국 외교정책(*The Radical Left and American Foreign Policy*)』에서 베트남전에 임하는 미국의 "본질적으로 공평한 특성"이야말로 미국의 "미덕"이라고 말하였다.[6] 터커는 베트남전에 반대하는 자유주의 진영의 견해를 잘 보여준다. 이들은 전쟁 자체도 반대하였지만 미 군사주의와 제국주의에 대한 급진적인 해석도 여전히 거부하였다.

터커의 저서에서 주된 공격 대상은 윌리엄 애플맨 윌리엄스(William Appleman Williams), 가브리엘 콜코(Gabriel Kolko), 그리고 해리 맥도프였다. 맥도프는 특히 전 지구적 차원에서 원자재에 대한 지배가 미국 기업 및 그들을 위해 봉사하는 미국 정부에게 매우 중요하다고 주장하였다는 이유로 공격받았다. 터커는 심지어 석유 문제에서도 맥도프의 견해가 틀렸다고 주장하였다. 만약 미국이 정말로 제국주의적 시각을 가지고 제3세계의 자원을 바라보았다면 페르시아 만의 석유를 차지하려고 시도했을 테지만 그러지 않았다는 것이다. 이는 논리적으로 보나 역사적으로 보나 말이 되지 않는다. 그는 다음과 같이 말하였다 :

> 급진적인 관점에서 보면 다른 어떤 곳보다도 이 지역[중동]에서 미국의 정책이 경제적 이해관계를 반영할 것이라고 예상할 수 있다. 그러나 잘 알려진 바와 같이 현실은 그렇지 않다. 산유국들이 로열티와 세금 수익을 늘리기 위하여 성공적으로 그 강도를 높이고 있는 압박 조치들은 차치하더라도(이러한 압박에 대한 주목할 만한 대응책은 전혀 없었다), 미국 정부는 미국 석유 기업들이 한때 중동에서 누렸던 우호적인 지위가 계속적으로 약화되는 데 기여해 왔다. 뉴욕타임즈 특파원 존 리(John M. Lee)는 다음과 같이 썼다 : "대부분의 관찰자들을 놀라게 하는 것은 석유 기업과 석

유에 관한 계산이 이스라엘에 대한 미국의 외교정책에 거의 영향을 미치지 않는다는 점이다."[7]

따라서 터커는 페르시아 만의 석유가 미 제국주의가 작동하는 데 중요하다는 맥도프의 주장이 틀렸음을 증명했다고 생각한다. 미국의 경제적 이해에 반하는 것임에도 불구하고 미국이 이스라엘에 대한 정치적 약속을 유지한 것은 중동 석유에 관한 미 자본주의의 모든 염려를 극복한 증거라는 것이다. 오늘날 이러한 주장이 얼마나 말도 안 되는 것인지는 굳이 강조할 필요도 없다. 미국은 1953년 이란을 시작으로 계속적으로 중동에 군사적으로 개입해 왔을 뿐만 아니라, 중동 지역에서 석유 기업의 이해관계 및 자국의 석유 지배권을 확대하기 위하여 계속 노력해 왔다. 미국의 도움으로 완전무장을 하고 미국의 묵인 하에 수백 개의 핵무기까지 개발한 이스라엘은 오랫동안 미국의 중동 지배 전략의 일부였다. 애초부터 중동에서 미국의 역할은 공개적으로 제국주의적이었으며, 그 지역의 석유자원에 대한 지배를 유지하기 위한 것이었다. 석유와 이윤의 흐름은 말할 것도 없고 정치적 · 군사적으로 만들어지는 경제관계는 무시한 채 경제학을 상품의 가격과 로열티 수익으로만 보는 분석은 분명한 오류를 낳을 수 있다.

제국주의의 새로운 시대

사실상 중동과 카스피 해 지역의 중요한 석유를 향한 미 제국의 팽창만큼이나 제국주의의 새로운 시대를 잘 드러내 주는 것은 없다. 냉전 동안에는 소련의 존재 때문에 페르시아 만에서 미국의 힘이 제한될 수밖에 없었다. 미국이 아무 손도 쓸 수 없었던 1979년의 이란 혁명은 이란의 샤(Shah)를 중동 지역의 탄탄한 기초로 의지해 왔던 미 제국주의에게 베트남전 이후 가장 큰 패배를 안겨주었다. 실제로 소련권과 소련의 붕괴 이전에는 미국이 중동에서 전쟁을 벌인다는 것은 상상도 못할 일이었다. 이 때문에 중동에서 미국의 우위는 상당한 제약을 받았다. 소련의 묵인 하에 벌어진 1991년의 걸프 전쟁은 미 제국주의와 미국의 전 지구적 권력의 팽창에 새로운 시대가 열렸음을 알려주었다. 소련의 약화가 거의 즉각적으로 중동에 대한 미국의 전면적인 군사적 개입으로 이어졌다는 사실은 단순한 우연의 일치가 아니다. 중동은 지구상에서 가장 중요한 자원인 석유를 전 세계적으로 지배하는 데 결정적인 곳이기 때문에 전 지구적 지배를 위한 어떠한 전략에도 필수적인 곳이다.

1991년 걸프전이 일어났을 때 소련은 매우 약해진 상태였고, 미국의 정책에 순종적이었다는 점을 이해하는 것이 중요하다. 그러나 (같은 해 말에 마침내 완전히 붕괴하기는 하지만) 소련이 아직 완전히 사라진 상태는 아니었기 때문에 쿠데타나 사회적 동요가 일어나거나 소련의 태도가 미국의 이해관계에 적대적으로 바뀔 가능성이 조금은 있었다. 또한 당시 미국은 몇몇 주요 경쟁국에게 경제적인 지위를 빼앗긴 상태였기 때문에 미국의 경제적 패권이 쇠퇴하여 미국의 행동반경이 제약받고 있다는 인식이 팽배해 있었다. 조지 H. W. 부시 대통령이 "신세계 질서(New World Order)"의 도래를 선언하기는 하였지만 그것이 무엇을 의미하는지 당시에는 아무도 알지 못하였다. 소련이 너무 갑작스럽게 붕괴하는 바람에 미국의 지배계급과 외교정책 엘리트 들은 어떻게 앞으로 나아가야 할지를 잘 몰랐다.

걸프 전쟁 동안 미국의 엘리트들은 분열되어 있었다. 일부는 월스트리트 저널이 당시에 충고한 것처럼 이라크를 침공해야 한다고 믿었다. 다른 한편에서는 이라크 침공과 점령이 실현 가능성이 없다고 생각하였다. 그 이후 10년 동안은 미국 외교정책에 관한 논의의 주된 주제는 미 외교협회 출판물인 포린 어페어스가 지적한 것처럼 미국이 세계 유일의 초강대국이 되었다는 사실을 어떻게 이용할 것인가였다. [네오콘 성향의 석학인 찰스 크라우태머(Charles Krauthammer)가 1991년에 처음 사용한 용어인] 단극체제(unipolarity)와 일방주의에 관한 논의는 곧 미국의 우위, 패권, 제국, 심지어는 제국주의에 관한 공개적인 토론과 연관되었다. 게다가 10년쯤 지나자 미국이 제국의 역할을 감당하는 데 우호적인 의견들이 더욱 더 자세해지고 널리 퍼졌다. 이러한 주제들은 초반부터 목적의 차원에서가 아니라 효율의 차원에서 논의되었다. 새로운 제국주의를 옹호하는 특별히 주목할 만한 예는 로버트 터커가 데이빗 헨드릭슨(David C. Hendrickson)과 함께 집필한 『제국의 유혹(*Imperial Temptation*)』이다. 이들은 거리낌 없이 다음과 같이 설명하였다 :

> 오늘날 미국은 세계 최강의 군사력을 가지고 있다. 군사력의 유효성과 범위의 측면에서 미국은 역사상 유명했던 거대 제국과 견주어도 손색이 없다. 로마의 군사력이 닿는 범위는 지중해를 거의 넘지 못하였으며, 나폴레옹도 대서양을 넘지 못하고 러시아의 광대한 영토에서 패배를 경험하였다. 이른바 팍스 브리타니카가 최절정에 달하여 영국 해군이 바다를 지배하던 때에도 비스마르크는 영국군이 프러시아 해안에 상륙할 경우 지역 경찰력만으로도 체포가 가능할 것이라고 말하였다. 미국은 이전의 어떠한 세계적 강대국보다도 훨씬 더 강력한 군사력을 가지고 있다. 미군은 세계 전역에 닿을 수 있다. 미군은 기술적으로 가장 진보된 무기를 보유하고 있으며, 숙련된 전쟁 기술 전문가들의 지휘를 받는다. 미국은 강력한 육군을 대양을 넘어서까지 파견할 수 있다. 미국의 역사적인 적(소련역자)은 내부 분열에 의해 무너져 쇠퇴하고 있다.
>
> 이러한 상황에서 미국은 오래된 유혹—제국의 유혹—에 강하게 끌릴 수 있다. … 미국이 과거의 식민국가들과 같은 제국을 건설하는 데 끌릴 가능성은 별로 없다. 그러나 고전적인 제국의 임무를 수행하지 않고도 제국의 역할을 할 수 있는 비전에는 끌릴 수 있다.[8)]

터커와 헨드릭슨은 "제국의 유혹"에 대한 저항이 있을 것이라고 분명이 말한다. 그러나 이는 "제국의 유혹"이 고전적 제국주의의 부활을 의미하기 때문이라기보다 미국이 군사력은 사용하되 국가건설과 관련된 제국의 통치라는 더 부담스러운 책임은 회피하려 하기 때문이다.

걸프전을 마친 후 미국이 즉시 이라크를 침공·점령하고 바트당의 힘을 제거하여 이라크의 평화를 회복함으로써 제국의 책임을 다했어야 한다는 터커와 헨드릭슨의 주장은 케네디의 냉전 시기 자유주의를 연상시키는 국가 건설에 관한 주장에서 한 걸음 더 나아갔다. 그러나 그들의 의견은 일부 네오콘에게도 매력적이었다. 터커와 헨드릭슨은 다음과 같이 썼다 :

> 군사력을 압도적으로 보여주었다면 미국은 시간이 지남에 따라 광범위한 자유주의적 바탕을 지닌 개인들로 구성된 이라크 임시정부를 세우고 인정할 수 있었을 것이다. … 이러한 임시정부가 분명 미국의 꼭두각시라는 비난을 받기는 하겠지만 상당한 합법성을 지니게 될 것이라고 생각할 근거도 충분하다. 미국은 유엔의 관리 하에 이라크의 석유 수익에도 손을 댈 수 있었을 것이고, 이는 이라크 민중의 상당한 지지를 얻게 해주었을 것이다.[9)]

몇십 년 전에 페르시아 만의 석유에 대한 지배권 확보 실패가 미국이 제국주의 세력이 아니라는 증거라며 맥도프를 반박하였던 터커의 주장에도 불구하고 터커와 헨드릭슨은 이라크 점령이 왜 미국에 전략적으로 이득이 되는지를 분명히 알고 있었다. 한마디로 "석유" 때문이다. 그들은 "석유만큼 결정적인 중요성을 가지는 상품은 없다. 개발도상 경제와 선진 경제의 걸프 지역 에너지 자원에 대한 의존에 비할 만한 것은 아무 것도 없다. 걸프 지역의 자원은 여전히 매우 불안정하고 상대적으로 접근이 어려운 지역에 집중되어 있다. 개발도상에 있는 팽창적인 국가들은 석유를 보유함으로써 자신의 호전적인 야망을 실현하는 데 필요한 훌륭한 재정적 기반을 마련할 수도 있다"고 하였다.[10] 그러므로 미국이 중동 지역에 대한 지배를 획득해야 한다는 데에는 이론의 여지가 없다는 것이다. 만약 위에서 말한 것과 같은 예외적인 상황에서 무력을 사용해야 한다면 (미국의 통치도 확대하면서) 책임감 있게 무력을 사용해야 한다는 것이다.

이러한 주장은 미 외교정책 관련 제도권 및 집권계급의 논의 중 보수주의 (혹은 신보수주의) 진영보다는 자유주의 진영에서 나온 것이다. 여러 자유주의 외교정책 분석가들이 포진해 있는 제도권 내의 논쟁은 국가 건설을 강조하는 이들의 경향 때문에 매우 편협하다. 이런 점에서 보면 대부분의 보수파들보다도 자유주의자들이 더 매파 성향을 보이고 네오콘에 가깝다. 터커와 헨드릭슨에게 있어서 제국주의는 정책결정자들의 선택의 문제이다. 즉 제국주의는 단순히 "제국의 유혹"에 관한 것이다. 이러한 유혹에 저항할 수는 있지만, 만약 저항이 어렵다면 국가 건설이라는 자유주의적 목표를 가지고 다른 사회들을 자유주의적 원칙에 따라 재구성할 필요가 있다고 본다.

실제로 1990년대 미국 권력 엘리트들 사이에서는 근본적인 전제와 목표에 대한 놀라운 의견의 일치가 존재하였다. 리차드 하스가 말한 바와 같이 "군사행동이 경쟁 초강대국과의 마찰로 이어질 수 있다는 위험에서 해방된 미국은 보다 자유롭게 개입에 나설 수 있다." 하스는 미국의 힘에 대한 제약을 설명하면서 "미국은 원한다면 무엇이든 할 수 있다. 단지 모든 것을 하지 못할 뿐이다"라고 말하였다.[11] 그는 미국이 이라크와 여타 지역에 국가 건설을 위하여 개입할 가능성에 대해서도 논하였다.

가장 중요한 것은 패권에 대한 하스의 주장이다. 하스는 미국의 전 지구적 권력 행사에 대한 제도권 내부의 의견차를 지적하였다. 하스에 따르면 미국은 전 지구적인 우위를 가졌다는 점에서 확실히 패권국(hegemon)이지만 영구적인 패권을 외교정책의 목표로 삼는 것은 위험한 환상이다. 1992년 3월에 "펜타곤 보고서"라고도 알려진 『국방계획지침』 초안이 언론에 유출되었다. 아버지 부시 행정부의 국방부를 이끌던 당시 정책담당 차관 폴 월포위츠가 총괄한 이 비밀문서는 "[소련의 몰락 이후] 우리의 전략은 전 지구적 차원에서 미래에 어떠한 잠재적인 경쟁자도 부상하지 못하도록 하는 데 다시금 초점을 맞추어야 한다"고 천명하였다.[12] 하스는 『주저하는 보안관(*The Reluctant Sheriff*)』에서 이러한 전략에 의문을 제기하면서 미국이 새로운 지구적 강대국의 부상을 막을 능력이 없다는 단순한 이유 때문에 위 전략은 잘못된 것이라고 주장하였다. 지구적인 강대국은 그들의 물질적 자원의 성장에 따라 부상한다. 일반적으로 경제 강국들이 모든 면에서 강대국으로 성장하는 것을 막을 수는 없으며, 그들이 어느 정도 군사 강국으로 성장할 것인지는 "주로 그들 스스로가 국익, 위협, 정치문화, 경제력을 어떻게 인식하느냐에 달려 있다"는 것이다.[13] 패권과 우위의 영속이 불가능하기 때문에 유일하게 합리적인 장기 전략은 매들린 올브라이트의 "공세적 다자주의(assertive multilateralism)"나 하스가 명명한 "보안관과 보안대" 식의 접근법을 취하여 미국이 보안관의 역할을, "의지 연합"이 보안대의 역할을 수행하는 것이다. 그는 보안관과 보안대는 법에 대해서 그다지 걱정할 필요는 없지만

자경단으로 변질되지 않도록 주의해야 한다고 지적하였다.[14)]

하스는 부시 행정부에서 콜린 파월이 이끄는 국무부의 정책 국장으로 임명되기 직전이던 2000년 11월, 아틀란타에서 「제국적 미국」이라는 글을 발표하였다. 여기서 그는 미국이 "넘치는 권력"을 사용하여 전 지구적으로 "자신의 지배를 확대"하기 위한 "제국적인 외교정책"을 세워야 한다고 주장하였다. 하스는 영속적인 패권의 가능성은 여전히 부인하면서도 미국이 당시 누리던 이례적인 기회를 세계의 질서를 재조정하고 전 세계에 있는 자신의 전략적 자산을 개선하는 데 활용해야 한다고 단언하였다. 이는 전 세계에서 군사적인 개입을 하는 것을 의미하였다. "제국의 과대팽창이 아니라 과소팽창이 (둘 중에) 더 큰 문제인 듯하다"고 하스는 말하였다.[15)] 2002년에 하스는 이라크 침공을 준비하던 행정부를 대변하면서 자국 영토 내에서 테러리즘을 통제할 수 없는 실패한 국가는 "자국 영토 내에서 아무런 간섭도 받지 않을 권리를 포함하는 전형적인 주권의 이점"을 상실하였다고 선언하였다. "미국을 포함한 다른 정부들은 개입할 권리를 얻었다. 테러리즘과 관련해서는 이러한 권리가 심지어 예방적인, 또는 선제적인 자위권으로 이어질 수도 있다"는 것이다.[16)]

하스가 「제국적 미국」을 발표하기 두 달 전인 2000년 9월, 네오콘의 '새로운 미국의 세기를 위한 프로젝트'는 딕 체니가 요청하고 도널드 럼스펠드, 폴 월포위츠, 조지 W. 부시의 남동생 젭(Jeb), 루이스 리비가 작성자로 서명한 『미국 방위 재구축』이라는 보고서를 발표하였다. 동 보고서는 "현재 미국에 맞서는 세계적인 경쟁 상대는 없다. 미국의 거대 전략은 이러한 우위를 최대한 먼 미래에까지 보존하고 확대하는 데 목표를 두어야 한다"고 밝혔다. 21세기 미국의 주된 전략적 목표는 "팍스 아메리카나의 보존"이라는 것이다. 이를 위해서 "해외 기지"와 전진 작전을 전 세계에 걸쳐 수립함으로써 "미국 안보 범위"를 확장할 필요가 있다. 『미국 방위 재구축』은 페르시아만에 대해서도 숨김이 없었다 : "미국은 수십 년간 걸프 지역 안보에서 보다 더 영구적인 역할을 수행하려고 노력해 왔다. 이라크와의 끝나지 않은 마찰이 당장의 정당화 요인이 되기는 하지만, 걸프 지역에 상당 규모의 미군을 유지하는 것은 사담 후세인 정권에 관한 문제를 초월하는 것이다."[17]

이처럼 9·11 테러 이전에도 집권계급과 (네오콘 이외의 인사들도 포함한) 외교정책 엘리트들은 소련의 붕괴에 따라 제한적으로 열린 창을 십분 활용하여 동급의 다른 경쟁자가 나타나기 전에 미 제국을 확장시키려는 노골적인 정책을 펴왔다. 경제 성장률 하락 추세에도 불구하고 1990년대 미국 경제는 유럽이나 일본의 경제보다 훨씬 빠르게 성장하였다. 이는 특히 1990년대 후반부에 두드러지게 나타났다. 한편, 유고슬라비아 내전은 유럽이 미국의 노움 없이는 혼자서 군사행동을 할 능력이 없다는 것을 보여주었다.

그러므로 1990년대 말에 이르러 미 제국 및 제국주의에 관한 논의는 좌파보다도 자유주의 진영과 네오콘 쪽에서 많이 제기되었다. 후자는 제국의 야망을 공개적으로 선포하였다.[18] 2001년 9월 이후에는 미국이 다시 한 번 "지상군을 파견"하여 미국의 힘을 확대하여야 한다는 대규모 군사 개입 계획이 지배계급의 합치된 의견이 되었다.[19] 네오콘 성향의 전문가 맥스 부트도 자신의 책 『평화를 위한 야만적인 전쟁(*The Savage Wars of Peace*)』에서 같은 견해를 제시한 바 있다. 2002년 9월 의회에 전달된 부시 행정부의 국가안보 전략은 잠재적인 적에 관한 선제 공격 원칙을 천명하며 다음과 같이 선언하였다 : "미국은 … 미국이나 미국의 동맹 및 우호국을 자기 뜻대로 움직이도록 압력을 가하려는 … 적들의 어떠한 시도에도 맞설 수 있는 능력을 유지해야 하고, 또 유지할 것이다. 우리 군은 잠재적인 적들이 미국의 힘과 동등한 혹은 그보다 더 강한 군사력을 키우려는 노력을 무력화시킬 수 있을 만큼 충분히 강하다."

뉴스위크 워싱턴 지국 편집국장인 마이클 허쉬(Michael Hirsh)는 자신의 저서 『우리 자신과의 전쟁 : 왜 미국은 더 나은 세계를 건설할 기회를 놓치고 있는가(*At War with Ourselves : Why America is Squandering its Chance to Build a Better World*)』에서 패권적 힘인 미국이 자신의 사활적인 전략적 이해관계가 걸린 곳이나 실패한 국가에 개입하는 것은 적절한 일이지만, 이러한 개입은 더 광범위한 다자주의에 대한 약속 및 국가 건설과 함께 이루어져야 한다는 정치적 자유주의자들의 주장을 보여주었다. 그러나 이것은 현실적으로는 "다극체제로 잘 위장된 … 단극체제"에 불과할 수도 있다.[20] 문제는 미국이 자신의 제국을 확장해야 하는지가 아니라, 제국에 대한 유혹이 터커와 헨드릭슨이 제기한 것과 같은 제국적 책임감의 발휘와 함께 나타날 것인가 하는 것이다. 허쉬는 국가 건설을 위한 개입에 대하여 논하면서 "국토 안보나 마약과의 전쟁의 경우와는 달리 실패한 국가에 '황제(czar)'는 없다. 황제가 있어야 되는 건지도 모르겠다"고 말하였다.[21]

원래는 부시 행정부도 거부하였던 "국가 건설을 위한 개입"

은 더 이상 논란의 대상이 아니다. 이를 보여주는 것이 미국의 이라크 침공이 있기 얼마 전에 출판된 미 외교협회의 보고서 『이라크 : 그날 이후(*Iraq : The Day After*)』이다. 제임스 도빈스(James F. Dobbins) 랜드연구소 국제안보 및 국방정책센터 국장도 이라크의 국가 건설에 대하여 다룬 이 보고서 제작팀의 일원이었다. 도빈스는 클린턴 행정부에서 소말리아, 아이티, 보스니아, 코소보 개입 당시 특사로 일하였고, 아프가니스탄 침공 이후 아들 부시 행정부에서도 특사를 역임하였다. 클린턴 행정부와 부시 행정부 시기에 (칼의 외교라고도 불리는) "국가 건설을 위한 개입"를 옹호하였던 도빈스는 외교협회 보고서에서 단호하게 말하였다 : "국가 건설에 관한 당파적 논의는 끝났다. 양당 지도부는 모두 불량국가를 개혁하고 파탄난 사회를 고치기 위하여 미국의 군사력을 사용할 분명한 준비가 되어 있다."[22)]

파벌 이론과 제국적 현실

위에서 말한 모든 것들은 맥도프가 30여 년도 전에 『제국주의의 시대』에서 제기한 질문과 연관되어 있다. 그의 질문은 오늘날 그 어느 때보다도 우리에게 와닿는다. 맥도프는 "[베트남] 전쟁은 미국 대외정책의 보다 일반적이고 일관적인 계획의 일부였는가, 아니면 권력을 잡고 있는 특정 개인들의 만들어낸 이례적인 것이었는가?" 라고 물었다.[23)] 제도권 내부에서도 실재하는 힘과 안보적 요구들이 미국의 팽창을 주도하고 있다는 일반적인 합의가 존재한다. 즉 세계의 가능한 한 넓은 지역을 가능한 한 오랜 시간 동안 지배하는 것이 미 자본주의에 일반적인 이득이 된다는 것이다. '새로운 미국의 세기를 위한 프로젝트' 의 보고서 『미국 방위 재구축』의 표현을 빌리자면 "단극체제 시기"를 이용할 필요가 있다.

지난 2년간 좌파들은 이와 같은 새로운 제국주의적 팽창을 단순히 공화당 우파들로만 구성된 소규모 집권 집단에 의한 신보수주의적 프로젝트로 보는 위험한 착각에 빠져 있었다. 이 프로젝트는 군사 및 석유분야에서 해당 집단의 팽창적인 이해관계에 봉사하는 것으로 여겨졌다. 현재 미국 과두정치나 외교정책의 제도권 내에서 심각한 분열은 찾아볼 수 없다. 그러나 앞으로 실패를 겪으면서 이러한 분열이 분명 나타날 것이다. 파벌 같은 것은 없다. 단지 집권계급의 필요와 제국주의의 역학에 뿌리를 둔 의견의 합치만이 있을 뿐이다.

하지만 미국과 다른 주요 국가들 사이의 분열은 존재한다. 자본주의 국가 간의 경쟁이 여전히 제국주의의 바퀴를 움직이는 중심축으로 남아 있는 것이다. 전 지구적인 제국의 질서 하에서 미국이 세계 정부의 대리인 역할을 담당하고자 하는 데 어떻게 이러한 경쟁이 사라질 수 있겠는가? 비록 미국이 자신의 패권적인 지위를 다시금 확립하려고 노력하고는 있지만, 제2차 세계대전 이후 시기와 비교하여 볼 때 다른 주요 자본주의 국가에 대한 미국의 상대적인 경제력이 여전히 많이 약하다. 제임스 도빈스는 『이라크 : 그날 이후』에서 다음과 같이 말하였다 :

> 미국이 세계 국민총생산(GNP)의 50%를 생산하던 1940년대 후반에는 혼자 힘으로도 어느 정도 [군사적 개입 및 국가 건설의] 과제를 수행할 수 있었다. 냉전이 끝난 1990년대의 미국은 보다 광범위한 동맹을 이끎으로써 국가 건설의 부담을 더 많은 국가들과 분담할 수 있게 되었다. 미국은 자유 이라크를 혼자서 건설할 수도 없고 그럴 필요도 없다. 그러나 1940년대와 1990년대의 교훈에 주의를 기울이기만 한다면 미국은 더 많은 참여를 확보하려고 나설 것이다.[24)]

다시 말하여 제2차 세계대전 직후와 비교하여 볼 때, 미국 경제는 1990년 말 상대적인 경제적 이익에도 불구하고 주요 경쟁국들에 비하여 훨씬 경제적 지위가 약화된 편이다. 노골적인 패권은 실현 가능성이 없고, 미국은 여전히 "의지 연합"에 의존적이다.

미국이 오늘날 전 지구적 패권의 제국주의 시대에 자신의 이해관계에 자본주의 세계를 모두 종속시키면서 최대한으로 자신의 제국적 힘을 확대할 태세를 갖추고 있다는 점은 분명하다. 페르시아만과 카스피 해 지역은 단순한 석유 매장고가 아니다. 높은 석유 생산율이 다른 곳의 석유를 고갈시킴에 따라 이들 지역이 세계 석유 매장량에서 차지하는 비중이 빠르게 증가하고 있다. 때문에 미국은 현재 및 미래의 잠재적인 경쟁자들을 희생시켜 가며 석유자원에 대한 더 큰 지배를 확보하려 하고 있다. 그러나 미국의 제국적 야망은 거기서 끝나지 않는다. 제국적 야망의 근본적인 추진력은 그 끝을 모르는 경제적 야망이기 때문이다. 맥도프가 1969년 『제국주의의 시대』

마지막 장에서 지적하였듯이 미국의 다국적 기업은 "세계 시장에서도 미국 시장에서의 몫과 맞먹는 지분을 차지하는 것을 공공연한 목표로 삼고" 있으며, 해외 시장에 대한 이와 같은 갈망은 오늘날에도 계속되고 있다. 플로리다에 본사를 두고 있는 웨큰헛 교정 회사(Wackenhut Corrections Corporation)는 호주, 영국, 남아프리카 공화국, 캐나다, 뉴질랜드, 네덜란드에서 감옥 민영화 계약을 따냈다.[25] 해외에서 미국 기업의 이익을 증진시키는 것은 미국 정부의 주된 책임 중 하나이다. 몬산토(Monsanto)사의 유전자 조작 식품이나 마이크로소프트사와 지적재산권 문제, 벡텔(Bechtel)과 이라크 전쟁의 관계를 생각해 보라. 미국 기업과 국가의 동반 팽창이 전 세계에 얼마나 위험할지에 대해서는 더 이상 과장할 필요도 없다. 이스트반 메자로스가 관찰하였듯이 전 지구적 지배를 획득하려는 미국의 시도는 자본주의와 제국주의의 작동에 내재한 것으로 현재 인류를 위협하고 있다. "유일한 패권적 제국주의 국가가 극단으로 치닫는 폭력적 지배를 통하여 전 세계를 영구적으로 지배하고 있으며 … 이는 세계 질서를 다스리는 터무니없고 지속할 수 없는 방법"이기 때문이다."[26]

미 제국주의의 새로운 시대는 자체적인 모순의 발생을 피할 수 없다. 그 중 하나가 다른 강대국이 미국과 비슷하게 호전적인 방법을 통하여 자신들의 영향력을 행사하는 것이다. 약소국 및 비국가 행위자들이 모든 전략을 동원하여 "비대칭적" 전쟁에 가담하는 것도 그러한 모순의 하나이다. 그 어느 때보다도 널리 퍼져 있는 현대 무기의 전례가 없는 파괴력을 고려해 볼 때, 이러한 모순의 결과는 인류에게 이때까지 있었던 그 무엇보다도 처참한 결과를 낳을 수 있다.

미국은 "팍스 아메리카나"를 건설하는 것이 아니라 전 지구적 차원의 신홀로코스트를 초래하고 있을지도 모른다.

현재와 같은 심각한 상황에서 가장 큰 희망은 미국 국내와 전 세계의 민중봉기의 증가에 있다. 1991년 11월 시애틀 사건 이후로 거의 2년 동안이나 세계 무대를 주도하였던 반지구화 운동의 성장은 2003년 2월 인류사상 가장 대규모의 반전시위 물결로 이어졌다. 세계 인구가 그만큼 대규모로, 신속하게 제국주의적 전쟁을 멈추기 위해 봉기한 적은 없었다. 제국주의의 새로운 시대는 저항의 새로운 시대이기도 하다. 수십 년간 제국의 질서를 전략적으로 기획하는 이들을 걱정시켰던 베트남 증후군은 미국 내에 커다란 유산을 남겼을 뿐만 아니라, 이제 전 세계적인 범위에서 제국 증후군(Empire Syndrome)과 결합되어 나타나고 있다. 이는 아무도 예상치 못했던 일이다. 무엇보다도 이러한 현상은 미 제국을 확대하려는 미국 집권계급의 전략이 장기적으로 절대 성공할 수 없으며, 자기 파멸로(전 세계의 파멸은 아니기를 희망한다) 이어질 것이라는 점을 명백하게 보여준다.

Chapter 9

키플링, 「백인의 부담」, 그리고 미 제국주의

2003년 11월

우리는 제국에 대한 현란한 수사가 끝이 없는 시대에 살고 있다. 런던에 본사를 둔 이코노미스트지는 지난 8월 발표한 "미국과 제국"이라는 특별 보고서에서 이란과 시리아의 "정권이 … 평화적으로 교체"될 경우, 미국이 "정말로 중동에서 백인의 부담을 짊어질 준비가 되어 있는가"라는 질문을 던졌다. 그에 대한 이코노미스트의 답은 "그렇지 않을 것"이라는 것이었다. 제국에 대한 미국의 약속은 그 정도가 못 된다는 것이다. 그러나 중요한 것은 이코노미스트가 이러한 질문을 제기하였다는 것 그 자체이다.

평론가들은 현재 아프가니스탄과 이라크에서 계속되고 있는 미국의 전쟁을 보며 21세기 "신"제국주의와 19세기에서 20세기 초의 제국주의 사이에 유사성과 역사적 연결고리가 있는지의 여부에 관심을 가지게 되었다. BBC의 국방담당 특파원인 조나단 마커스

(Jonathan Marcus)는 몇 달 전에 다음과 같이 논평하였다 :

> 100여 년 전에 영국의 시인 루디야드 키플링(Rudyard Kilping)이 그의 유명한 시에서 자신이 "백인의 부담"이라고 명명한 것에 대하여 썼다는 점을 기억해야 한다. 백인의 부담은 런던이 아니라 워싱턴을 겨냥한 것으로, 그리고 필리핀에 있어서 미국의 새로운 제국적 책임감을 염두에 두고 제국의 책무에 대하여 경고한 것이었다. 조지 W. 부시 대통령이 시나 키플링의 작품을 즐기는지는 모르겠다. 그러나 키플링의 의견은 위의 시가 씌어졌던 미서 전쟁 이후 못지않게 오늘날에도 의미가 있다.[1)]

오늘날 제국주의를 옹호하는 다른 몇몇 이들도 키플링의 시와 자신의 견해를 연관시켰다. 키플링의 시는 다음 행으로 시작한다 :

> 백인의 짐을 지라-
> 너희 중 가장 훌륭한 이들을 보내라-

왜 갑자기 키플링의 「백인의 부담」에 다시 관심을 가지게 되었는지 말하기 전에 이 시의 시대적 맥락을 이해하기 위해서는 미 제국주의 역사에 대한 배경을 설명할 필요가 있다.

미서 전쟁에서 필리핀-미국 전쟁까지

1898년 미서 전쟁에서 미국은 카리브 해와 태평양의 스페인 식민지를 획득하고 처음으로 세계적 강대국으로 부상하였다.[2] 쿠바에서와 마찬가지로 스페인의 필리핀 통치는 국가 해방투쟁을 야기하였다. 1898년 5월 1일 미 해군이 마닐라를 포격하여 스페인 함대를 파괴한 직후 듀이(Dewey) 제독은 홍콩으로 망명한 필리핀 혁명군 지도자 에밀리오 아귀날도(Emilio Aquinaldo)를 데려오기 위하여 포함을 파견하였다. 미국은 아귀날도가 스페인에 대한 봉기를 다시 일으켜 미군이 필리핀에 도착하기 전이라도 전쟁을 수행해 주기를 바랐다. 필리핀인들의 봉기는 매우 성공적이어서 불과 두 달 만에 루손 섬에서 스페인군을 격파하고 수도 마닐라에 남아 있는 스페인군을 압박하였다. 필리핀 군도의 대부분은 이미 필리핀인들의 손에 들어왔다. 6월이 되자 필리핀 지도자들은 미국을 모델로 한 독립선언서를 자체적으로 발표하였다. 미군이 마침내 필리핀에 도착한 6월 말 즈음에는 마닐라에 숨어 있던 15,000명의 스페인군은 수도 주변을 참호로 에워싼 필리핀군에게 완전히 포위된 상태였다. 미군은 남아 있는 스페인군과 싸우기 위해서 필리핀의 포위망을 지나기 위한 허가를 받아야 할 정도였다. 1898년 8월 13일, 스페인군은 단 몇 시간 만에 마닐라를 미군에게 넘겨주었다. 미국과 스페인은 합의를 통해 필리핀군을 마닐라에 들어오지 못하게끔 하고 스페인의 항복을 받아들이는 당사자로 필리핀을 끼워주지 않았다. 마닐라 전투는 미서 전쟁의 마지막 싸움이었다. 당시 영국 주재 미국 대사 존 헤이(John Jay)는 미서 전쟁을 "눈부신 작은 전쟁(splendid little war)"이라고 표현함으로써 당시의 제국주의적 사조를 잘 표현하였다.

그러나 스페인과의 싸움이 끝나자 미국은 새롭게 탄생한 필리핀 공화국의 존재를 인정하기를 거부하였다. 1898년 10월, 맥킨리 행정부는 처음으로 필리핀 전체를 합병하겠다는 의지를 공개석상에서 밝혔다. 맥킨리 대통령은 이러한 결정을 내릴 때 "전지전능하신 하느님이" 그에게 필리핀을 미국의 식민지로 만들라고 명령하였다고 말하였다. 필리핀 합병 선언이 있고 며칠 뒤 '뉴잉글랜드 반제국주의 연맹(New England Anti-Imperialist League)"이 보스턴에서 만들어졌다. 마크 트웨인(Mark Twain), 윌리엄 제임스(William James), 찰스 프란시스 아담스(Charles Francis Adams), 앤드류 카네기(Andrew Carnegie) 등과 같은 유명인사도 그 회원으로 가입하였다. 그러나 맥킨리 행정부는 이들보다 한 발 앞서 나가 12월에 파리 조약을 체결하고 스페인으로부터 필리핀 및 미국이 미서 전쟁에서 획득한 다른 영토들을 넘겨받았다.

상원에서는 파리 조약의 비준을 둘러싼 격렬한 논쟁이 벌어졌다. 논쟁의 중심은 마닐라를 제외하고는 아직 신생 필리핀 공화국의 통치 하에 놓여 있던 필리핀의 지위에 관한 것이었다. 1899년 2월 4일, 마닐라를 둘러싸고 있던 필리핀군과 마찰을 일으키라는 명령을 받은 미군은 양국군 사이의 논란의 대상이 되었던 마닐라 시 외곽 지역으로 이동하였다. 필리핀군과 마주친 미군 병사들은 "멈춰"라고 외쳐놓고 총탄을 발사하여 필리핀군 3명이 사망하였다. 미군은 즉각적으로 모든 병력을 동원하여 기습공격을 감행하여(당시 필리핀 장교들은 사치스러운 무도회에 참석하느라 자리를 비운 상태였다) 필리핀군에 엄청난 피해를 입혔다. 2월 5일자 신문에서 샌프란시스코 콜(*San Francisco Call*)지는 위 교전사실이 워싱턴에 알려지자마자 맥킨리가 "절친한 친구에게 … 자신이 보기에는 마닐라 교전이 파리 조약의 비준을 내일 당장 가능하게 할 것"이라고 말했다고 보도하였다.

이러한 예측은 정확히 맞아 떨어졌다. 다음날 상원은 공식적으로 파리 조약을 비준하여 미서 전쟁을 종결하였다. 미국은 괌, 푸에르토리코, 필리핀을 양도받고 쿠바를 미국의 지배 하에 넣었다. 파리 조약은 미국이 전쟁에서 얻은 영토의 대가로 스페인에 2천만 달러를 지불하도록 규정하였다. 그러나 이러한 규정이 미서 전쟁이 미국의 노골적인 해외 식민지 획득 전쟁에 지나지 않는다는 사실을 가려주지는 못하였다. 미국은 막 경제적 침체에서 벗어나 세계 시장에 진출하려는 미국 기업의 필요에 부응하여 해외 식민지를 얻고자 했던 것이다.

미국은 이틀 전에 시작한 공세를 더욱 밀어붙였다. 이는 역사상 가장 야만적인 제국의 침략 전쟁으로 기억된다. 당시 미국의 목표는 카리브 해뿐만 아니라 태평양 깊숙한 곳까지 팽창하는 것이었다. 또한 필리핀 섬을 식민지화하여 거대한 중국 시장으로 진출하는 첫 관문을 열고자 하였다. (1900년 미국은 필리핀에서 중국으로 군대를 파견하여 다른 제국주의 열강들을 도와 의화단 운동을 진압하였다.) "미국과 필리핀 섬"이라는 부제를 가진 키플링의 시 「백인의 부담」은 1899년 맥클루어(*McClure's Magazine*)지를 통해 발표되었다.[3)] 이 시는 아식 파리 조약의 비준 여부에 관한 논쟁이 진행 중이었으며 미국 내 반제국주의 운동이 필리핀 병합 계획을 소리 높여 비난하던 시기에 쓰여졌다. 키플링은 특히 필리핀에 관하여 미국이 영국처럼 제국의 인종적 책무를 추구해야 한다고 촉구하였다 :

> 새롭게 잡힌 너의 우둔한 사람들,
> 절반은 악마이고 절반은 어린 아이.

맥킨리 대통령과 시어도어 루즈벨트(Theodore Roosevelt)를 포함한 미국 내 많은 사람들이 미국이 필리핀에서부터 "야만인과의 전쟁(savage wars)"에 가담해야 한다는 키플링의 고무적인 충고를 환영하였다. 알버트 베버리지(Albert J. Beveridge) 인디애나 주 상원의원은 "신은 영어권과 금발의 인종들이 헛되고 쓸데없는 자아 명상과 자아 감탄만을 하도록 수천 년을 준비해 온 것이 아니다. … 신은 우리가 통치에 통달하게 하여 야만인들과 노인들의 정부를 운영할 수 있게 하였다"고 주장하였다. 결국 126,000명에 달하는 장교와 사병들이 필리핀에 파견되어 필리핀 저항군을 진압하였다. 이 전쟁은 공식적으로는 1899년에서 1902년까지 계속되었다고 알려졌지만 실제로는 거의 10년 동안 간헐적인 저항의 형태로 계속 되었다. 백만 필리핀 인구 중 적어도 1/4이 사망하였으며, 그들 중 대부분은 민간인이었다. 미군도 4,200명이 전사하였다(이 숫자는 미서 전쟁 중 미군 사상자 수의 10배가 넘는 것이었다).[4)]

필리핀군이 재래식 전쟁에서 미국에 맞설 수 없다는 것은 처음부터 분명하였다. 따라서 필리핀군은 재빠르게 게릴라전으로 전환하였다. 미군의 유명한 행진곡은 필리핀인을 "크라그 총을 가지고 개화시킬 것"이라고 호언장담하였다(크라그는 당시 미군이 가진 노르웨이산 총이다). 그러나 미군은 주로 볼로라고 부르는 긴 칼을 가지고 다니는 필리핀군의 매복 습격과 소규모 공격에 끝없이 시달렸다. 이러한 게릴라 공격으로 비록 소수지만 미군이 정기적으로 전사하였다. 모든 장기적 게릴라전이 그렇듯이 필리핀 저항군의 힘은 필리핀 민중 일반의 지지를 받는 데서 나왔다. [더글라스 맥아더(Douglas MacArthur) 장군의 아버지이자] 1900년에 필리핀 군정당국 책임자로 임명된 아더 맥아더(Arthur MacArthur) 장군은 1899년 한 기자에게 다음과 같이 털어놓았다 :

> 내가 처음 역도들에 대항하여 싸우기 시작했을 때에는 아귀날도의 군대가 극히 일부만을 대변한다고 믿었다. 나는 루손 섬 인구—즉 루손 섬의 필리핀인—전체가 우리에 대하여, 그리고 우리의 원조 및 선정 제의에 대하여 반대한다고 믿고 싶지 않았다. 그러나 몇몇 마을과 도시를 연속적으로 점령한 지금은 … 인정하기 싫지만 필리핀 대중 모두가 아귀날도와 그가 이끄는 정부에 충성하고 있다는 것을 믿을 수밖에 없다.[5)]

민중의 대다수가 지원하는 게릴라 투쟁에 직면한 미군은 필리핀인을 포로수용소에 가두고, 마을을 불태우며(어떤 경우에는 필리핀인들에게 자신의 집을 태울 기름을 운반하도록 강요하였다), 대대적으로 용의자를 교수형에 처하거나 총검으로 죽이고, 체계적으로 여자와 소녀를 강간하였으며, 필리핀 사람들을 고문하였다. 필리핀-미국 전쟁에서 사용된 가장 악명 높은 고문기술은 소위 "물치료"라는 것이다. 미군은 수감자들의 목에 대량의 물을 강제적으로 집어넣었다. 그리고 나서 수감자의 배 위에 올라서면 물이 "마치 아르투아의 우물"처럼 공중으로 1미터까지 뿜어져 나왔다. 이 고문을 받은 대부분의 피해자들은 얼마 지나지 않아 죽었다. 프레데릭 펀스턴(Frederick Funston) 장군은 필리핀 혁명군을 도와주었다고 의심받던 35명의 필리핀 민간인을 자신이 직접 교수형에 처하였다는 사실을 서슴없이 밝혔다. 에드윈 글렌(Edwin Glenn) 소령은 자신이 47명의 필리핀 죄수를 무릎 꿇게 한 다음 총검으로 찌르거나 때려죽이기 전에 "죄를 고백"하게 했다는 것을 전혀 부인하지 않았다. 제이콥 스미스(Jacob Smith) 장군은 자신의 부대원들에게 "10살 이상은 모두 죽이고 불태우며" 사마르섬을 "무시무시한 야만의 상태"로 만들라고 명령했다. 캘리포니아의 윌리엄 쉐프터(William Shafter) 장군은 필리핀 인구의 절반을 죽여야 나머지 절반에게 "완벽한 정의"를 구현할 수 있을지 모른다고 주장하였다. 필리핀과의 전쟁에서 미국은 평균적인 전쟁 사상자 통계기록을 뒤엎었다. 대개는 부상자 수가 사망자 수보다 많지만, (필리핀-미국 전쟁에 관한 의회 청문회에서 공개된) 공식 통계에 따르면 미군이 죽인 필리핀인 수가 부상을 입힌 필리핀인 수보다 15배나 많았다. 이러한 통계는 포로로 붙잡힌 필리핀 부상병들은 즉석에서 처형되었다는 미군의 보고와도 일치한다.

전쟁은 1901년 3월 아귀날도가 붙잡힌 이후에도 계속되었지만 시어도어 루즈벨트 대통령은 1902년 7월 4일 공식적으로 전쟁의

사진 : 모로 대학살(1906년 3월 9일)

출처 : www.boondocksnet.com/ai/ailtexts/mm_featarms.html

종결을 선언하였다. 미국의 잔인함에 대한 비난을 가라앉히기 위함이었다. 당시 북부 필리핀 섬들은 대부분 "진압"되었지만 남부 섬에 대한 침략은 여전히 계속 되고 있었으며, 그 뒤 수년간 저항도 계속 되었다. 이때부터 미국은 빈군을 단순한 무법자들로 규정하였다.

미국의 식민 군대는 필리핀 남부에서 이슬람교 필리핀인들, 즉 모로 족과 전쟁 중이었다. 1906년 미군은 이른바 모로 대학살로 알려진 학살을 통하여 여성과 어린 아이가 포함된 최소 900명의 필리핀인을 졸로 섬 화산 분화구에 몰아넣고 수일에 걸쳐 총격 및 포격을 가하였다. 붙잡힌 필리핀인들은 모두 죽었지만 미군 사상자는 소수에 지나지 않았다. 마크 트웨인은 학살에 관한 초기 보고서들을 보고 다음과 같이 냉소적인 반응을 보였다(이 보고서들은 학살에서 죽은 사람이 총 600명이라고 주장하였다. 그러나 실제로는 남자, 여자, 어린 아이를 포함하여 900명이 죽었다는 것이 후에 밝혀졌다) :

> 양쪽에서 각각 600명이 전투에 참여하였는데, 우리는 15명만 사망하고 코와 팔꿈치에 상처를 입은 경상자를 포함하여 32명만 다쳤다. 그러나 우리의 적은 (여성과 어린 아이를 포함하여) 600명이 죽었다. 우리는 적들을 완전히 말살하여 죽은 엄마를 위하여 울어줄 어린 아기 한 명도 남기지 않았다. 이는 미국의 기독교 군사들이 성취한 가장 큰 승리이다.[6)]

미군 병사들이 분화구에 들어 있는 필리핀인들의 시체더미를 내려다 보는 모습을 담은 사진을 본 드 보아(W. E. B. Du Bois)는 반제국주의 연맹 회장이던 무어필드 스토리 [Moorfield Storey, 나중에 미국 유색인 지위향상협회(NAACP)의 초대 회장이 된다]에게 쓴 편지에서 "그 사진은 내가 본 것 중 가장 계몽적이었다. 나는 그것을 액자에 넣어 내 강의실 벽에 걸어두고 싶다. 학생들에게 전쟁, 특히 침략전쟁의 진정한 실상이 무엇인지 보여주고 싶기 때문이다"라고 썼다.[7)]

루즈벨트 대통령은 즉시 서한을 통하여 모로 대학살을 수행한 자신의 친구 레오나드 우드(Leonard Wood) 장군을 격려하였다. 루즈벨트는 편지에서 "귀관과 귀관 휘하의 장교와 병사들이 성조기의 명예를 드높인 용감한 업적을 이룬 것을 축하한다"고 썼다. 키플링과 마찬가지로 루즈벨트도 제국주의적 대의나 인종적 우위에 관한 독트린을 장려하는 데 전혀 주저함이 없었다.

그러나 키플링의 소설, 이야기, 시구들은 백인 세계의 많은 이들에게 선험적이고 고결한 대의를 제시하는 것처럼 보였다는 특징이 있다. 또한 키플링의 작품들은 식민지배자에 대한 피식민지배자들의 증오를 인식하고 도와주기도 하였다. 노벨상 수상 위원회는 1907년 노벨 문학상을 키플링에게 수여하면서 "키플링의 제국주의는 다른 이들의 감정에 전혀 관심을 가지지 않는 강경한 제국주의는 아니다"라고 주장하였다.[8] 바로 이점이야말로 키플링의 「백인의 부담」과 그의 다른 작품들이 야만적 현실을 가리는 이데올로기적 장막으로서 매우 효과가 있는 이유이다.

키플링의 시가 발표된 1899년은 (파리 조약 비준으로) 미서 전쟁이 끝나고 필리핀-미국 전쟁이 시작된 해일 뿐만 아니라, 남아프리카에서 보어 전쟁이 시작된 해였다. 이 전쟁들은 전형적인 제국주의 전쟁으로, 반제국주의 운동 및 급진적 비난들을 불러일으켰다. "(남아프리카의 영국 제국주의와 관련하여) 그러한 조건 하에서는 문명의 위탁자로서의 백인 정부란 주장은 설득력이 있을 수가 없다"고 표현한 홉슨의 『제국주의 연구』도 보어 전쟁을 계기로 나온 것이었다.[9] 1916년 씌어진 레닌의 『제국주의 : 사본주의의 최고 단계로서』 첫 문장도 "특히 미서 전쟁(1898)과 보어 전쟁(1899-1902) 이후 동서반구 모두에서 경제·정치 연구들이 현 시대를 정의하기 위하여 '제국주의'라는 용어를 점점 더 많이 사용하고 있다"고 하였다.[10]

백 년 뒤의 제국주의자들에게 전하는 키플링의 메시지

비록 지난 세기 동안 제국주의가 현실로 존재하였지만, 20세기 대부분의 기간 동안 고상한 제도권 집단은 제국주의라는 용어를 받아들이지 않았다. 필리핀-미국 전쟁과 보어 전쟁에서 비롯된 반제국주의적 분노가 너무도 거셌고, 제국주의에 관한 마르크스주의 이론이 전 지구적 자본주의 관계의 가면을 벗겨버리는 데 너무도 효과적이었던 탓이다. 그러나 지난 몇 년간 "제국주의"는 다시 한 번 신보수주의자들과 신자유주의자들 모두의 표어가 되었다. CNBC 워싱턴 지국장인 앨런 머레이(Alan Murray)가 최근에 엘리트들을 겨냥한 성명에서 인정한 바와 같이 "이제는 우리 모두가 제국주의자인 듯하다."[11)]

현재의 미 제국의 팽창이 한 세기 동안 계속되어 온 미국의 해외 제국주의 역사의 연속선상에 있다는 것을 부인하고자 하는 이들을 위하여 마이클 이그나티에프는 다음과 같이 명백하게 밝혔다 :

> 이라크 작전은 1898-1902년의 필리핀 정복과 닮아 있다. 이 둘은 모두 정복 전쟁으로 이데롤로기적 엘리트들이 주도하였으며, 예상보다 훨씬 더 많은 비용이 들었다. 이라크와 마찬가지로 전쟁에서 이기는 것은 쉬웠다. … 12만 명 이상의 미군이 필리핀에 파견되어 게릴라 저항군을 제압하였다. 이들 중 4천 명은 집으로 돌아오지 못하였다. 이라크가 수천 명의 미군을 목숨을 앗아갈지는 두고 볼 일이다. 그리고 미국 대중이 그와 같은

사상자 수를 이라크에서의 성공의 대가로 받아들일지도 두고 봐야 한다.[12)]

제도권의 대표자들이 공개적으로 제국주의적 야망을 지지하는 상황에서 "백인의 부담" 논리를 어떠한 형태로든 다시 불러오려는 계속된 시도는 의외가 아니다. 막스 부트는 여러 상을 수상한 그의 저서 『평화를 위한 야만적인 전쟁』에서 키플링의 시를 인용하였다 :

백인의 짐을 지라–
　　그리고 그것의 오랜 상을 거두라 :
너의 도움을 받은 이들로부터 비난을,
　　너의 보호를 받는 이들의 증오를–

부트는 키플링이 "식민주의자들은 어디에서건 보통 별로 감사를 받지 못한다"는 점에서는 옳았다고 주장한다. 그는 그럼에도 불구하고 미국인들이 자신감을 가져야 한다고 말한다. 그것은 다음과 같은 이유 때문이다 : "피식민지배자들의 대부분이 미국의 점령에 저항하지 않았다. 만약 미국의 점령이 험악하고 잔인하였다면 그들은 분명 저항했을 것이다. 쿠바, 아이티, 도미니카 공화국 등지의 많은 이들이 은밀하게 미국의 지배를 반겼을 것이다." 부트의 요지는 충분히 명백하다. 미국이 다시금 "백인의 부담을 짊어져야 한다"는 것이다. 그는 미국이 1991년 걸프 전쟁에서 사담 후세인을 퇴위시키고 이라크를 점령했어야 한다고 주장하는 것으로 자신의 책을 마무리한

다. 그는 이런 작업이 앞으로 이루어져야 할 것이라고 암시하고 있다.[13)]

『평화를 위한 야만적인 전쟁』이라는 제목은 키플링의 「백인의 부담」에서 직접 인용한 것이다. 428쪽에 달하는 부트의 미 제국주의 전쟁 숭배는 워싱턴포스트지와 크리스찬 사이언스 모니터, 그리고 로스앤젤레스 타임즈가 선정한 2002년 최고의 책으로 뽑혔고, 2003년에는 비소설 분야에서 해병대 역사 관련 최고의 책에 수여되는 월러스 그린 2세(Wallace M. Greene Jr.) 장군 상을 받았다. 부트는 필리핀 전쟁이 "서구 군대가 근대에 수행한 반란군 진압작전 중 가장 성공적인 것의 하나"라고 주장하면서 "당시 기준에서 볼 때 미군 병사들의 임무수행 방식은 식민전쟁의 평균 수준 이상이었다"고 단언했다.

따라서 키플링의 「백인의 부담」의 주제인 필리핀에서의 미국의 제국적 역할은 부트 및 다른 네오콘들이 현재 미국에게 요구하는 역할의 표본으로 제시되고 있다. 심지어 이라크 전쟁 이전에도 이그나티에프는 다음과 같이 말하였다 : "제국주의는 한때 백인의 부담이었다. 이는 제국주의의 명성을 실추시켰다. 그러나 정치적으로 부적절하다는 이유로 제국주의가 불필요한 것은 아니다." 그의 이러한 견해 역시 "백인의 부담" 논리로 귀결되는 것으로 해석할 수도 있다.[14)]

현재 필리핀-미국 전쟁은 미국 역사에서 미국이 이라크에서 겪고 있는 문제들과 가장 유사한 경우로서 재조명되고 있다. 게다가 미국은 9·11 테러 공격을 기회로 삼아 중동뿐만 아니라 전 세계에 개입하여 왔다. 필리핀에도 모로 족 반군에 대항하는 필리핀군을 돕기 위하여 수천 명의 군대를 파견하였다. 이러한 새로운 제국주의의 분위기 속에서 뉴욕 대학교 스턴(Stern) 경영대학 역사학 교수이자 대표적인 신제국주의 옹호론자인 닐 퍼거슨(Niall Ferguson)은 그의 책 『제국(*Empire*)』에서 키플링의 시 「백인의 부담」에 대하여 논하였다:

> 오늘날 그처럼 정치적으로 부적절한 단어를 감히 사용하려는 사람은 없다. 그러나 미국이 인정하건 하지 않건 간에 미국이 키플링이 촉구한 것과 같은 전 지구적 의무를 짊어지고 있는 것이 현실이다. 미국은 테러와 불량국가에 대한 전쟁을 수행하는 것뿐만 아니라, 해외에 자본주의와 민주주의의 혜택을 확산시키는 것 또한 자신의 책무라고 여긴다. 이전에 대영제국이 그랬던 것처럼 미 제국은 분명 자신의 이익이 최우선인 경우에도 자유의 이름으로 일한다.[15)]

오늘날 "정치적으로 부적절"하기 때문에 "백인의 부담"이라는 용어를 "감히 사용하려는 사람이 없다"는 퍼거슨의 주장에도 불구하고 특권집단 내부에서 이 용어를 동정적으로 거론하는 경우가 계속 나타난다. 그 좋은 예가 바로 부트이다. 퍼거슨과 마찬가지로 부트도 제국주의와 인종주의의 현실은 간과한 채 "백인의 부담"을 이상주의적 개입의 오랜 역사에 결부시키려 한다. 부트는 다음과 같이 썼다: "20세기 초 미국인들은 앵글로 색슨 문명을 전파하고 '백인의 부담'을 짊어지는 것에 대하여 이야기하였다. 오늘날 미국인들은 민주주의 전파와 인권보호에 대하여 이야기한다. 이를 무엇이라고 부르든지 간에 이는 미국이 각종 전쟁에 참여한 이유의 큰 부분이었던 이상주의적 욕구를 보여준다."

현대의 제국주의자들은 키플링의 시가 자칭 "평화를 위한 전쟁"을 준비하던 당시 미국 집권계급을 고무하려는 노력의 일환이었다고 본다. 현대의 제국주의자들도 똑같은 방식으로 21세기 "백인의 부담"에 대하여 논하고 있다. 그렇기 때문에 이코노미스트지도 미국이 "정말로 중동에서 백인의 부담을 짊어질 준비가 되어 있는가"라는 단순한 질문을 던졌던 것이다.

제국주의의 대변인이자 분석가였던 키플링은 자기 시대의 서서히 나타나던 모순을 누구보다도 정확하게 파악하였다. 키플링은 비록 스스로도 대영제국을 되살리고 신흥 제국 미국이 영국과 함께 제국의 단계로 들어가도록 고무하였으면서도 대영제국이 과도하게 팽창하여 결국 실패할 운명이라는 것을 알고 있었다. 「백인의 부담」을 쓰기 불과 2년 전에 그는 자신의 유명한 시 「퇴장 성가」를 썼다 :

> 먼 곳에서 우리의 해군은 사라졌네 ;
>
> 모래 언덕과 바다의 곶 위로 불꽃이 가라앉는구나 ;
>
> 보라, 화려했던 어제를
>
> 니느웨와 두로 성 같구나!
>
> 민족의 심판자여, 우리를 불쌍히 여겨주소서,
>
> 우리가 잊지만 않는다면-잊지만 않는다면!

이제 미국은 제국주의의 새로운 단계로 들어가고 있다. 이는 중심과 주변 사이의 갈등이(서구에서는 이러한 갈등을 노골적인, 혹은 은근한 인종주의로 합리화한다) 증가할 뿐만 아니라 자본주의 국가 간에 경쟁이 증가한다는 것을 의미한다. 이로 인해 장기적으로 봤을 때 미 제국의 쇠퇴가 더 앞당겨질 가능성이 크다. 이 와중에 미국과 영국의 엘리트들은 (사무엘 헌팅턴이 제창한 "문명의 충돌"론 및 그 아류들과 같은) 유럽 혈통을 가진 이들이 힘을 모아야 한다는 주장에 더욱 동조할 것이다. 키플링의 "백인의 부담"은 영국의 부가 줄어들던 때에, 후에 드보아가 "세계의 주인인 백인들"이라 일컬은 이들이 공동으로 전 지구를 착취해야 한다고 촉구한 것이었음을 기억할 필요가 있다.[16)]

그러므로 우리는 절대로 군사주의, 제국주의, 인종주의의 3중 위협을 과소평가해서는 안 된다. 그리고 자본주의 사회는 역사적으로 이 세 가지 모두와 동일시되어 왔다는 점을 잊어서도 안 될 것이다.

Chapter 10

이라크는 또 하나의 "베트남"이 될 것인가?

2004년 6월

미국 언론에서 이라크전과 베트남전을 비교하는 일이 흔해졌다는 것은 이라크를 침략·점령하고 있는 미국의 상황이 얼마나 나쁜지를 보여주는 한 예이다. 이를 막기 위한 절실한 노력의 일환으로 부시 대통령은 지난 4월 13일 이례적인 기자회견에서 이라크전과 관련하여 베트남전 비유를 언급하기만 해도 비애국적인 행위이자 미군에 대한 배신이라고 위협하였다. 그러나 다음의 질문이 여전히 미국의 이라크 점령을 따라다닌다 : 미 제국주의에 있어서 이라크가 어느 정도로 또 하나의 "베트남"이 되었는가?

두 전쟁을 직접 비교할 경우 굉장한 차이를 찾아볼 수 있다는 것은 사실이다. 프랑스에 대항한 한 세기간의 혁명적 투쟁에 이어 미 제국주의에 저항하였던 베트남의 국가 해방운동과 같은 저항이 이라크에는 없다. 이라크에 대한 미국의 군사적 개입의 규모는 베트남에 비하여 훨씬 작으며, 이는 사상자 수의 측면에서도 마찬가지이다. 냉전은 오래 전에 끝났다. 따라서 전쟁의 지정학적 의미도 다르다.

그럼에도 불구하고 이라크는 지난 세기의 베트남과 마찬가지로 미국의 힘의 한계를 상징하게 되었다. 미국은 세계 유일의 초강대국이자 지구상에서 가장 강력한 군대를 가지고 있다. 그러나 자신의 힘이 무한하다는 미국의 주장은 다시금 민중 저항군과 제3세계에서 나타나는 침략자에 대한 증오로 인해 흔들리고 있다. 4월 한 달 동안 이라크에서 전사한 미군의 수는(원래는 전쟁의 전체 기간이라고 해야 할) 이라크 침공부터 바그다드 정권 붕괴까지의 미군 사상자 수를 능가하였다. 미국 집권계급이 받아들일 수 있는 안정적인 정치적 해법도 보이지 않는다. 군사적인 해법은 존재하지 않는다. 그리고 (미국이 실제로 이라크에서 철수할 의향이 있기는 하다고 가정하였을 때) 미국이 "철수전략(exit strategy)를 가지고 있지 않다"는 것이 종종 노출되었다. 이러한 상황에서 미국이 베트남에서처럼 패배한 것은 아닌가라는 의문이 다시금 제기되고 있다. 세계의 상황이 극적으로 변했음에도 불구하고 1966년 중국 인민일보 기사가 "미 제국주의가 아시아에 더 많은 군사력을 투입하면 할수록 더 꼼짝 못 하게 되어 자기 무덤을 더 깊게 파게 될 것"이라고 한 말을 떠올리지 않을 수 없다.[1)] 미국 집권계급은 베트남 비유에 관하여 분명히 잘 알고 있다. 그들은 미 제국주의가 또 하나의 재앙에 직면해 있으며, 이 재앙은 미국이 이라크에 오래 머물면 머물수록 계속 악화될 것이라고 걱정하고 있다. 그러나 동시에 미국이 전쟁을 계속 확대시키도록 하는 거대한 동력 또한 작동하고 있다. 베트남전에서 아주 중요한 시기이던 1970년 4월 2일, 미 상원 외교위원장 윌리엄 풀브라이트(J. William Fulbright) 상원의원은 적들이 "우리를 인도차이나에서 몰아낼 수는 없다. 그러나 그들은 우리로 하여금 전력투구할 것인지 아니면 완전히 철수할 것인지를 결정하도록 강요할 수는 있다"고 단언하였다.[2] 그의 발언은 미국이 베트남전 동안 겪었던 주요 딜레마를 잘 묘사해 준다. 미국은 점점 더 깊숙이 베트남에 뛰어들 수 있었으며, 실제로 그렇게 하였다. 그러나 결국 제압할 수 없는 저항에 부딪혀 완전히 철수할 수밖에 없었다. 국내의 대대적인 반전운동 증가도 이러한 결과를 이끌어내는 데 한몫 하였다. 오늘날 미국은 이라크에서도 이와 유사한 어려운 선택에 직면해 있다. 미국의 주요 동맹국 국민을 비롯한 전 세계인들은 물론 아마 미국 국민들도 전쟁의 확대를 용인하지 않을 것이다. 그러나 미군의 완전 철수는 미국 집권계급이 받아들이지 않을 것이다. 이들은 전쟁에 실질적인 이권을 가지고 있으며, 미국의 힘의 신뢰성을 걱정하기 때문이다. 그렇기 때문에 비록 전 지구적으로 정치적인 악영향을 끼친다고 할지라도 미국은 전쟁을 확대할 가능성이 커보인다.

미국 권력 엘리트들의 일반적인 견해는 미 외교협회가 지난 3월에 발표한 『이라크 : 1년 뒤(*Iraq : One Year Later,* 이하 『이라크』역자)』에서 찾아볼 수 있다. 이 보고서를 작성한 프로젝트 팀은 닉슨 행정부와 포드 행정부에서 국방장관을 역임한 제임스 슐레진저(James Schlesinger)와 클린턴 행정부 당시 러시아 주재 미국 대사와 국무부 정무차관을 역임한 토마스 피커링(Thomas Pickering)이 공동으로 이끌었다.

이 프로젝트 팀은 전체적으로 미 외교정책 제도권 내의 최고위급 인사들을 포함하였다. 전 유엔 주재 대사이자 레이건 행정부 국가안보회의 멤버이기도 했던 진 커크패트릭(Jeanne Kirkpatrick)과 랜드 연구소 평화유지 전문가 제임스 도빈스 등이 대표적이다(도빈스는 클린턴과 부시 행정부 당시 소말리아, 아이티, 보스니아, 코소보, 아프가니스탄의 "국가 건설" 관리를 돕기 위한 특사로도 파견되었다). 『이라크』는 미국이 "권력을 이양"할지라도 이라크에 대한 전략적 "책무"를 유지해야 할 필요성에 대하여 역설하였다. 그 이유는 (1) 이라크의 이웃 나라들에 의한 간섭을 예방하고, (2) "장기적으로 안정적인 석유 생산과 공급"을 확보하며, (3) "테러리스트들에게 근거지를 제공할 수 있는 실패한 국가의 등장"을 막고, 마지막으로는 (4) "미국이 중동 지역에서 부수적인 힘과 영향력을 잃게 하는 … 정책적 실패"를 피하기 위해서이다.[3] 슐레진저와 피커링이 로스앤젤레스 타임즈 사설란에 "이라크는 정치적 논쟁의 대상이 아니다(Keep Iraq Above Politics)"라는 제목으로 기고한 것처럼 공화당과 민주당 모두 "현재 노선을 고수해야" 한다고 주장하는 것도 모두 동일한 이유에서이다. 이들은 무엇보다도 이라크는 미국 대통령 선거에 휘둘려서는 안 된다고 하였다. 이는 민주당 대선 후보인 존 케리(John Kerry)를 직접적으로 겨냥한 말이다.[4]

집권계급이 현재까지 이라크 전쟁으로부터 얻은 주된 교훈은 점령을 유지하기 위해서는 훨씬 더 많은 병력이 필요하다는 것이다. 비즈니스 위크지에 따르면 "이라크에서 미국의 영향력은 여전히 약하다. 점령을 계속하기 위해서는 두 가지가 필요하다 : 안보 유지를 위한 더 많은 병력과 이를 보충해 주는 더 영리한 정치전략이 그것이

다."[5] 비즈니스 위크 편집장 브루스 누스바움(Bruce Nussbaum)은 다음과 같이 말하였다 :

> [워싱턴은] 이라크에서의 군사적 전략, 즉 럼스펠드 독트린이 실패작이라는 것을 부인하고 있다. 이라크에서 안정적인 민주주의를 수립하기 위한 최선책은 소규모의 신속한 군사작전을 강조하는 럼스펠드 독트린을 콜린 파월 합참의장이 고안한 파월 독트린으로 교체하는 것이다. 파월 독트린은 아주 명백한 정치적 목표와 구체적인 철수전략을 가진 대규모의 병력 파견을 지향한다. 이 두 가지는 현재 이라크에 결여된 것들이다. 이라크에서 럼스펠드 독트린의 실패는 분명하다. 지상군은 너무 적고, 미국과 미국이 직접 뽑은 통치위원회(Governing Council)는 별로 정통성이 없다. 목표는 너무 자주 바뀌고, 분명한 철수계획도 없다. 그 결과 최근 몇 주간 납치, 매복, 반격, 죽음의 악순환이 계속되었다. 이러한 파괴는 점점 더 베트남의 재앙을 연상시킨다. … 현재 우리는 무엇을 해야 하는가? 파월 독트린으로 복귀함으로써 몇 가지 핵심 목표를 달성할 수 있을 것이다. 의미 있는 병력 증강을 통하여 마침내 바트당의 저항을 제압하고 이라크인들의 안전을 증진할 수 있을 것이다. … 파월 독트린의 현실 정치적 측면은 또한 워싱턴으로 하여금 목표를 줄이고 분명한 철수전략을 세우도록 압력을 가할 것이다.[6]

위와 같은 파월 독트린으로의 회귀는 이라크에서 대규모로 병력을 증강한다는 것을 의미한다. 미국은 현재 이라크에 135,000명의 병력을 파견하였다. 쿠웨이트 및 여타 인접국가에 파병된 병력을 포함하면 이라크에서의 작전과 관련된 현지 총 병력은 15만 명에 달한다. 영국군이 절반 정도를 차지하는 동맹군 병력도 25,000명이 파병되었다. 그럼에도 불구하고 비즈니스 위크지에 따르면 "랜드 연구소 평화유지 전문가이자 국무부 특사 제임스 도빈스 등 전문가들은 다른 불안정 국가에서와 같은 수준의 평화유지를 위해서는 4십만 명 상당의 병력이 필요하다고 말한다. 25만 이라크군이 도움은 되겠지만, 최근 이라크 치안대가 다른 이라크인들과 맞서기를 거부한 것에서도 알 수 있듯이 그들은 임무를 제대로 수행할 준비가 안 되어 있다. 앞으로 최소 1년은 그럴 것이다." 여기서 미군 병력 규모를 확대하여야 한다는 주장이 나온다. 추가 병력은 어디서 얻을 것인가? 비즈니스 위크는 우선은 이미 이라크에서 임무를 마치고 돌아온 부대를 다시 순환 근무시킴으로써 추가적 병력을 확보하고 계속 "병력" 부족의 해답을 찾아야 한다고 주장한다.

다른 제도권 언론도 대규모 병력 확충이 필요하다는 데 동의한다. 뉴욕타임즈는 "지금은 후퇴할 때도 아니지만 절반의 노력만 할 때는 더더욱 아니다"라고 하였다. 현 정부가 계획한 것보다 훨씬 더 많은 병력이 필요하다는 것이다 :

> 이라크에 병력을 추가적으로 파견할 경우 가뜩이나 어려운 미군에 더 큰 부담이 될 것이다. 또한 추가 병력 파견은 현재 미국에 돌아와 있는 부대들이 다시 이라크로 가야 한다는 것을 의미한다. 그러나 다른 선택의 여지가 없어 보인다. 럼스펠드가 그의 경쟁자인 콜린 파월 국무부 장관의 이름을 딴 독트린을 그렇게 결연히 반대하지만 않았어도 현재 겪고 있는 문

> 제들의 대부분을 피할 수 있었을 것이다. 파월 독트린은 병력을 사용할 것이라면 압도적인 규모로 파병해야 한다고 지적한다. … 미국은 이라크를 점령하고 질서를 복원하기 위해서 훨씬 더 많은 병력을 준비해 놓았어야 했다.[7)]

이라크 점령의 관성으로 인해 적어도 단기간 동안은 미군 병력의 상당한 증강이 예상된다. 미국의 주요 목표는 현재 미국의 점령에 저항하고 있는 이라크 민족주의자들에 맞설 이라크군을 양성하는 것이다. 그러나 이라크의 저항을 제압하기 위하여 미국이 의지할 수 있는 이라크군을 창설하려는 노력은 지금까지 별로 효과가 없었다. 미국이 이라크군 창설을 위하여 18조 달러를 사용하였음에도 불구하고 현재까지 계획했던 4만 명 중 4천 명의 병사밖에 훈련하지 못하였다. 신이라크군 제1대대 중 절반이 급여가 적다는 이유로 지난해 말 그만두었다. 지난 4월 팔루자에서 이라크 저항군을 제압하는데 제2대대의 도움을 요청하자 많은 병사들이 자신들은 외국인 적과 싸우려고 지원하였지 같은 이라크인과 싸우려고 지원한 것이 아니라는 이유로 거부하였다.[8)]

미 제국주의의 가장 심각한 문제 중 하나는 이라크 인구의 대부분을 이라크에서의 미국의 전략적 이익에 대항하는 잠재적인 적으로 간주한다는 데 있다. 또한 미국이 의지할 만한 친제국주의 세력이 없다는 것도 문제이다. 이는 한 세기에 걸친 프랑스 식민주의를 겪은 상당수의 도시 중상류층이 프랑스가 떠나자 미국과 협력하였던 베트남의 경우와는 대조적이다. 이라크군 내 바트당 분자들을 신뢰하지 않았던 미국은 점령 직후 이라크군을 해산시켰다. 그러나 이라크의 민족적 · 종교적 배경 하에서는 미국이 자신이 만들어낸 정치적 · 군사적 공백을 메우기 위하여 의존할 자연스러운 지지기반이 전혀 없었다. 미국은 바트당과 연관되어 있는 수니파보다도 이라크인의 다수를 차지하는 시아파를 정치적으로 더 용인할 수 없었다. 시아파는 이슬람 근본주의 국가인 이란과 밀접하게 연관되어 있기 때문이다. 쿠르드 족은 대부분 이라크 북부 지역에 밀집되어 나머지 사회와는 단절되어 있다. 이들은 또한 터키와의 관계 및 석유문제를 놓고 미국과 갈등 중이다. 인구의 상당수와 뿌리 깊은 유대관계를 맺지 않는 이상 미 제국주의는 미군을 지원하고 궁극적으로는 미군을 대체할 이라크군을 양성하기는 어려울 것이다.

이 모든 것은 이라크 점령에 있어서 미국이 직면한 가장 큰 장애물이 심각한 병력 부족이라는 점을 보여준다. 여기서도 베트남과의 비교를 피할 수 없다. 먼슬리 리뷰 편집장 해리 맥도프와 폴 스위지는 1969년 12월 이 잡지에 기고한 글을 통하여 다음과 같이 말하였다 :

> 미 제국주의의 최대 약점은 바로 병력 부족이라는 것을 반드시 이해해야만 한다. 베트남전은 혁명군 제압에 있어서 기술이 병력을 대체할 수 있을 것이라는 한때 널리 퍼졌던 희망이 허구라는 것을 보여주고 있다. 미국은 현재 약 350만 명 규모의 병력을 가지고 있다(이는 전 세계 최대 규모이다). 본토에서 수천 마일 떨어진 작은 나라에서 일어난 전쟁에 이 병력의 적어도 5분의 1이 직접 또는 간접적으로 매여 있다. 남은 병력의 대부

분은 전 세계 30여 국에 있는 250개 이상의 미군 기지에 소수로 나누어져 파견되어 있다. 미국이 스스로 세계 경찰 역할을 자임하였다는 점을 고려할 때 … 세계적인 미군 기지 체제와 베트남 전쟁으로 인해 발생한 현재와 같이 극단적인 군사자원 소실은 또 다른 위기 지역이 생길 경우 파견할 수 있는 전략 예비군 규모를 위험할 정도로 작게 만든다.[9)]

과거 자본주의 제국들, 특히 영국과 프랑스의 경우 본국에서의 병력 징집 없이도 전 세계에 산재한 식민지들을 침략하고 통치할 수 있었다. 이는 근대적 무기가 없어 식민지 저항운동이 약했기 때문이다[힐레어 벨록(Hilaire Belloc)은 "무슨 일이 일어나든지 간에 우리는 맥심총이 있고 그들은 없다"고 말하였다]. 또한 (식민지에서 차출한 현지인 군대에 더하여) 선진 자본주의 국가의 실업 인구와 불완전 고용 인구를 병사로 모집할 수 있었다. 그러나 베트남전 당시 미국은 자신의 제국적 목표를 실현하기 위하여 징병제에 의존할 수밖에 없었다. 제3세계의 저항운동은 더 이상 정치적으로 분열되어 있지 않았고, 게릴라전에 필요한 근대식 무기 획득 능력도 나아졌다. 필요한 규모의 지원군을 유지할 만한 실업 인구도 없었다. 그러나 미국은 여전히 제국을 유지하는 방법으로 전면 징집제를 시행하기를 꺼렸다. 베트남전이 대중이 별로 지지하지 않는 제국주의적 전쟁을 수행하기 위해 징병제에 의존하는 것의 위험성을 보여준 이후 미국은 더욱 소규모의 자원병에 의존하였다(이는 경제침체로 인한 산업예비군의 증가로 가능하였다). 기술 발전이 지상군의 필요성을 줄어들게 할 것이라는 믿음이 되살아났기 때문이다.

이라크는 불과 1년 만에 이것이 착각이라는 것을 보여주었다. 미 제국을 유지하기 위하여 지원병에만 의존하려는 계획은 무너졌다. 미국 집권계급은 이라크에 더 많은 전투병을 파견해야 할 필요에 직면하고 있으나 파견할 병력이 없다. 전쟁의 이득을 독점하려는 미국은 자신보다 훨씬 작은 영국의 도움만을 받은 채 사실상 혼자 이라크전을 시작하였다. 상황의 심각성은 미 의회예산국(Congressional Budget Office : CBO)이 2003년 11월 5일 하원 군사위원회(Armed Services Committee)에 제출한 보고서에서 예견되었다. 이 보고서는 "만약 군이 이라크에 파견한 개개 부대를 교체 없이 1년 이상 현지에 두지 않는다면 2004년 3월경부터는 현재의 점령군 규모를 유지할 수 없을 것"이라고 발표하였다. CBO 보고서는 현재 상태와 같은 점령을 "계속 유지"하거나 "무한정" 계속하려면 병력 규모를 38,000-64,000명 규모로 줄여야 한다고 강조한다. 그렇지 않으면 (지원병들을 혹사시키고 신병모집과 처벌의 원칙을 어기면서) 교대방식을 바꾸는 수밖에 없다. 즉 해병대, 주방위군, 특수부대에 대한 의존도를 크게 늘리고, 이라크에 이미 다녀온 병사들을 다시 파견하기 위하여 재정적 보상을 제공해야 한다. 또한 시나이 반도, 코소보, 보스니아에 파견된 병력 규모를 줄이고 군사행동의 여러 부문을 민영화할 방안을 찾아 더 많은 병사들이 전투에 참여할 수 있도록 해주어야 한다. (용병 수의 증가는 민간화 전략의 결과이다. 민간 군 용역업체를 통해 이라크에서 일하는 용병은 현재 2만 명에 달하며, 이들은 일반 군이 하던 임무의 많은 부분을 담당하고 있다.) CBO 보고서는 해병대, 특수부대, 주 방위군을 이라크에 전투병으로 파견하는 방안 등을 통하여 현재의 병력을 최대한 분산시킨다 할지라도 (이라크 근무 기간을 12달 이하로 제한하겠다던 병사들에 대한 약속과 다른 지역에서의 군사적 약속을 깨지 않으면서) 계속적으로 이라크에 투입될 수 있는 최대 병력 규모가 현재 수준의 3분의 2를 넘지 못할 것이라고 추정한다. 5월 초 현 정부가 수만 명의 병사를 이라크에 1년 이상 붙잡아두고 일부 부대는 순환 근무시키겠다는 발표를 한 것으로 미루어 볼 때, 점령에 필요한 병력 확보 위기가 얼마나 심각한지 짐작할 수 있다.

이렇듯 병사가 심각하게 부족하게 되자 비록 반대는 심하지만 미국에서 징집제를 다시 시작해야 한다는 의견이 의회에서 머리를 들고 있다. 사회계급별 전쟁 부담을 균등하게 해야 한다는 이유에서이다. 현재는 노동계급이(제도권의 어법을 따르자면 중산층과 하층계급이) 전적으로 그 부담을 지고 있다. 네브래스카 주 상원의원인 공화당의 척 헤이글(Chuck Hagel) 의원은 지난 4월 "NBC 투데이 쇼(Today show)"에 나와 "실제 모든 싸움을 하고 있는 이들은 누구인가?"라는 질문을 던졌다. 헤이글은 테러와의 전쟁이 "아마도 25년은 걸릴 세대적인 전쟁"이라고 규정하고 따라서 사회 모든 계층이 그 짐을 져야 한다고 말하였다. 같은 프로그램에서 민주당의 조 바이든(Joe Biden) 델라웨어 주 상원의원은 미군 규모가 너무 작으며, 군사력을 필요한 수준으로 증강하기 위해서는 징집제에 의존할 수밖에 없다고 단언하였다. 민주당의 찰스 랭글(Charles Rangle) 뉴욕 주 하원의원도 징집제의 재시행을 강하게 옹호하였다. 랄프 네이더(Ralph Nader)는 다음과 같이 경고한 바 있다 :

> 오늘날 예비군과 주 방위대 입대자 수가 줄고 있다. 미국의 새로운 세대를 징병하기 위한 조직이 조용히 갖추어지고 있음에 따라 펜타곤은 지역 징병위원회에서 일할 새로운 인물들도 뽑고 있다. 미국의 젊은이들은 열차가 들어오고 있으며, 이 열차는 베트남전이 1960년대의 젊은이들의 삶을 망쳐놓은 것처럼 현 세대를 덮칠 수 있다는 점을 알아야 한다.[10]

이라크전이 미국의 뜻대로 진행되지 않자 이제는 전쟁을 지지했던 이들조차도 미국에게 확실한 철수전략을 세우도록 요구하고 있다. 현재까지는 철수전략이라고 할 만한 것은 유엔 중재 하에 6월 30일까지 소위 "권력을 이양"한다는 것밖에 없다. 그러나 부시 행정부는 권력을 이양하더라도 이라크의 주권이 "제한적"일 것이라는 의사를 밝혀왔다. 유엔안보리의 승인을 기다리고 있는 미국의 현 계획은 새로운 이라크 임시정부에게 입법권이나 현행법 개정 권한을 부여하지 않는다. 그 결과 임시정부는 미국의 점령이 시작된 이래로 제정된 법을 하나도 바꿀 수 없게 된다. 미 지휘관들이 여전히 미군과 이라크군을 모두 지휘할 것이다. 새로운 임시정부는 이라크의 화폐 공급과 석유 수익을 관할하지 못하게 될 것이 거의 확실하다. 지난 4월 27일 미 상원 외교위원회 증언에서 이라크 대사 예정자 존 네그로폰테(John D. Negroponte)는 이라크 임시정부가 장기적인 석유 계약을 체결할 권한이 없다고 의회를 안심시켰다.

미국은 원래는 임시정부 수립을 위해 일하고 있어야 함에도 불구하고 전 바트당 장교 수천 명을 모집하여 이라크군의 핵심으로 만들려 하고 있다. 이들은 국가적 저항을 제압하고 이라크 내에서 미국이 의지할 수 있는 권력집단의 기초가 될 가능성이 있다. 이는 인구의 다수를 차지하는 시아파가 용인할 수 있는 정부와 정치과정을 만들려는 어떠한 노력에도 방해가 될 것이며, 미국의 전략에 있어서 민주적 과정이 얼마나 중요한 것인지에 대한 의문을 불러일으킬 것이다. 아부 그라이브 형무소를 비롯해 여러 곳에서 행해진 이라크인에 대한 고문과 학대는 민주주의에 대한 미국의 약속에 다시금 의문을 품게 한다. 이는 점령군이 이라크에서 가지고 있던 얼마 안 되는 정통성 또한 약화시킨다. 이와 같은 잔학한 행위에 대하여 자체적인 조사를 벌일 수 있는 주권적 이라크 정부를 수립하는 일은 명백하게 미 제국주의의 관심 밖에 있다.

이 모든 것에서 워싱턴이 임시정부에 실질적 주권을 넘겨주는 일을 지연하고 있다는 것을 분명하게 알 수 있다. 미국의 정치적·경제적·군사적 목표는 서로 밀접하게 연관되어 있다. 미 제국주의의 군사적·경제적 목표 추구 때문에 이라크의 정치적 위기에 대한 신속한 해결이 어렵다. 우리는 임시정부의 주 목적이 내년에 진정한 이라크 정부를 세울 수 있도록 선거의 기초를 마련하는 일이라고 들어왔다. 그동안에는 미군이 실질적으로 이라크를 통치할 것이다. 현재 계획에 따르면 미군이 철수하려면 아직도 잘 해야 수년은 더 걸릴 것이다.

전쟁 선전과는 달리 미국의 이라크 침공은 이라크가 대량살상무기를 사용하는 것을 막기 위한 것이 아니었다(이라크는 대량살상무기를 가지고 있지도 않은 것으로 드러났다). 이라크에 민주주의를 수립하기 위한 것도 아니다. 전쟁의 진짜 동기는 세계에서 두 번째로 많은 매장량을 가진 이라크의 석유에 대한 미국의 지배를 확대하고, 아마도 영구 군사기지의 형태로 이라크에 미군을 주둔시켜 중동 전체에 대한 미국의 영향력을 강화하는 것이다. 이라크에서 미 제국주의의 존재는 중동을 넘어 대량의 석유와 천연가스 매장량을 가진 중앙아시아에까지 미국의 힘을 행사하는 데에도 도움이 될 것이다. 이것이 이라크전의 진정한 이득이며, 애초부터 미국의 개입을 주도한 핵심 고려사항들이었다. 미국의 자본주의는 정치적 · 경제적 · 군사적 측면에서 모두 이라크의 석유에 대한 미국의 지배를 지속시키지 않는 어떠한 결과도 실패로 여길 것이다. 그러한 지배와 그로부터 생기는 지정학적 힘이야말로 이라크 침공의 주목표였기 때문이다. 전 이라크 점령군 총 지휘자 제이 가너(Jay Garner) 장군은 2004년 3월 19일 BBC와의 인터뷰에서 이라크 통치계획의 최우선 사항은 정치적 변화도, 전기와 수도 공급의 복원도 아닌 바로 이라크 석유의 민영화와 신자유주의적 경제 모형 촉진이라고 밝힌 바 있다.

가너 장군에 따르면, 그가 총 지휘관이던 당시 사용한 모델은 이라크에서 미국의 제국적 역할을 필리핀에서의 그것과 유사하다고 보았다. 20세기 초 필리핀에서 미국의 지정학적 전략의 본질은 (미서 전쟁과 그 뒤를 이은 필리핀-미국 전쟁을 통하여 획득한) 필리핀을 해군의 "석탄 공급소"로 만들어 미군이 그 힘을 태평양과 아시아 깊숙한 곳까지 행사할 수 있게 하는 것이었다. 가너는 다음과 같이 말하였다 :

나는 … 그것(베트남과 이라크의 비교역자)이 잘못된 비유라고 생각한다. … 그러나 우리는 지금 현재 이라크를 중동에서 우리의 석탄 보급소로 보아야 한다. 우리는 이라크에 주둔하면서 사회를 안정시킬 뿐만 아니라 우리도 전략적 이득을 얻는다. 나는 미국이 이를 인정하고 받아들여야 한다고 생각한다. 이라크인들이 우리를 자국의 손님으로 받아들일 의사가 있는 한 말이다.[11)]

미국은 자신의 전 지구적 패권을 복원할 방안인 이상과 같은 전쟁의 이득을 쉽게 포기하지 않을 것이다. 그러므로 미국이 군사적 · 경제적 · 정치적 수단을 모두 동원하여 이라크를 미 제국의 일부로 유지하고 이라크에 대한 지배를 지속하려 할 것이 분명하다.

미국이 이라크 전쟁을 계속할 이유는 또 있다. 미국이 패배하였다고 비춰질 경우 “베트남 증후군”이 되살아날 수 있기 때문이다. 이라크전은 이 “증후군”으로 부터의 완전한 탈피와 미 제국의 힘의 완전한 회복을 보여주어야만 했다. 그러나 미 제국주의의 입장에서 볼 때 베트남전의 가장 파괴적인 영향에 대한 기억—잦은 게릴라 매복 공격, 수그러들 줄 모르는 민중 저항, 성조기로 덮인 관들, 미군의 잔인함 등—이 갑자기 다시 밀려오고 있다. 미국 사회의 지도부는 미국의 제국적 힘에 대한 신뢰가 이와 같이 실추되는 것이 현재 이라크 전쟁의 가장 큰 위험이라는 것을 정확하게 지적한다. 궁극적으로는 이것이 미국의 전쟁 기계들이 체면을 차릴 방안을 찾지 않는 한 이라크로부터 철수하기를 꺼려하는 이유이다. 이 모든 것이 전쟁을 지속시키고 심지어 확대시키는 동력을 만들고 있다.

그러나 이에 역행하는 힘도 있다. 가장 중요한 것은 바로 이라크 민중 저항의 증가이다. 전쟁의 확대에 대한 미국 동맹국들의 부정적 반응도 중요하다. 마지막으로 미국 국내적으로도 전쟁에 대한 지지가 줄어들고 있다. 이는 만약 전쟁이 확대될 경우 강력한 반전운동으로 전환될 수 있다. 그렇게 되면 베트남 전쟁 비유를 피하기는 어려울 것이다.

Chapter 11

아메리카 제국 :
팍스 아메리카나인가?
폭스 아메리카나인가?

2004년 9월

1963년 6월 10일, 존 F. 케네디(John F. Kennedy) 대통령은 워싱턴 D.C. 소재 아메리칸 대학 졸업식 연설을 통하여 미국이 추구하는 평화는 "미국의 전쟁무기를 통하여 팍스 아메리카나를 세계에 강요하는 것이 아니다"라고 단언하였다. 그의 연설은 소련이 얼마 전에 발표한 군사전략 관련 문서에 대응한 것이었다. 케네디는 "미 제국주의자들이" "예방 전쟁"을 비롯한 "새로운 형태의 전쟁을 일으킬 준비를 하고 있다"는 소련의 비난을 일축하였다. 그는 "미 제국주의의 정치적 목표는 변함없이 유럽과 다른 자본주의 국가들을 순종적인 도구로 바꾼 뒤 경제적 · 정치적으로 노예화하는 것이며, 이는 사회주의 국가들을 겨냥한 다양한 군사-정치적 블록으로 그들을 통합시키기 위한 것이다. 미국은 이를 통하여 세계를 지배하려는 것"이라는 소련의 주장을 지적하였다. 케네디는 이러한 주장이 마르크스주의 "선전가들의 … 전혀 근거 없고 말도 안 되는 주장"이라며, "전 세계가 알고 있듯이 미국은 결코 전쟁을 일으키지 않을 것"이라고 말하였다.[1)]

이와 같은 강력한 부인에도 불구하고 소위 선의의 미 제국을 정당화하려던 이들은 종종 미국의 군사무기가 강요하는 "팍스 아메리카나"의 개념을 선호하였다. 그리하여 로널드 스틸(Ronald Steel)은 베트남 전쟁이 한창이던 1967년 출간된 자신의 저서 『팍스 아메리카나(*Pax Americana*)』에서 "이익과 영향력이라는 원시적인 동기 대신 고결한 목적을 위한 제국 건설"로 특징지을 수 있는 "팍스 아메리카나의 자비로운 제국주의"에 관하여 썼다. 스틸의 책 중 "제국주의적 요소"로서의 해외 원조에 관해 쓴 장은 아예 루디야드 키플링의 유명한 시를 따 "백인의 부담"이라는 제목이 붙었다. 키플링의 시는 1898년 미서 전쟁 뒤에 미국이 필리핀에서 제국주의의 역할을 감당해야 한다고 요구하였다.[2)] 이와 같은 노골적인 제국의 관점은 베트남전 패배 이후 미국에서 거의 나타나지 않았으나 아프가니스탄 전쟁과 이라크 전쟁, 그리고 미국이 주도하는 영구적인 "테러와의 전쟁"을 특징으로 하는 탈냉전 시대에 다시금 고개를 들고 있다. 우리는 다시금 제도권의 "팍스 아메리카나를 지키자"는 주장과 "백인의 부담"을 짊어져야 한다는 주장을 듣고 있다.

케네디는 미국의 전 지구적인 군사적 팽창을 공산주의를 봉쇄하기 위한 노력의 일환으로 묘사하였다. 이제 냉전은 끝났다. 소련은 더 이상 존재하지 않는다. 그럼에도 불구하고 21세기의 서두에서 세계인들은 그 어느 때보다도 미국을 자신의 의지를 군사력을 통해서 일방적으로 관철시키는 제국주의적 힘으로 보고 있다. 소련의 붕괴 이후 우리는 미국이 제2차 세계대전 이후 최대 규모로 유럽에 군사적 개입을 하는 것을 목격하였다. 이제 미국은 이전에는 미 제국의 권한 밖에 있었던 중앙아시아와 같은 지역에도 군사기지를 가지고 있다. 2003년 이라크 침공 당시 워싱턴은 미국을 겨냥하여 사용될 수 있는 대량살상무기의 잠재적인 위협을 이유로 예방 전쟁을 수행하는 것이라는 점을 명백하게 밝혔다. 전쟁 이전에 대량살상무기의 존재에 대한 증거를 찾을 수 없었다는 점은 문제가 되지 않는 듯하였다. 전쟁이 일어난 이후에도 대량살상무기를 찾지 못하였다는 점 또한 문제가 되지 않았다. 일단 미국이 이라크를 침공하자 현지 전투 상황에 모든 이목이 집중되었기 때문이다. 이런 식으로 제국주의는 스스로를 정당화하였다.

이와 같은 최근의 군사행동은 미국 역사상 이례적인 것이 아니라, 오히려 적어도 1940년대까지 거슬러 올라가는 오래된 양식의 연속이자 그것의 심화를 보여준다. 공개작전과 비밀작전을 모두 포함하여 미국이 군사적으로 개입한 주요 국가로는 다음과 같은 나라들이 있다 : 중국(1945), 그리스(1947-1949), 한국(1950-1953), 이란(1953), 과테말라(1954), 인도차이나(1954-1973), 레바논(1958), 콩고(1960-1964), 쿠바(1961), 인도네시아(1965), 도미니카 공화국(1965-1966), 칠레(1973), 앙골라(1976-1992), 레바논(1982-1984), 그라나다(1983-1984), 아프가니스탄(1979-1990), 엘살바도르(1981-1992), 니카라과(1981-1990), 파나마(1989-1990), 이라크(1991), 소말리아(1992-1994), 아이티(1994), 보스니아(1995), 유고슬라비아(1999), 아프가니스탄(2001-현재), 이라크(2003-현재). 미국의 군사적 개입 규모가 얼마나 큰지는 전 세계를 에워싼 미군 기지의 존재에서 잘 드러난다. 찰머스 존슨은 다음과 같이 말하였다:

> 지구상의 다른 사람들과는 달리 대부분의 미국인들은 미국이 군사력을 통하여 세계를 지배하고 있다는 사실을 인지하지 못한다(아니 인지하려 하지 않는다). 정부의 기밀 유지 때문에 미국인들은 그들의 정부가 전 세계를 방위하고 있다는 사실에 무지하다. 미국인들은 남극 대륙을 제외한 모든 대륙에 있는 미군 기지의 광대한 네트워크가 실제로 새로운 형태의 제국을 이루고 있다는 점을 깨닫지 못하고 있다.[3)]

미 제국주의의 최우선 목표는 언제나 미국 기업에게 투자 기회를 열어주고 이 기업들이 중요한 자연자원에 대한 우선적 접근권을 얻도록 하는 것이다. 이는 미국의 패권을 확대할 뿐만 아니라 미국 기업의 국제 경쟁력과 이윤을 증대시키는 경향이 있다. 또한 미 제국주의는 미국의 필요에 부합하는 한, 자본주의의 다른 핵심 국가들의 전체적인 이익도 확대시킨다. 그러나 이러한 목표는 유일한 제국적 힘이 지배적 역할을 하는 착취의 영역이라는 제국의 정의상 종종 미국과 다른 제국적 국가 사이의 갈등을 불러일으킨다. 게다가 제국의 원리는 현 상태(status quo)를 변화시키려는 체제 주변부의 모든 노력을(만약 있다면 중심부의 노력도) 방해한다.

따라서 군사주의와 제국주의는 미 자본주의에 봉사하며, 자본주의와 불가분의 관계에 있다. 미국은 지구상의 다른 모든 국가의 군비 지출을 합친 것보다 많은 비용을 군사비로 쓰고 있으면서도 끝없이 새로운 무기와 무기체계, 병사를 필요로 한다. 미국이 전 지구적 차원에서 경제적 · 정치적 패권을 유지 · 복원하는 데 있어서 점점 더 군사력에 의존하게 됨에 따라 제국의 과도 팽창 문제는 극복할 수 없는 만성적 문제가 되어버렸다.

베트남전의 종전은 미 제국의 가면을 완전히 벗겨버렸다. 1970년에 스틸은 『팍스 아메리카나』 수정판을 발간하면서 "더 이상의 베트남은 없다?"라는 제목의 마지막 장을 추가하였다. 베트남에서 미국의 패색이 짙던 시기에 씌어진 이 새로운 장의 요지는 전 장과는 완전히 대조적이었다. 스틸은 "베트남, 도미니카 공화국, 그리스의 군부통치 이후로 미국 대통령이 '인류의 해방'이나 '자유의 보존'에 기초한 외교정책을 대놓고 주장하기가 어려워졌다"고 썼다.[4] 팍스 아메리카나는 순전히 제국주의에 지나지 않음이 드러난 것이다.

그러나 미 제국은 "체면" 실추에도 불구하고 사라지지 않았다. 제국주의에 깔려 있는 근본 동력은 그대로 유지되었다. 워싱턴은 새로운 팽창 기회를 기다렸다. 미 제국은 1970-1980년대 카터와 레이건 행정부 시기에 다시 출현하였다. 그리고 1990년대 초 소련의 급격한 쇠퇴와 몰락으로 미군이 중동에 전면적으로 개입할 기회가 처음으로 열렸다. 1991년 미국과 이라크 간의 걸프 전쟁이 그 시초가 되었다. 이제 세계 유일의 초강대국이 된 미국은 더 이상 단순히 혁명운동을 제압하기 위해 개입하는 것이 아니다. 미국은 어떠한 방식으로든 현 상태를 변화시키려는 움직임은 압도적인 미국 군사력의 제지를 받을 것이라는 점을 전 세계에 분명히 밝혔다. 해리 맥도프와

폴 스위지는 「미국이 퍼뜨리는 천연두(Pox Americana)」라는 제목의 글에서 이를 지적하였다 :

> 미국은 전 세계에 커다란 영향을 미치는 과정에 자신을 가둔 것 같다. 변화는 유일하게 확실한 우주의 법칙이다. 이것을 멈출 수는 없다. 만약 [자본주의 세계의 주변부에 있는] 사회들이 자신들의 방식으로 스스로의 문제를 풀 수 없게 한다면 이들 사회들은 다른 이들이 강요한 방식으로 자신의 문제를 해결하려 하지 않을 것이다. 그리고 이들 사회가 진보할 수 없다면 그들은 필연적으로 퇴보할 것이다. 이것이 바로 오늘날 세계의 거대한 부분에서 일어나고 있는 일이다. 자신의 임의대로 사용할 수 있는 무제한적인 강제 수단을 지닌 세계 최강대국인 미국은 이것이 다른 이들이 폭력적인 파괴의 고통을 겪으면서 받아들여야 할 운명이라고 말하고 있는 듯하다.[5)]

이라크 전쟁과 점령으로 죽어가는 이라크인과 미군 병사의 수는 계속 증가하고 있으며, 아브 그라이브 형무소와 다른 곳들에서 벌어지고 있는 미군의 고문과 그 잔인함은 전 세계적인 저항을 불러일으켰다. 이라크에 대한 미국의 개입의 야만성은 모든 면에서 점점 더 명백해진다. 이러한 상황에서 "팍스 아메리카나라는 자비로운 제국주의"에 대한 환상을 유지하는 것은 그 어느 때보다도 더 어렵다. 세계가 볼 때 미 제국은 진정 "미국이 퍼뜨리는 천연두"에 지나지 않게 되었다. 그 내부의 작동 원리를 밝히는 것이 시급하다. 만약 미국이 10여 년 전에 맥도프와 스위지가 주장한 것처럼 "인류의 성전에서 삼손"의 역할을 담당하려 하는 것이라면, 적어도 오늘날의 세계는 이에 대하여 전보다는 더 깨어난 인식을 하고 있다.[6)]

지금 시급한 과제는 이같이 중요한 인식을 더욱 발전시켜 인류의 당면과제인 반제국주의 투쟁을 준비하는 것이다.

Chapter 12

야만의 제국*

2004년 12월

"새로운 야만의 시대가 우리 앞에 놓여 있다." 이는 반테러리스트 히스테리의 불을 지피려고 기획된 2004년 9월 20일자 비즈니스 위크 사설의 첫 문장이다. 살해당한 러시아 학생들과 버스에서 죽은 이스라엘 여성 및 어린이, 이라크에서 참수형을 당한 미국인과 터키인, 네팔인 노동자, 스페인에서 통근 기차 테러로 죽은 수백 명의 사람들, 발리에서 죽은 더 많은 사람들 등을 언급하며 비즈니스 위크는 다음과 같이 천명하였다 : "미국, 유럽, 이스라엘, 이집트, 파키스탄을 비롯한 세계 모든 정부는 이슬람 극단주의자들의 공격을 받고 있다. 이들의 요구는 단 하나뿐이다. 바로 비종교적인 근대사회를 파괴하는 것이다."[1] 서구 문명은 사회적 진화의 정점으로 여겨지는 것들을 파괴하려는 야만과 맞서고 있는 것으로 묘사되었다.

이와 같은 제도권의 견해에는 미국과 유럽의 세국주의의 악

탈에 관한 내용이 빠져 있다. 우리가 "새로운 야만의 시대"에 살고 있다는 것은 사실이다. 그러나 이는 종교적 근본주의에 기반을 둔 것이 아니라, 마르크스가 관찰한 바와 같이 부르주아 문명에 수반되는 야만주의와 로자 룩셈브루크가 말한 "제국주의적 야만의 폐허"에 그 뿌리를 내리고 있다. 우리 시대를 특징짓는 야만의 진정한 뿌리를 분석하기 위해서는 전 지구적인 자본주의에 주목해야 한다. 그리고 나아가서 미국과 영국이 현재 제국주의적 분쟁의 중심지인 이라크에서 무엇을 하고 있는지를 파악해야 한다.

야만의 개념

야만의 개념은 일반 사회사상 내에서 매우 오래되고 복잡한 계통을 가지고 있다. 사회 이론 내에서는 더욱 그러하다. 그리스 말로 바바로스(barbaros)란 원래 그리스 말을 할 줄 모르는 이를 일컫는 말이다. 다른 고대 문명들과 마찬가지로 그리스인들도 스스로가 세계의 중심에 살고 있으며, 다른 모든 이들은 지리적 · 문화적 주변부 [혹은 반(半)주변부]에 살고 있다고 생각하였다. 페르시아 전쟁에서 승리한 후 그리스는 모든 야만인들을 열등하다고 여겼다. 세계의 중심부에 있는 우월한 문명인들과 주변부에 있는 야만인들 사이의 구분은 그리스와 라틴 사상의 기초가 되었다. 플라톤은 그리스인들이 야만인을 죽이거나 노예로 만드는 것이 당연하다고 여기는 자연노예(natural slavery) 원칙을 내놓기도 하였다.[2)]

그리스와 로마에서 문명과 야만 사이의 구분을 발전시키는 데 가장 큰 기여를 한 사람은 그리스의 지리학자 스트라보(기원전 64년–기원후 24년경)였다. 스트라보는 로마에서 수학하여 로마인들의 세계관을 체득하였다. 17권으로 구성된 그의 저서 『지리학(*Geography*)』은 야만이란 역행하는 세계, 즉 "문명 생활[생산]방식"을 받아들인 그리스와 로마인들에 반대되는 것의 표상이라고 표현하였다. 문명과 야만에 관한 그의 이론은 지리적 차이를 생산방식의 차이와 결부시켰다.[3] 정착농경이 가능한 가장 비옥한 토지에 사는 이들이 문명인들이었다. 그러나 빵을 먹으며 주로 도시에 살았던(그리고 도시와 가까운 곳에 살던 농부들도 포함하는) 문명인들과는 달리 야만인들은 항상 무장을 하고 고기와 낙농식품을 먹으며 유랑생활을 하였다. 야만인들은 폭력을 선호하고 약탈과 도적질 외에는 다른 삶의 방식을 찾을 수 없다고 여겼다. 그들의 삶의 터전이 경작 가능한 땅이 아니라 야생이기 때문이다.

따라서 야만의 개념은 문명에 대한 두 개의 개념과 연관되어 두 가지 의미를 지녔다. 문명이 도시 거주민을 의미한다면 야만은 비도시민들, 특히 주변부에 사는 이들을 의미하였다. 문명이 법과 문화를 의미한다면 야만은 이 둘의 부재와 잔인함을 의미하였다. 야만인들은 비정규적인 전쟁방식으로 유명하였다. 스트라보는 로마의 조직적 군대와 싸울 때 "야만인들이 길이 없는 숲과 늪, 사막에서 게릴라전을 펼쳤다"고 기록하였다.[4]

그러나 스트라보는 문명과 야만을 나누는 핵심 기준이 무엇보다도 생산방식의 차이라고 보았다. 생산방식의 차이는 지리적 영향을 많이 받았다. 야만인들은 산이 많고 대양과 인접한 북쪽 지방의 덜 비옥한 토지에서 살았다. 스트라보는 야만인들이 좀 더 문명화된 생산방식을 습득함에 따라 어느 정도는 문화적 발전을 이룰 수 있다고 여겼다. 실제로 그는 "로마의 생활[생산]"방식을 소개하면서 어떻게 일부 야만인들이 "더 이상 야만인이 아니고" "로마와 같이 변화되었는지"를 설명하였다.[5] 특히, 야만인들이 로마제국을 위하여 고기와 원자재를 생산하기 시작하자 그들은 전보다 더 문명화되었다고 간주되었다.

이처럼 그리스와 라틴 문헌에서는 문명 대 야만의 개념이 중심과 주변의 개념을 바탕으로 하여 형성되었다. 한편, 서유럽에서 로마제국을 계승하여 나타난 봉건제도가 수천 년간 계속된 보편적 야만이라고 보았던 초기 사회주의자들은 야만이 주변부에만 국한되지 않은 발전단계라고 보았다. 프랑스의 유토피아적 사회주의자 샤를 푸리에(Charles Fourier)는 야만을 문명의 전단계로 보았다. 야만은 여성의 절대적 노예화와 무력으로 정의된다. 대규모의 노예제도는 야만이 절정에 달하였음을 의미한다. 문명을 일부일처제와 아내들의 시민적 자유, 그리고 산업의 발전과 이에 관련된 계급투쟁의 등장으로 정의하였던 푸리에는 야만에서 막 깨어난 문명이 여러 면에서 야만만큼이나 무자비하고 그 형태에 있어서는 더 교활하다고 보았다. 실제로 푸리에는 문명이 세계 인구에 대한 착취와 무력충돌의 증가를 수반한다며 다음과 같이 주장하였다 :

전쟁과 혁명은 계속적으로 지구의 구석구석을 피폐하게 만든다. 잠시

소강상태이던 정치적 혼란이 다시 터져 나오며, 그 수가 마치 헤라클레스가 자를 때마다 다시 솟아 나오는 히드라의 머리처럼 급증한다. 평화는 일순간의 환상에 불과하다. 독점 상업가들과 약탈자들이 국가를 욕보이고 두 대륙의 생산과 농업을 방해하고, 작업실을 빈곤의 온상으로 만들었다. 그 이래로 산업은 쉴 새 없이 일하는 수백만에 대한 채찍이 되었다. … 상업정신은 사기와 약탈의 새로운 장을 열었으며, 전쟁과 파괴를 동서반구에 퍼뜨리고 있다. 상업정신은 또한 문명화된 탐욕의 부패함을 미개한 지역에까지 확대시키고 있다. 우리의 함선은 야만인들과 미개인들을 우리의 악덕과 과욕, 범죄의 세계로 끌어들이기 위하여 전 세계로 나아간다. 그러므로 문명은 그 끝에 다다를수록 점점 더 악취가 난다. 지구에는 오직 소름 끼치는 정치적 재앙만이 가득하며, 문명을 더럽히는 사회적 수치로부터 문명을 구제하기 위해서 또 하나의 헤라클레스를 간절히 기다린다.[6]

이러한 지구화와 어떤 면에서는 여전히 야만적이라고 볼 수 있는 생산방식의 결과로 세계 인구의 대다수는 가난과 굶주림에 시달리고 있으며, 문명화된 국가에 사는 소수만이 부유해졌다.

부르주아 문명의 야만과 마르크스

마르크스의 저서 이곳저곳에서 거론된 야만은 문명과 자본주의에 내재해 있는 여러 모순을 반영하는 복잡한 것으로 여겨졌다. 마르크스는 이것이 퇴보와 (공산주의로의) 진화의 가능성을 모두 가지고 있다고 보았다. 그는 야만을 발전의 단계 및 중심-주변 문제와 모두 연관하여 생각하였다. 마르크스는 또한 역사 속에서, 특히 자본주의 하에서의 무력과 잔혹함을 묘사하면서 "야만"이라는 단어를 사용하였다(즉 "문명 내에서의 야만"에 관하여 말하였다). 야만은 계급투쟁과 제국주의에 모두 나타난다. 마르크스는 죽기 직전에 쓴 『민족학 노트(*Ethnological Notebooks*)』에서 루이스 헨리 모건(Lewis Henry Morgan)의 인간 발전 단계로서의 야만이란 개념을 차용하였다. 모건은 그의 저서 『고대 사회(*Ancient Society*)』에서 도기 생산 단계를 낮은 단계의 야만으로, 동반구에서 가축의 사육을 시작하고 서반구에서 건축에 아도비 벽돌과 돌을 사용하고 관개를 시작한 것을 중간 단계의 야만으로 보았다. 상위 단계의 야만은 철의 생산과 음표문자의 개발과 동일시되었다. 엥겔스는 『가족 · 사유재산 · 국가의 기원(*The Origin of the Family, Private Property and the State*)』에서 야만을 미개와 문명의 중간 단계로 보는 모건의 인류학적 도식을 사용하였다. 그러나 우리는 모건의 구체적인 인류학 개념보다는 마르크스와 엥겔스가 일반적으로 사용한 문명과 대비되는 의미에서의 야만에 더 관심이 있다.

마르크스는 자본주의 하의 착취가 야만적인 조건, 즉 부르주아 문명의 약탈적인 본질이 잘 드러나는 조건 하에서 주로 일어난다고 보았다. 마르크스는 1844년, 『경제학 및 철학 수고(*Economic and Philosophical Manuscripts*)』에서 자본주의의 발달로 퇴보하고 더럽혀진 삶에 관하여 이야기하면서 다음과 같이 썼다 : "가장 거친 인간 노동의 방식이(그리고 도구가) [자본주의 하에서] 다시 나타났다. 예를 들어 로마의 노예들이 사용하던 쳇바퀴(treadmill)가 오늘날 많은 영국 노동자들의 존재방식이자 생산방식이 되었다."[7] 또한 마르크스는 1847년, 임금에 관한 연설에서 근대 자본주의 생산에서(그리고 감옥에서) 쳇바퀴가 사용되는 것을 질병에 비유하였다. 그는 "쳇바퀴가 문명 안에서 재탄생하였다. 야만도 문명의 보호 하에서 재탄생한다. 그러므로 야만은 곧 문명의 문둥병"이라고 하였다.[8]

마르크스의 비판의 중요성을 이해하기 위해서는 여러 가지 범법행위의 대가로 쳇바퀴를 밟는 형벌을 받게 된 죄수들을 쳇바퀴가 어떻게 고문하고 두려움에 떨게 하였는지에 주목할 필요가 있다. 1818년 윌리엄 큐빗(William Cubbit)은 쳇바퀴 노동을 영국의 죄수들에게 다시 도입하였다. 1971년 10월호 사이언티픽 아메리칸(*Scientific American*)지는 이 쳇바퀴를 이용하여 "곡식을 갈거나 다른 기계에 동력을 제공하는 데 인간이 사용되었다"고 묘사하였다. 죄수들은 6시간 동안 총 8,640피트(2,630 미터)에 달하는 수직 거리를 기어올라야 했다. 이는 워싱턴 기념탑을 계단을 이용하여 1회에 20분씩, 총 16회 올라가는 것과 동일한 거리이다"라고 묘사하였다.[9]

마르크스는 쳇바퀴의 재도입이 부르주아 문명이 자주 행한 어렵고 힘든 착취를 대표한다고 보았다. 문둥병은 부르주아 문명의 품안에서 재탄생한 중세의 야만을 은유적으로 잘 나타내 준다. 마르크스가 쳇바퀴를 "문명의 문둥병"으로 비유한 것은 중세 야만의 시대 당시 유럽에서는 문둥병이 흔하였고, 문둥병이 몸을 썩게 하듯이 쳇바퀴도 문명을 부패하게 만들기 때문이다. 마르크스는 또한 1861-1863년, 『경제학 수고(*Economic Manuscript*)』에서 러시아의 경제학자 하인리히 프리드리히 폰 슈토르흐(Heinrich Friedrich von Storch)의 말을 인용하였다. 슈토르흐는 노동조건과 임금 노동자의 건강 악화가 야만으로의 퇴보를 보여주는 것이라고 지적하였다. 후자는 종종 부르주아 문명의 성장과 함께 나타났다.

마르크스는 또한 문명권 외부의 삶, 즉 도시의 삶과 사회정치적 교류로부터 단절되었다는 의미에서의 야만에 관하여 언급하였다. 그는 보나파르트주의를 지지했던 반동적 프랑스 농노가 "문명 안의 야만"을 대표적으로 보여주는 계급이라고 보았다. 자본주의 하에서 간헐적으로 경제성장이 주춤하는 것과 그로 인한 가난과 고통은 그 자체로 일종의 퇴보이다. 따라서 마르크스와 엥겔스는 『공산당 선언』 제1부에서 경제적 위기를 "일시적인 야만의 상태"라고 불렀다.[10)]

마르크스와 엥겔스는 자본주의 세계 경제에서 중심과 주변부의 관계에 관하여 설명하면서 야만의 개념을 이보다 더 전 지구적인 범위에서 사용하였다. 『공산당 선언』 제1부 내용의 대부분을 차지하는 부르주아에 대한 찬양에서 마르크스와 엥겔스는 부르주아가 어떻게 "야만과 반(半)야만 상태의 국가를 문명화된 국가에 의존적으로 만들었는지, 즉 농노의 국가가 부르주아의 국가에, 동양이 서양에 어떻게 의존하게 되었는지"를 설명하였다. 또한 그들은 "[부르주아의] 저가 상품은 중국의 성벽을 무너뜨리고 야만인들의 외국인에 대한 심각한 증오를 꺾은 대포"라고 말하였다. 마르크스는 유럽의 반(半)주변부에 위치한 제정 러시아를 서양의 혁명운동을 위협하는 야만의 보루로 보았다.

그러나 마르크스의 야만에 대한 태도는 그의 식민주의에 대한 비판에서 돌변한다. 근대 서구 자본주의 하의 부르주아가 "어떠한 방해도 받지 않고 자신이 생각한 대로 세계를 설계할 수 있을 때 … 스스로" 야만이 된다는 것이다. 마르크스는 「영국의 인도 통치의 미래(The Future Results of the British Rule in India)」에서 "부르주아 문명에 고유한 야만과 심각한 위선이 우리 눈앞에 적나라하게 드러났다. 본국에서 야만은 남의 시선을 의식하지만 식민지에 오면 완전히 벌거벗은 야만이 된다"고 서술하였다. 마르크스는 이후 다른 연구들에서 인도에서의 영국 제국주의에 대해 더욱 더 비판적이 되었다. 마이크 데이비스(Mike Davis)가 최근 "빅토리아 시대의 홀로코스트(Victorian holocausts)"라고 명명한 현상에 대해 알게 되었기 때문이다. 인도 사회의 경제적 잉여가 제국주의적으로 착취당할 때 인도 노동자들은 굶주림과 기근에 시달렸던 것이다. (1877년 영국이 인도의 마드라스에서 중노동에 참여한 인도 노동자들에게 제공한 음식의 칼로리는 1944년 나치가 부헨발트 집단수용소에서 중노동에 동원된 유대인들에게 제공한 음식보다도 못하였다).[11] 마르크스는 영국의 팽창이 인도의 산업을 피폐하게 만들고, 인도 사회의 고통과 퇴보를 야기하며, 인도를 단순히 영국의 농업 원자재 공급지로 만들었다고 지적하였다. 실제로 영국 제국주의는 인도 사회에 근대 산업을 소개하였음에도 불구하고 인도의 생산력을 파괴하고 저발전을 초래하는 파괴적 힘이었다. 마르크스는 『자본론』 제1권에서 "산업 자본주의의 기원(The Genesis of the Industrial Capitalist)"을 다루면서 윌리엄 하위트(William Howitt)의 『기독교와 식민지 건설(*Colonization and Christianity*)』을 인용하였다. 하위트는 "전 세계의 모든 지역에서 자신들이 제압할 수 있었던 모든 사람들을 대상으로 하여 행해진 소위 기독교 인종의 야만성과 무노함은 어떠한 시대에도, 아

무리 사납고 무지하며 자비와 부끄러움을 모르는 인종에게서도 찾아볼 수 없는 것"이라고 서술하였다.[12)]

마르크스에 대한 공통된 비판 중 하나는 그가 역사를 내재적으로 진보한다고 전제하였다는 것이다. 『공산당 선언』은 흔히 이러한 극단적인 진보주의를 가장 잘 보여준다. 그러나 『공산당 선언』의 제일 초반부에서 마르크스와 엥겔스는 지금까지 존재했던 모든 문명의 역사를 결정한 계급투쟁에 관하여 "지속적으로 서로 대립하는 압제자와 피압제자 사이에 계속된 싸움으로서, 현재는 공개적으로 진행되는 이 싸움은 사회 전체의 혁명적 재구성으로 끝나거나 경쟁하는 계급들의 공동 파괴로 끝났다"고 서술하였다. "경쟁하는 계급들의 공동 파괴"로(그리고 제국 내외의 야만으로) 인하여 로마제국이 멸망한 뒤 서양에서는 중세의 야만이 장기간 계속되었다. 마르크스나 엥겔스 중 어느 누구도 역사에서 무력의 역할을 과소평가하지 않았으며, 무력의 퇴행적 효과를 간과하지 않았다. 따라서 역사는 사회주의로 진보할 수 있고, 야만으로 역행할 수도 있는 것이다. 이보다 더한 형태의 야만, 즉 제국주의적 관계를 노골적으로 드러내는 더 구조적이고 자본주의적인 형태의 야만이 나타날 수도 있다.

자본주의의 환경 파괴에 대한 마르크스의 분석도 자연체계가 틀어짐으로 인해 사회 전체에 환경위기가 발생할 경우 역사가 퇴보할 수 있다고 지적한다. 쓰레기로 도시를 오염시키고 토지를 빼앗음으로써 자본주의는 물질적인 존재조건을 약화시켰다. 마르크스는 모든 문명이 황폐해졌다고 지적한다. 그는 쳇바퀴의 재도입에 관해 언급한 『경제학 및 철학 수고』의 한 장에서 영국 산업도시들의 공해

와 자본주의의 환경 파괴에 관해서도 다루었다 :

> 욕구의 진화와 욕구를 채우는 수단의 개선은 짐승과 같은 퇴보를 초래하였다. … 노동자들은 더 이상 깨끗한 공기에 대한 욕구도 가질 수 없다. 인간은 다시 동굴에서의 삶으로 되돌아가지만 동굴은 유해하고 악취가 나는 문명의 숨결로 오염되었다. … 인간은 더 이상 햇빛, 공기 등 가장 단순한 동물적인 깨끗함도 바랄 수 없다. 인간의 부패물과 오염, 문명의 오수(문자 그대로 하수 오물을 의미한다)가 인간의 삶의 요소가 된다.

『영장류에서 인간으로 진화하는 데 있어서 노동의 역할(*The Part Played by Labor in the Transformation from Ape to Man*)』에서 엥겔스는 인간의 자연 파괴와 그로 인한 문명의 훼손에 관하여 썼다. 그는 이 생태학적 글에서 인간이 숲을 파괴한 지역의 기온이 상승했다고 지적하였다. 이는 단순한 진보주의와는 전혀 맞지 않는 것으로, 문명이 진화의 한 방향인 야만으로의 퇴보를 겪었다는 것을 시사한다.[13)]

룩셈부르크와 "제국주의적 야만의 폐허"

로자 룩셈부르크는 전 지구적인 제국주의적 팽창과 독일 사회민주주의의 위기, 제1차 세계대전과 원형 파시즘(proto-fascism)의 맥락에서 역사는 단순한 진보가 아니라는 마르크스주의 변증법의 일면을 더욱 발선시켰다. 스파르타쿠스단 봉기의 실패 후 그녀가 살해당하기 한 달 전인 1918년 12월에 룩셈부르크는 「스파르타쿠스단은 무엇을 원하는가?(What Do the Spartacists Want?)」라는 제목의 글을 썼다. 그녀는 "사회주의냐 야만이냐"의 분명한 선택이 우리 앞에 놓여 있다고 단언하였다. 만약 야만이 계속 된다면, 즉 자본주의적 관계가 지속된다면 미래는 새로운 전쟁과 기근, 질병으로 얼룩질 것이다. 역사상 모든 지배계급은 "자신의 특권과 권력을 보호하기 위하여 피를 뿌리고, 살인과 방화를 통해 시체를 넘어 행진하였으며, 내전과 반역을 촉발"하였다. 현재도 계속되고 있는 제국주의적 야만의 발전은 앞으로 더 잔혹하고 반역적이 될 것이며, 세계를 "폐허더미"로 만들 위험이 있다는 것이다.

룩셈부르크는 "단순히 프롤레타리아 계급이 더 이상 자본가 계급에 의해 주어진 조건에서 살기를 원치 않기 때문에 사회주의가 필요한 것이 아니다. 프롤레타리아가 계급적 의무를 이행하지 못할 경우, 즉 사회주의를 실현하지 못할 경우 우리 모두는 파멸할 것이기 때문에 사회주의가 필요한 것"이라고 주장하였다.[14] 마르크스가 말한 것처럼 야만의 숙명은 "경쟁하는 계급들의 공동 파괴"이다.

룩셈부르크는 제1차 세계대전을 반대하였다는 이유로 투옥되었을 당시에 쓴 유명한 『유니우스 팸플릿(*Junius Pamphlet*)』[독일 사회민주주의의 위기(The Crisis in German Social Democracy)]에서 제1차 세계대전보다 훨씬 처참할 제2차 세계대전의 영향과 반동적 경향을 예견하였다. 자본가들은 이미 "도시가 무너지고 온 나라가 황폐해지며, 마을이 공동묘지로 변하고, 온 국민이 구걸을 하는" 파괴적 상황으로부터 이윤을 만들어내고 있었다. 자본주의는 "피를 헤치고 오물을 뚝뚝

떨어뜨리면서" 세계로 나아갔다. "자본주의는 포효하는 괴물, 무분별한 무정부 상태, 해로운 숨결, 파괴적인 인류의 문화로서의 온갖 고약한 본성을 완전히 드러내 보이고 있다." "제국주의의 승리는 모든 문화의 파괴를" 뜻한다. "또한 고대 로마가 그랬듯이 인구 감소, 황폐화, 퇴보, 다수의 죽음을" 수반한다." 룩셈부르크는 이러한 맥락에서 "제국주의적 야만의 폐허"에 대해 말한 것이다. 반대로 사회주의는 새로운 세상의 가능성을 보여준다.[15)]

룩셈부르크는 특히 아프리카, 중동, 중국 등 주변부의 파괴에 주목하였다. 이 지역은 유럽 제국주의자들의 주된 침략 대상이었다. "세계의 모든 부"는 자본에 종속되고 전 세계인은 임금 노예가 될 것이다. 그녀가 적절하게 인용한 대로 무서운 파괴 무기들로 무장하고 탐욕스러운 경제적 팽창 욕구를 동력으로 삼은 "문명화된 세계"는 역사상 가장 사납고 잔인한 형태의 야만으로 바뀌었다:

> 제국주의가 수만 명의 영웅을 파괴하고 칼라하리 사막이 죽음의 숨결과 목마름으로 울부짖을 때, 푸투마요에서 유럽의 악덕 산업자본가들이 10년 동안 고문으로 4만 명을 죽게 하는 동안, 그리고 나머지 인구는 불구가 될 때까지 구타당할 때, 중국 고대 문명이 총포와 학살로 파괴되고 무정부 상태에 빠지고 있을 때, 페르시아가 외국의 무력의 올가미에 목이 졸려 숨막혀하고 있을 때, 트리폴리에서 아랍 문명이 파괴되고 멍에에 메어 있을 때, 아랍인들이 자본의 멍에에 메이거나 총과 검으로 학살당할 때 … "문명화된 세계"는 침묵하였다. 이 문명화된 세계는 제국주의 괴물의 송곳니가 얼마나 치명적인지, 그 숨결은 얼마나 무서운지, 그리고 그 발톱이 자신

의 어머니인 유럽 문화의 가슴을 어떻게 찢어놓았는지를 이제 막 깨달았다. 이렇듯 늦은 깨달음은 부르주아의 위선이라는 왜곡된 형태로 유럽 세계에 나타나고 있다. 각 나라는 다른 나라 군대의 침략을 받아야만 문명화된 세계의 파렴치함을 깨달을 것이다. 그들은 독일 야만주의에 대하여 말하면서도 조직적 살인을 행하는 이들이 야만인 무리가 아닌 것처럼 말한다! 코사크 기병의 무서움에 대해 말하면서도 전쟁이 무섭지 않은 것처럼 말한다.[16)]

룩셈부르크의 분석에 감명을 받은 스리랑카의 마르크스주의자 G. V. S. 드 실바(de Silva)는 야만의 개념을 더욱 발전시켰다. 그는 자신의 저서 『대안 : 사회주의냐 야만이냐(*The Alternatives : Socialism or Barbarism*)』에서 생산방식이 자본주의에서 사회주의로, 그리고 공산주의로 진화한다는 전통적인 마르크스주의 개념을 수정할 필요가 있다고 주장하였다. 자본주의는 반드시 사회주의로, 사회주의는 반드시 공산주의로 이어지지 않는다는 것이다. 오히려 자본주의와 사회주의는 모두 야만으로 퇴보할 수 있다. 야만은 공산주의의 혹독한 대안이다. 드 실바는 한 사회가 오웰의 『1984년』에서와 같은 정도의 이데올로기 통제, 모든 대항 세력을 파괴하여 최소의 정부만 가지고도 경제적 이익으로 모든 것을 결정할 수 있는 상태, 국민의 주의를 딴 곳으로 돌리기 위한 "불필요한 상품 소비 장려", 극단적인 자연 지배 그리고 폭력에 동시에 의존하는 경우를 야만이라고 정의하였다. 세계 경제가 질적으로 혁명적 변화를 만들어내거나 자본가의 자연 착취를 막지 못하면 야만의 유령은 계속해서 인류 사회에 떠돌 것이다.

그러므로 드 실바는 다음과 같이 불길한 예견을 하였다 : "한두 개 국가의 야만이 모든 인류에게 압도적 영향을 미칠 것이다."

야만의 제국

오늘날 세계는 드 실바가 두려워한 바로 그런 상황에 직면해 있다. 미국이라는 하나의 강대국으로부터 야만이 퍼져 나오고 있는 것이다. 미국은 선제 (또는 예방) 전쟁의 원칙을 천명하고 전 세계를 불안정하게 만들겠다고 위협하고 있다. 20세기 말에는 독점자본이 더욱 발달하여 세계 체제의 패권국인 미국이 더욱 더 군비 지출과 제국주의적 개입에 의존하게 되었다. 냉전의 종식으로 제국적 초강대국인 미국이 자신의 이익을 증진하고 체제를 통제하기 위하여 가장 야만적인 방법에 의존하는 정도가 더욱 높아졌다. 미국의 경제적 패권이 지속적으로 쇠퇴하고 자본주의 전체의 경제침체가 심화되자 미국은 자신의 지위를 유지하기 위하여 점점 더 비경제적인 수단에 의지하게 되었다. 자신의 거대한 전쟁 병기를 이용하여 세계 경제에서의 패권을 회복하려는 것이다. "전 지구적인 테러와의 전쟁"은 이처럼 치명적인 미 제국주의의 마지막 단계가 분명하게 나타난 것이다. 미 제국주의의 마지막 단계는 1991년 걸프 전쟁에서 시작되었다. 소련권이 붕괴하여 미국이 세계 유일의 초강대국으로 부상하였기 때문에 걸프 전쟁이 가능하였다.

2001년 9월 11일 테러 공격 이후 미 제국은 자신이 문명을 보호하고 야만인들과 전쟁 중이라고 포장하였다. 뉴욕 대학교 역사학 교수이자 대표적인 영 · 미 제국주의 옹호론자인 닐 퍼거슨은 "야만인들이 이미 우리의 문을 두드렸다"고 선언하였다. 그는 이슬람 근본주의자들이 현대의 야만인이며, 세계는 자유주의적 제국주의 덕분에 이슬람의 테러리즘으로부터 안전하게 되었다고 주장한다. 퍼거슨은 또한 야만인들이 우리의 문을 두드렸다는 것이 미국이 지배하는 제국적 질서에 대한 위협을 의미하는 것은 분명하지만, 외부의 테러리스트 집단은 미 제국의 쇠퇴에 직접적 영향을 끼치지 않을 것이라고 주장한다. 오히려 세계 경제에서 미국의 지위에 도전하는 주된 위협은 내부로부터 나온다. 즉 미 정부가 세계 제국의 수장 역할을 완전히 수행하지 않을 때 미국의 지위가 흔들릴 수 있다는 것이다.

21세기에 알맞은 형태로 과거의 대영제국을 모방해야 한다고 믿는 퍼거슨은 세계가 제국을 필요로 한다고 주장한다. 그는 많은 나라가 완전한 독립을 누리는 것보다 미국의 지배를 받을 때 더 나을 것이라고 본다. 퍼거슨은 미국이 "총과 버터의 제국", 즉 단순히 무력으로만 통치하는 것이 아니라 자유주의적 제국과 관대함의 원칙을 가지고 보다 민주적이고 번영하는 세계 질서를 만들어내는 제국이라고 주장한다. 오늘날 가장 영향력 있는 제도권 역사학자 중 한 명인 퍼거슨이 "백인의 부담"을 갱신하자고 솔직하게 요구한 것은 단순한 우연이 아니다. (퍼거슨은 "백인의 부담"을 "기능적" 제국 이데올로기로 교체해야 한다고 주장하였다). 그는 또한 근대 제국주의 역사상 가장 야만적인 전쟁의 하나였던 20세기 초의 필리핀–미국 전쟁을 미화하였다.[17]

퍼거슨의 "총과 버터의 제국"은 현재 명백하게 미국의 정책적 목표가 되었다. 이스트반 메자로스가 설명하였듯이 소련의 몰락과 함께 미국은 "자본체제로서의 국가의 역할을 자임하려 하고 모든 수단을 동원하여 모든 경쟁권력들을 자신에게 종속시키기 시작했다."[18] 미국은 막강한 군사력을 갖추고 이를 사용하겠다는 의지를 보여줌으로써 모든 잠재적인 경쟁자들을 영구적으로 감시하려 한다. 이는 장기적으로(더 일찍 나타나지 않는다면 다행이다) 전 지구적 재앙을 초래할 가능성이 높다.

미국은 혁명을 방지하기 위하여(주변부의 어떤 이들과의 마찰도 사전에 차단하기 위하여) 유일하게 확실한 우주의 법칙인 변화를 거스르려 하고 있다. 이 과정에서 미국은 독재자를 낳고 테러리스트들을 지원하였으며, 폭력적 파괴를 통해 세계를 위협하였다. 미국은 중동에서 퇴보적이고 근본주의적이며 정치지향적인 이슬람을 양성하였다. (이들은 CIA가 조종한 아프가니스탄의 대소련 전쟁에서는 물론 중동에서 진보적 대안들을 차단하는 데에도 도움이 되었다). 이들이 미국에게 등을 돌리고 자신들을 키워준 미국과 미국의 동맹국을 괴롭히는 한 "새로운 야만"이라는 낙인을 피하지는 못할 것이다.

지옥의 문은 열렸다

2년 전 아랍연맹 사무총장이자 전 이집트 외무부 장관이었던 암르 무사(Amr Moussa)는 미국이 이라크를 점령한다면 "지옥의 문"

이 열릴 것이라고 예견하였다. 그는 올 가을 카이로에서 "이라크에서 지옥의 문이 열렸다"며 또 한번 이러한 견해를 밝혔다. 2년 전에 그가 같은 말을 했을 때에는 일부에서 그를 "꾸짖었지만" USA 투데이(USA Today)에 따르면, 현재는 "모두가 그의 말에 동의하고 있다."[19] 미국의 침공과 점령으로 이라크는 피바다가 되었으며, 미군에 반대하는 이라크인들의 맹렬한 게릴라전으로 미루어 볼 때 앞으로 몇 년간은 현재와 같은 상태가 계속될 것이다. 이라크에서 미국의 지위는 약화되고 있다. 점령군은 나라 전체에 대한 통제력을 상실하였다. 지난 10월 바그다드의 안전 지역인 이른바 그린존 안에서 최초로 폭탄테러가 발생하였다. 그린존은 이라크에 대한 미국의 제국적 통치의 중심지이기 때문에 방비가 삼엄하였다. 36개가 넘는 도시가 이라크 저항군의 세력 하에 놓인 "출입금지(no-go)" 지역이다. 9월 28일까지 30일간 저항군은 미국 및 그 동맹군, 그리고 전국의 이라크 정부기관에 대하여 2,300회가 넘는 공격을 단행하였다. "저항군은 자동차 폭탄, 시한폭탄, 로켓추진 유탄발사기, 소총, 박격포, 지뢰 등 온갖 수단을 다 동원하여 공격한다." 이라크 저항군은 바그다드에서만도 4월에서 9월 사이에 3천 번이 넘는 박격포 공격을 가하였다.[20]

현재까지 10만 명에 달하는 민간인 사망의 대부분은 이라크 저항군 중심지에 대한 미국과 영국의 공중 폭격에 의해 발생하였다. 이들은 대부분이 여성과 아이들이었다. 이러한 통계는 미국과 영국 공중 보건 전문가들이 현지 조사를 통해 영국의 저명한 의학지에 실은 내용이다.[21] 그러나 주택과 병원, 모스크에 대한 무시무시한 공격과 알려지지 않은 피비린내 나는 파괴행위에도 불구하고 이라크의 저항은 계속 그 힘을 더해가는 듯하다.

미국의 집권층은 이제 이라크에 파견된 병력이 전체 인구를 제압하는 데 충분하지 않다는 것을 잘 이해하고 있다. 이라크인들은 이라크군이나 경찰에 지원하기를 꺼린다. 그나마 지원한 이들도 집단적으로 탈주하고 있다. 미국은 최첨단의 무기를 다 갖추고도 이라크의 내적 동력의 부족으로 인하여 자신의 목표를 달성하지 못하고 있는 것이다. 미 점령군의 작전수행을 돕는 것은 생명을 위협하는 일이다. 점령군을 돕던 이라크 경찰 중 700명 이상이 죽었다. 게다가 반란군은 석유 송유관을 파괴하여 미국의 집권계급에게 직접적인 피해를 입히고 있다. 이라크 점령의 전망은 어둡다 : 전 육군 대령이자 보스턴 대학교 국제관계학 교수인 앤드류 바세비치는 "간단히 말해서 우리는 현재 전쟁에서 지고 있다"고 한다. 그러나 그는 "이것이 우리가 전쟁에서 완전히 졌다는 것을 의미하지는 않는다. 단지 현재 지고 있다는 것"이라고 강조하였다.[22] 제국주의 전쟁에서 미국의 패배가 불가피해 보이는 현실은 베트남전의 망령을 되살린다.

고문은 언제나 야만의 상징이다. 마르크스가 쳇바퀴를 비판한 것은 이 생산도구가 노동자들을 고문하면서 부르주아 사회 관계를 강화시키는 역할을 담당하였기 때문이다. 그는 「인도의 고문 조사(Investigations of Tortures in India)」라는 글에서 영국 제국주의가 어떻게 인도에서 구조적으로 고문을 사용하였는지를 연구하였다. 그는 "인도 세포이 항쟁의 분노"가 영국 압제자들의 행동에 대한 "역사적 앙갚음"이라고 보았다. 미국은 이라크의 아부 그라이브, 아프가니스탄, 쿠바 관타나모 기지에서 구조적으로 고문을 행하여 전 세계적으로 미 제국주의에 대한 증오심을 더욱 키우고 있다. 또한 미군은 20세기 초 필리핀에서 "물치료"라는 고문기술을 사용하였다. 수감자의 목에 물을 강제로 집어넣은 뒤 그의 배 위에 올라서면 물이 뿜어져 나왔다. 미군은 수감자가 자백할 때까지 이를 반복하였고, 이 고문을 받은 이들은 대개 얼마 안 되어 사망하였다. 한편, 미 정보당국은 최근 상당히 고위급인 테러 용의자에게 "'물고문'을 가하였다. 이는 용의자를 거꾸로 매달아 물 속에 집어넣어 익사할지 모른다고 믿게 만드는 기술이다."[23] 이보다는 느리지만 굉장히 효과적인 고문기술인 독방 수감, 장기적 수면 부족, 빛과 소리의 차단, 극단적인 추위와 더위에의 노출, 수감자를 발가벗기거나 검은 천으로 얼굴을 씌우는 것, 어려운 자세로 서거나 웅크리고 있게 하는 것, 구타, 감시견으로 위협하는 것, 24시간 연속 수사 등도 흔히 사용된다. 『국방부의 수감자 처우에 대한 최종 독립 패널 보고서(*Final Report of the Independent Panel to Review DoD Detention Operations*)』에 따르면 미국 수사관의 고문으로 최소 5명이 치사하였으며, 23건의 수감자 의문사에 대한 조사가 현재 진행 중이다.[24] 이 보고서는 전 미 국방부 장관이자 보고서를 작성한 독립 패널 대표였던 슐레진저의 이름을 따 이른바 『슐레진저 보고서(*The Schlesinger Report*)』로도 알려져 있다. 미군의 고문 행위는 그럴싸한 "법적" 정당성을 가진다. 미국 정부는 관타나모 및 다른 곳에 구금되어 있는 테러 용의자들에게 전쟁포로 지위를 허락하지 않기 때문이다. 이는 제네바 협정을 위반하는 것으로 수감자에 대한 야만적 처우를 가능하게 만든다.[25]

지옥의 문은 다른 쪽에서도 열렸다. 우리가 사는 물질세계에서는 땅, 물, 공기가 생존에 필수적이다. 인간의 경제와 자연의 활동도 불가분의 관계이다. 그러나 오늘날 지구상의 모든 생태 시스템은 위험에 처해 있다. 특히 우려되는 것은 지구를 인간이 만든 지옥으로 바꾸고 있는 지구 온난화이다. 이번 세기에 (해수면 상승으로 인한 섬과 해안의 유실, 가뭄과 사막화의 증가, 심각한 기상 이변, 생물종의 멸종 촉진, 식용 작물의 유실과 같은) 환경 재앙을 막기 위해서는 향후 몇 십년간 온실가스 배출량을 60-80% 줄여서 1990년 이전 수준으로 되돌려야 한다는 것이 과학계의 정설이다. 그러나 미국의 이산화탄소 배출량은 1990년 이래로 꾸준히 늘어났다. 이는 세계에서 가장 많은 배출량으로, 1인당 배출량을 기준으로 할 때 세계 평균의 5배 수준이다. 과다한 온실가스 배출이 다른 나라, 특히 열대지방 사람들이나 미래 세대에게 초래할 수 있는 파괴적인 결과에도 불구하고 미국의 온실가스 배출은 줄어들 기미를 보이지 않는다. 이라크 전쟁은 석유 지배를 통해 세계를 지배하려는 것이다. 이 또한 자신의 행위가 지구 전체에 어떠한 영향을 미치는지는 상관하지 않고 자신의 행동을 고수하는 미국의 모습을 잘 보여준다. 이는 마르크스가 언젠가 경고하였던 "나 죽은 뒤에 홍수가 나든지 말든지(Après moi le deluge)" 식의 사고로서 야만의 가장 본질적인 모습이다.[26)]

"이라크인들은 죽임을 당하는 것도 지겨워질 것이다"-럼스펠드

비즈니스 위크가 천명하였듯이 "새로운 야만의 시대가 우리

앞에 놓여 있다." 그러나 이러한 야만을 단순히 어떠한 사회세력이나 주변부 국가의 탓으로 돌려서는 안 된다. 마르크스가 당시의 식민체제를 비판하면서 야만을 새롭게 역사적으로 조명하였듯이, 우리도 강자의 야만과 그것이 어떻게 이 새로운 시대를 만들어냈는지를 바로 이해하여야 한다. 새로운 야만의 대변자인 국방장관 도널드 럼스펠드는 최근에 다음과 같이 말하였다 : "언젠가는 이라크인들은 죽임을 당하는 것도 지겨워질 것이다."[27] 그는 자살 폭탄 테러에 의한 죽음을 의미하였을 것이다. 그러나 미국이 이라크를 침략하고 점령하였다는 맥락에서 보면 그의 언급은 매우 비인간적이다.

일단 시작된 "전 지구적인 테러와의 전쟁(Global War on Terror)"에 끝은 없다. 이는 "전 세계를 공포에 떨게 하는 전쟁(Global War of Terror)"이라고 부르는 것이 더 정확하다. 새로운 전 세계적 홀로코스트와 생태 파괴의 악화를 부추기는 현재의 야만으로부터 벗어나는 유일한 길은 자본주의가 사회주의로 진화하는 것뿐이다. 다니엘 싱어(Daniel Singer)는 그의 책 『누구의 새 천년인가?(*Whose Millennium?*)』의 말미에서 "사회주의는 역사적 가능성일지 모른다. 어쩌면 자본주의라는 악마를 물리치기 위해 필요한 것인지도 모른다. 그러나 이것이 사회주의가 반드시 실현된다는 것을 의미하지는 않는다"라고 서술하였다.[28] 우리는 그의 경고에 귀를 기울여야 한다. 우리는 인류의 미래를 "사회주의"에 맡길 것인지 아니면 "제국주의적 야만의 폐허"에 맡길 것인지 투쟁을 통하여 선택해야 한다.

Chapter 13

제국의 실패

2005년 1월

미국이 이라크에서 대패할 것이라는 조짐이 보인다. 이는 미 제국을 확장하려는 계획에 중요한 차질이 생김을 의미한다. "의기양양한" 팔루자 공격에서 본 것처럼, 만연한 전쟁 프로파간다 뒤에는 늘어만 가는 게릴라군에 대항한 미국 전쟁 병기의 헛된 싸움과 미국의 제국적 목표를 달성시켜 줄 정치적 해법은 좀처럼 보이지 않는 현실이 놓여 있다. 그러나 미국 집권계급은 위험을 알면서도 "현 상태를 유지"하는 것밖에 길이 없다고 믿고 있다. 이는 민주당과 공화당 양당은 물론 사실상 모든 제도권 경제, 정치, 군사, 언론 집단이 내걸고 있는 표어이다. 어떠한 대가를 치르더라도 밀어붙이겠다는 이러한 비합리적인 결단을 이해하려면 자본주의 제국의 논리와 한계를 분석해 보아야 한다.

제국의 논리

자본주의는 본질상 세계적인 차원의 축적을 위하여 전 지구적으로 팽창하는 체제이다. 15-16세기 자본주의의 태생 이래 경쟁하는 민족국가라는 정치적 현실이 국제적 노동 분업으로 이루어진 세계 경제를 계속 지배하였다. 이러한 전 지구적 체제 전체에 중심과 주변, 본국과 위성국, 개발과 저개발, 남과 북 등으로 다양하게 묘사할 수 있는 불평등의 구조가 팽배하였다. 이 모든 것은 체제의 중심부와 주변부 국가들 사이의 심각한 격차가 존재한다는 것을 증명한다. 주요 자본주의 국가들은 초기부터 외부를 향한 제국주의적 움직임을 보였다. 이들은 미 대륙과 아프리카, 아시아의 전(前)자본주의(precapitalist) 사회를 약탈하고, 현지인을 붙잡았으며, 노획물을 본국으로 보냈다. 비자본주의 사회는 기회가 있을 때마다 파괴되고 식민지 속국이 되었다. 반면, 강대국들은 영토와 이윤을 놓고 싸웠다. 마르크스는『자본론』제1권 "산업자본가의 탄생(The Genesis of the Industrial Capitalist)"에서 다음과 같이 서술하였다 :

> 미 대륙에서 금과 은의 발견, 채광에 동원된 원주민의 노예화와 노예노동에 의한 사망과 멸종, 멸절, 인도 침략과 노획의 시작, 그리고 아프리카가 흑인에 대한 상업적 사냥터로 변한 것은 모두 자본주의적 생산 시대의 도래를 특징짓는 것들이다. 이렇듯 단순한 행위들은 원시적 축적의 주된 모습이다. 그 뒤를 이어 유럽 국가들이 전 세계를 전쟁터로 삼아 상업적

전쟁을 일으킨다. 이런 전쟁은 네덜란드의 스페인에 대한 봉기에서 시작하여 영국의 반-자코뱅 전쟁으로 거대하게 확대되었고, 현재도 아편 전쟁 등의 형태로 중국을 상대로 진행 중에 있다.[1)]

나폴레옹 전쟁이 끝날 무렵 산업혁명을 이끌었던 영국이 자본주의 세계 경제의 패권적인 제국적 힘으로 부상하였다. 당시 유럽 열강들은 직접적으로 식민지에 대한 정치적 통치를 수행하거나, 이것이 불가능할 경우 불평등 조약을 통하여 주변부 국가를 중심부 국가의 필요에 부합하도록 종속시키는 조건들을 만들어내어 전 세계를 나누어 가졌다. 대영제국의 보석이자 가장 중요한 식민지는 인도였다. 그러나 영국은 공식 식민지가 아니었던 라틴 아메리카 등지에서 사적인 경제적 통치를 행하기도 하였다. 이들 식민지에서 착취한 부는 중심부의 자본주의 국가로 흘러들어가 그들의 권력을 강화시키고 부유하게 만들었다. 그러나 20세기 초 세계 경제에 대한 영국의 패권은 독일의 증가하는 도전에 시달렸으며, 결국 1, 2차 세계대전을 계기로 무너졌다. 제2차 세계대전 이후 미국이 세계 자본주의 체제를 제패하면서 미국이 영국의 패권을 대체하였다.

제2차 세계대전 직후 미국은 물질적인 힘의 측면에서 보면 역사상 최강대국이었다. 세계 생산의 절반과 제조업의 60%가 미국의 것이었을 뿐만 아니라, 미국은 당시 유일한 핵보유국이었다. 미국은 이전의 금본위제를 브레튼우즈 협약으로 대체하여 미국 달러를 국제 통화로 만들었다. 이는 미국이 다른 나라의 중앙은행들이 보유한 달러화를 금으로 교환해 주겠다고 약속하였기에 가능하였다. 수천 개의 미군 기지가 전 세계에 세워졌다. 이른바 "자유무역"의 기치 하에 미국의 다국적 기업이 제3세계 경제 전체를 손에 쥐게 되었다. 필요하면 언제든 미국의 군사력이 이들의 경제행위와 이익을 보호해 주었다.

그러나 미국의 권력은 여러 면에서 제한적이었다. 제1차 세계대전 중 사회주의 혁명을 통해 탄생한 소련의 존재는 비록 미국만큼 강하지는 않지만 또 하나의 군사 강국이 있다는 것을 의미하였다. 소련은 미국이 특정 지역으로는 제국주의적 팽창을 감행할 수 없게 만들었고, 제3세계 혁명을 물질적으로 지원함으로써 미국의 행동을 제약하였다. 그러나 자본주의 전체와 미국의 전 지구적 지배에 대한 진정한 위협은 소련이 아니라 다른 곳에서 나왔다. 20세기 내내 라틴아메리카, 아프리카, 아시아의 민중들이 혁명을 통하여 식민주의나 신식민주의로부터 벗어나려는 노력을 계속한 것이야말로 미국의 지배에 대한 진정한 위협이었다. 다시 말하여, 제3세계 민중들은 제국주의적 노동 분업의 속박으로부터 탈피하려고 노력하였다. 미국이 군사기지와 동맹을 통해 중국과 소련을 포위하고 제3세계의 혁명을 진압하려고 애쓰는 사이 미국 권력의 한계가 드러난 것이다.

제국의 한계와 베트남

베트남전이 미국의 힘의 한계를 가장 극명하게 보여주었다. 미국은 베트남전에서 프랑스 식민전쟁의 전통을 계승하였다. 1954

년 제네바 협약에서 약속한 남북통일 선거 대신 베트남을 남북으로 나누고 남쪽에 미국의 꼭두각시 정권을 세운 것이다. 미국은 1960년대에 베트남에 주둔한 미군 규모를 대규모로 증강하였으며, 이는 결국 남베트남에 대한 침공과 점령으로 이어졌다. (제2차 세계대전 때 사용한 폭발물의 양보다 2배가 더 많은 양을 사용하였고 수백만 명의 베트남인 사상자가 발생하였음에도 불구하고) 미국은 게릴라 전쟁을 이길 수 없었다. 또한 미국이 만들어낸 남베트남의 부패 정권을 "국가 건설"을 통하여 더욱 강화시키는 데도 실패하였다. 미국 시민들 사이의 의견 대립과 하급 병사들의 불복종 움직임이 보이자 미국은 전쟁의 "베트남화"를 구실로 철군할 수밖에 없었다. 한편, 당시 미국의 국제 수지 적자는 세계 통화로서의 달러화의 패권을 약화시켜 결국 달러-금태환제의 폐지를 초래하였다. 보수파들이 소위 "베트남 증후군"이라고 부른 현상으로 인하여 베트남에서 철군한 후 몇십 년간 미국의 군사적 개입 능력이 매우 제한적일 수밖에 없었다.

다른 주요 제국의 전쟁과 마찬가지로 베트남전도 자본주의 제국의 논리와 한계를 보여주었다. 흔히 미국이 그렇게 대규모로 개입할 만큼 베트남에 중요한 경제적 이해관계가 있었던 것은 아니라고들 한다. 닐 퍼거슨은 그의 새 책 『거인 : 미 제국의 대가(*Colossus : The Price of America's Empire*)』에서 "미국은 [베트남에서] 체면이 깎였다. 미국이 잃은 것은 그것밖에 없다"고 단언하였다.[2] 퍼거슨의 견해는 미국이 베트남에서 물질적으로 잃은 것이 없고 민주주의와 자유를 신장하기 위해 전쟁을 한 것이 분명하다는 이데올로기를 강조하고 있다. 그러나 실제로 베트남에서 미국의 목표는 제국 체제를 유지하는 것이었다. 넓은 의미에서 이는 전통적으로 "지정학적" 이익으로 이해되는 전략적 목표를 달성하는 것을 의미한다. 즉 특정 지역의 지리, 인구, 자연자원과 관련된 특성을 고려하여 제국이 정치적 · 경제적 · 군사적으로 무엇을 필요로 하는지 전략을 세우는 것이다. 제국의 팽창과 방어에 대한 이와 같은 지정학적 이해는 자본주의 세계 경제를 최대한 팽창시켜야 한다는 주장과 일맥상통한다.

베트남전은 이러한 지정학적 목표의 중요성을 잘 보여준다. 미국은 환태평양 지역을 자신의 지배하 에 넣고 유라시아 "연안 지역"—서유럽, 환태평양, 중동—을 지배하여 중국을 "봉쇄"하기 위해 베트남에 개입한 것이었다. 이 연안 지역들은 미국의 전 지구적 군사동맹의 핵심이었다. 따라서 미국은 이곳에 군대를 주둔시키는 데 가장 많은 자원을 사용하였다. 실제로 이 연안 지역들은 미국이 패권을 쥐고 있는 제국주의 체제의 경계선을 의미하였다. 즉 이들은 느슨하게나마 미 제국의 국경선을 구성하였던 것이다.[3)]

따라서 미 제국 영향권의 일부로서 베트남을 보호하겠다는 미국의 대대적인 약속은 단순히 비합리적인 결정이 아니라 거대 지구 전략의 일부였다. 민주당과 공화당 출신 대통령 5명이 재임하는 동안 이 약속은 계속 유지되었다. 미 집권계급과 그들의 군사 · 외교 전략가들에게 있어서 베트남에서의 패배는 미국의 이익을 보호하지 못한 중대한 실패로 기억된다. 세계 자본주의 경제는 1970년대 들어 장기적 위기, 즉 경제정체를 겪게 된다. 세계 경제가 앞으로 한 걸음 나아가려고 할 때마다 경제정체가 걸림돌이 되었다. 같은 시기에 미국의 경제적 패권도 쇠퇴하였다. 베트남전 이후 제3세계의 혁명운동 증가에도 불구하고 미국은 군사적 개입을 축소하고 세계 무대에서 부분적으로 퇴진하였다. 미국 사회 지도자들과 군 지도부는 이를 미국의 질서에 악영향을 끼치는 질병이나 불안 상태로 여겼다.

다시 전쟁으로

1970년대 후반 이래 워싱턴은 제국주의적 전쟁 수행 능력을 재건하기 위하여 노력해 왔다. 아프가니스탄과 중앙아시아에서의 비밀 전쟁에 이어 레바논, 그라나다, 파나마에서 미국의 군사적 제국주의가 직접적으로 표출되었다. 소련권이 붕괴하고 2년 뒤 소련까지도 몰락하자 미국은 세계 권력의 공백 상태를 메우기 위하여 중동, 아프리카의 뿔, 구유고슬라비아에 대한 군사 개입을 단행하였다. 이는 이전에는 상상도 할 수 없던 일이었다. 2001년 9월 테러 공격이 있은 후 미국은 아프가니스탄과 이라크를 침공·점령하고 중앙아시아의 구소련 영토에 군사기지를 세웠다. 이는 지금까지 접근이 불가능하였던 지역으로 미 제국이 대대적으로 팽창하고 있음을 보여준다. 이와 같은 미국의 제국적 힘의 확대는 부분적으로 1990년대 미국의 상대적인 경제성장(비록 일시적이긴 하지만)에 의해 가능하였다. 이러한 배경에서 조지 W. 부시 행정부 내 "반테러주의자"인 매파들은 9·11 테러 공격으로 촉발된 두려움을 이용하여 2002년 9월 『미국 국가안보 전략』을 발표하였다. 이 문서는 미국이 군사적인 측면에서 다른 "동급의 경쟁자"가 나타나는 것을 막기 위해 모든 수단을 동원할 것이며, 국가안보 증진을 위하여 "선제" (혹은 예방) 공격을 단행하는 것도 주저하지 않겠다고 천명하였다. 이는 영구적인 전쟁의 선포와 다름없는 것으로, 미국은 자신의 제국을 확장하고 지정학적 지위를 향상시키기 위하여 무력을 휘두를 의사가 있음을 분명히 밝혔다. 근대 역사상 일국이 이처럼 무제한적인 지구 지배를 위하여 광범위한 전략을 세운 적은 한 번도 없었다.

미국의 제국적 야망에 대한 주장을 뒷받침하듯 베트남 전쟁에 대한 지배적인 역사적 분석도 바뀌었다. 우익 평론가들과 군 지도자들은 베트남전에 대한 보수적인 해석을 제시하였다. (처음에는 공개적 담론에서 심각하게 받아들여지지 않았지만) 베트남전에 대한 기억이 흐릿해지면서 이들의 견해는 점점 더 널리 받아들여지고 영향력을 얻었다. "자신감 있는(stand tall)" 미국을 만들자는 새로운 사회 분위기 속에서 베트남전의 패배는 전형적인 선전적 비판에서처럼 충성심이 없는 언론과 극단적인 시민들의 "배신" 때문이었다고 폄하되었다.[4)]

베트남전에 대한 재해석에서 중요한 것은 1968년 구정공세(Vietnamese Tet Offensive)였다. 구정공세는 미국과 남베트남군에게 있어서는 인민해방전선(National Liberation Front)을 전멸시킨 대성공 사례라고 여겨진다. 그러나 미 언론과 소수의 목소리 큰 반전 운동가들이 이를 패배로 전환시키는 "배신"을 하였기 때문에 결국 존슨 대통령이 패배를 인정하게 되었다는 것이다. 1976년 당시 월남 주둔 미군 사령관이었던 윌리엄 웨스트모어랜드(William Westmoreland)는 구정공세가 "적에게 충격적인 군사적 패배를 안겨주었다. … 불행하게도 적들은 미국에서 벌어진 심리전에서는 승리하였다. 이에 영향을 받은 존슨 대통령과 군 출신이 아닌 그의 보좌관들은 적이 부상당하였을 때는 공세를 약화할 것이 아니라 강화해야 한다는 격언을 무시하였다"고 서술하였다. 실제로 당시 제도권도 웨스트모어랜드와 의견을 같이 하였다. 웨스트모어랜드가 보기에 인도차이나에서의 전쟁은 전체적으로 "현행 노선을 고수하려는 의지력이 부족하면 … 패배한다는 것을 캄보디아, 남베트남, 라오스에서 보여준 것"이었다.[5)]

"현행 노선 고수"에 대한 지적은 보수적 전쟁 해석의 중심 내용이 되었다. 이 표현은 전쟁 중에도 많이 사용되었다. 그 예로 존슨 대통령은 전쟁을 계속하겠다는 자신의 의지를 밝힌 1967년 연설에서 "현행 노선 고수"를 언급하였다. 타운센드 훕스(Townsend Hoopes) 공군 차관도 1968년 2월 국무장관 클라크 클리포드(Clark Clifford)에게 인구 밀집 지역을 통제하는 데에만 집중하여 "힘들더라도 몇 년 더 현행 노선을 고수"하겠다는 전략을 제시하였다. 이 표현은 저명한 언론인 스튜어트 앨섭(Stewart Alsop)이 1973년 『집행유예(*Stay of Execution*)』라는 제목의 자서전에서 윈스턴 처칠(Winston Churchill)이 한 말을 기록한 이후로 미국의 패배를 설명하는 매파의 표어로 더욱 유명해졌다. 처칠은 "미국, 위대하고 강력한 나라. 마치 힘센 말이 낙심의 늪에 빠진 세계를 번영과 평화로 끌어올리는 것과 같다. 그러나 미국은 현 노선을 고수할 것인가?"라고 물었던 것이다.[6)] 민주당의 헨리 잭슨(Henry M. Jackson) 상원의원을 비롯한 베트남전 매파들은 기회가 있을 때마다 처칠의 질문을 인용하여 미국이 베트남에서 현행 노선을 고수하는 데 실패하였으며, 다시는 그러한 실수를 반복해서는 안 된다고 주장하였다.[7)]

베트남전에 관한 우익 성향의 군사적 해석은 계속 그 영향력을 더해 왔으며, 현재 이라크전과 관련해서도 무시할 수 없는 견해이다. 조지 W. 부시 대통령은 2004년 4월 이라크에 관하여 말하면서 "우리는 현행 노선을 고수해야 하며, 그렇게 할 것"이라고 공언하였다. 그의 경쟁자인 민주당의 존 케리 상원의원도 미국이 이라크에서 "현행 노선을 고수"해야 한다고 재차 강조하였다. 또한 케리 의원은 "미국인들은 애초부터 전쟁에 가담했어야 하는지에 대해서나 전쟁을 시작하는 방식에 대해서는 서로 이견이 있을 수 있다. 그러나 우리가 한 사회를 분쟁 속에 남겨두거나 과격분자들의 지배 하에 계속 싸우도록 내버려두고 허겁지겁 후퇴하는 일은 있을 수 없다"고 말하였다.[8)]

이라크에서 폐허로 가는 길

현행 노선을 고수해야 한다는 반복되는 주장은 단순히 계속되는 피 흘림을 묵인하겠다는 의사로 폄하되기도 한다. 맥스 부트는 다음과 같이 말하였다 :

> 제국적 경찰 역할을 수행하려는 모든 나라는 어느 정도 패배를 경험할 수밖에 없다. 빅토리아 여왕의 작은 전쟁들에서 영국군은 여러 번 대패하였다. 제1차 아프가니스탄 전쟁(1842)과 줄루 전쟁(1879)에서는 수천 명이 전사하였다. 그러나 이것이 대영제국을 보호하고 확장하려는 영국의 의지

를 꺾지는 못하였다. 오히려 복수심에 불타게 만들었다. 만약 미국인들이 이와 비슷한 냉혹한 자세를 취하지 않는다면 결코 제국적 경찰이 될 수 없다.[9)]

그러나 "냉혹한 자세"가 이라크에서 미국을 구제해 줄 수는 없다(워싱턴이 냉혹한 자세를 취하지 않고 있는 것도 아니다). 찬사를 받았던 팔루자에서의 "승리"에도 불구하고 전쟁 기획가들은 점점 더 확실해지는 것만 같은 패배를 피하기 위하여 밤낮으로 애쓰고 있다. 미국이 이미 점령한 국가의 한 도시에 불과한 팔루자를 파괴한 정도는 근대 역사상 유례가 없는 수준이었다. 제도권 국가안보 인사들의 이라크전에 대한 태도를 보여주는 최근의 중요한 예는 안소니 코데스만(Anthony H. Cordesman)에게서 찾아볼 수 있다. 그는 오랫동안 국방부 국가안보 보좌관으로 일하였으며 중동과 에너지 문제 전문가이다. 그는 1974년 국방부에서 옴 키푸르 전쟁 평가 책임자로도 일하였다. 코데스만은 현재 워싱턴 소재 국제전략문제연구소(Center for Strategic and International Studies) 연구원이자 ABC 뉴스 국가안보 분석가로 일하고 있다. 그는 『"상황에 따라 노선을 수정하라" : 이라크와 중동에서 미국의 정책을 재수립하기 위한 전략(*"Playing the Course" : A Strategy for Reshaping U.S. Policy in Iraq and the Middle East*)』에서 만약 그가 "현행 노선 다루기(playing the course)"라고 명명한 실용적인 성공 전략이 통하지 않을 경우 미국은 더 이상 "현행 노선을 고수"하려 해서는 안 된다고 주장한다. "미국이 실패를 무릅쓰더라도 계속 버티기에는 이라크인들의 분노와 증오가 너무 심하다. 이라크 정치가 어떠한 형태로든 지속 가능한 성공을 거두려면 향후 2년 내에 미군의 대대적인 철군이 불가피하다.” 게다가 지금까지의 미국의 실패로 미루어 볼 때, 미국의 이라크전 패배의 가능성에 대해서도 숙고해 보아야 한다. 코데스만은 또한 “아무리 낙관적으로 생각하더라도 미국이 이라크에서 지속 가능한 성공을 거둘 가능성은 전보다 높아지지 않았다. 전보다 더 가능성이 없어졌다고 보는 것이 맞을 것이다. 미국은 거의 모든 군사 전투와 충돌에서 승리할 수 있지만 정치적 · 경제적 전쟁에서도 승리를 거둘 수 있을지는 불분명하다”고 주장한다.[10)]

코데스만은 미국이 이라크에서 명백한 패배와 그로 인한 “체면” 실추를 피할 방법은 오직 모든 제국적 목표를 즉시 포기하는 길밖에 없다고 믿는다. 그가 지난 11월 외교협회와의 인터뷰에서도 밝혔듯이 “우리는 이라크인들에게 우리가 그들의 석유를 빼앗지 않겠다거나 그들의 경제를 빼앗지 않겠다고 말한 적이 없다. 군사기지를 세우지 않겠다거나 선거를 통해 세워진 정부가 우리에게 떠나달라고 하면 떠나겠다고 말한 적도 없다. 선거를 통해 세워진 정부면 어떤 정부건 괜찮다고 말한 적도 없다.” 코데스만이 『상황에 따라 노선을 수정하라』에서도 지적하였듯이 미국은 “확실하게” 다음의 목표를 포기해야 한다 : (1) “이라크를 중동 지역을 변화시킬 도구나 지렛대로” 사용하는 것, (2) 이라크를 “미군 기지”로 이용하는 것, (3) “이라크가 정치 · 경제적으로, 그리고 무엇보다도 석유에 있어서 독립하는 것”을 막는 것, (4) 미국과 이라크의 경제적 관계에서 “완전한 투명성”을 보장하지 않는 것 등이 그것이다. 코데스만은 미국이 바그다드의 그린존에서도 완전히 철수하겠다는 확실한 약속을 해야 한다고 주장한다. 이미 독립한 이라크에 제국의 본부를 계속 유지할 수는 없기 때문이다.

코데스만은 미국의 목표가 충분한 이라크 군사력이 뒷받침하는 안정적인 정부를 만드는 것으로 제한되어야 한다고 충고한다. 새 정권이 사담 후세인의 정권보다 별로 나을 바 없거나 심지어 미국에게 공개적으로 적대적이라 할지라도 말이다. 그는 워싱턴이 이 정도만 "성공하여도" "승리"를 선언하고 2년 내에 철수할 수 있을 것이며, 제국적 힘으로서의 신뢰성도 손상시키지 않을 수 있다고 말한다. 그러나 2년 내에 안정적인 정치적 해법을 찾지 못하거나 충분한 이라크군을 양성하지 못할 경우(지금 상태로 봐서는 못할 것이 거의 분명하다), 미국은 즉각 완전한 패배에 대비한 계획을 세우기 시작해야 한다. "이라크에서의 '승리'는 매우 상대적인 개념이며", 이라크가 더 이상 통제가 불가능하게 될 경우 다양한 방식으로 나타날 수 있는 "패배는 미국으로 하여금 중동 지역 전체에서 자신의 지위를 강화하게 만들 것"이다.

코데스만이 볼 때 안정적 정권의 수립보다 더 중요한 것은 미군을 이라크군으로 대체하는 것이다. 그는 "이라크화가 잘 이루어지지 않으면 이라크는 베트남의 '베트남화'를 다시 반복하게 될 것이다. 이 경우 동맹군의 승리는 더 이상 의미가 없게 된다"고 서술하였다. 코데스만은 이라크군과 그들의 훈련 과정을 자세히 검토한 후 다음과 같이 결론내렸다 : "현재 이라크군과 치안병력은 치안임무를 넘겨받기에는 너무 약하다. 아마도 2005년까지는 계속 그럴 것이다. … 미국이 '현 노선을 잘 다루기' 위해서는 이라크 임시정부와 논의하여 목표와 계획을 세워야 한다. 이를 위해 필요한 병력 규모는 미국이 현재 목표하고 있는 [이라크] 병력 28,000명을 포함한 대략 총 40,000명에서 55,000명에 달하는 군, 준 군부대, 민방위군을 가지고는 어림도 없다.

사실 미국은 전 세계에 있는 미군 병력을 최대한 활용하여 이라크에 15만 명의 병사를 파견하였으며, 영국군의 지원까지 받고 있지만 이라크를 안정시키기에는 역부족이다. "미국은 직접적인 군사 충돌이나 전투에서는 언제든지 이길 수 있지만 이라크를 지킬 수는 없다는 것을 이미 알고 있다. … 베트남의 경우처럼, 만약 이라크 임시 정부가 정치적 싸움을 이길 수 없다면 미군의 군사적 승리는 아무 의미가 없을 것이다." 이라크의 정치적 혼란은 해법을 찾기는커녕 추가적인 내전 발생을 막는 것도 어려워 보인다. 코데스만은 미국이 이라크에서 패배할 경우 중동에서 어떻게 자신의 지위를 유지할 것인지를 집중적으로 생각해 보아야 한다고 주장한다 :

> 반군과 싸우는 것도 중요하지만, 만약 이라크가 내전에 휘말릴 경우 미국은 더 이상 이라크에 남아 있어서는 안 된다. … 아무도 이라크에서의 성공을 보장할 수 없다. 이라크가 내전에 휩쓸려 강력한 일인의 통치 하에 놓이거나 민족적 · 종파적 구분을 따라 분열되지 않으리라는 보장도 없다. … 실패한 게임을 더 망쳐놓음으로써, 즉 "베팅을 두 배로 늘림"으로써 게임에서의 패배에 대처하는 것은 단순히 게임을 하는 것과는 또 다른 문제이다. 만약 미국이 현재 수준으로 계속 노력하여도 2006년까지 승리를 거두지 못할 경우, 그리고/또는 이라크 현지 상황이 더 나빠져서 더 이상 새

로운 이라크 정부나 군의 수립이 불가능할 경우 게임은 끝난 것이다. 이렇게 되면 떠나기 위해 짐을 쌀 시간도 없다. 그저 도망갈 수밖에 없다.[11)]

코데스만은 만약 미국이 도망가야만 하는 상황이 되면 "걸프 지역의 우호 국가와 아랍 동맹국" 통치자 들을 안심시켜야만 한다고 충고한다. 미국은 이슬람이 이라크에서 "승리"를 선언하여 아프가니스탄에서 지하드가 더욱 확장되는 것을 막아야 한다. 미국은 이스라엘–팔레스타인 문제를 해결하려는 압력을 그 어느 때보다도 더 심하게 받을 것이다. 마지막으로, 중동의 석유에 관한 미국의 전략적 지위에 제기되는 위협에도 대비해야 한다. 미국은 중동에서 철수할 것이 아니라 오히려 중동에 더 깊이 관여해야 한다는 것이다.

코데스만은 이라크는 물론 중동 전체에서 미국에게 가장 중요한 문제는 석유라고 분명하게 말한다. 송유관에 대한 이라크 저항군의 계속되는 공격은 이라크의 석유 수송을 제약해 왔다. 이는 미국의 가장 중요한 목표 중 하나를 달성하는 것을 방해하여 미국의 전체적인 실패를 더욱 두드러지게 한다. 미국이 완전히 패배하여 이라크에서 철수할 경우 석유와 관련된 상황들이 더욱 중요해질 것이다. 코데스만은 "미국은 석유를 대체할 에너지를 개발할 수 있고, 또 개발해야만 한다. 그러나 이는 수십 년이 걸리는 작업이다. 그동안에 미국과 세계 경제는 에너지 수입, 특히 걸프 지역으로부터의 에너지 수입에 더욱 의존하게 될 것"이라고 말하였다. 미 에너지 정보국(Energy Information Agency : EIA)이 발간한 2004『국제 에너지 전망(*International Energy Outlook*)』에 따르면, 2025년까지 산업국가들이 OPEC에서 수입하는 석유 양이 2001년 하루 1,610만 배럴보다 1,150만 배럴 더 증가할 것으로 예상된다. 페르시아 만의 석유가 이 증가량의 절반 이상을 공급할 것이다. 이 기간 동안 북미 지역이 페르시아 만으로부터 수입하는 에너지는 두 배 가량 증가할 것으로 예상된다. 한편, 중국을 비롯한 기타 개발도상국들의 에너지 수요도 극적으로 증가할 것으로 예상된다. 따라서 세계 경제에서 석유가 가지는 전략적 중요성도 높아질 것이다.

EIA는 이러한 석유 증산 요구에 부응하기 위해서는 2003년에서 2030년 사이 추가적으로 15조 달러를 중동 지역에 투자해야 한다고 예상하였다. 이라크의 석유 생산에 대한 투자는 장기적으로 봤을 때 다른 어떤 곳에 대한 투자 못지않은 잠재성을 가지고 있다. 베이커 연구소(Baker Institute), 세계에너지연구센터(Center for Global Energy Studies), 미국과학자연맹(Federation of American Scientists) 등 많은 석유 관련 기관과 분석가들은 국토의 90%가 아직 개발되지 않은 이라크에 현재까지 밝혀진 매장량 1,150억 배럴 이외에도 추가적으로 천 억 배럴 정도의 석유가 매장되어 있다고 추정한다. [미국 지질조사소(U. S. Geological Survey) 등의 연구결과는 이보다는 덜 낙관적이다. 이들은 이라크의 추가적 석유 매장량을 450억 배럴 정도로 추정한다.] 코데스만은 미래의 석유 소비 증가에 대응하는 충분한 공급을 확보하기 위해서는 중동의 석유 생산을 확대해야 하는데, 이를 위해 필요한 엄청난 투자규모야말로 세계 경제에 있어서 페르시아 만이 제기하는 가장 시급한 "실질적인 문제"라고 주장한다. 투자를 하는 것도 문제지만 그것을 보호하기도 해야 한다. 때문에 미국이 이라크에서 전면 철수할 경우 중동 내 다른 곳에 관여하고 있는 정도를 늘리지 않을 수 없을 것이다.

미국 국가 안보 주도층이 내놓는 대부분의 분석과 비교할 때, 코데스만의 "현행 노선 다루기"는 견고한 현실주의적 기반을 가지고 있다는 이점이 있다. 그러므로 미국이 이라크에서 모든 제국적 목표를 포기하는 것을 시작으로 그의 처방을 따를 경우, 그것이 미국의 힘에 어떠한 영향을 미칠 것인지를 살펴보는 것이 합당하다. 그러나 미국이 그의 처방을 따를 가능성은 별로 없다. 작전 표어는 여전히 "현행 노선 유지"이다. 닉슨과 포드 행정부에서 국방장관을 역임하고 클린턴 행정부 당시 러시아 주재 미국 대사와 국무부 정무차관을 맡았던 제임스 슐레진저는 2004년 3월 30일 로스앤젤레스 타임즈에 기고한 사설을 통하여 "이라크는 정치적 논쟁의 대상이 아니며", 미국은 "현행 노선을 고수해야 한다"고 주장하였다. 이라크가 이란의 영향권에 들어가는 것을 막고 미국에 반대하는 새로운 세력이 이라크에서 힘을 얻는 것을 방지하며, 미국이 패배했다는 인식이 중동은 물론 전 세계적으로 미국의 힘과 이익을 불안하게 하는 것을 막기 위해서이다. 간단히 말해서, 미국이 중동 지역에 개입한 이유였던 제국적 목표들은 무슨 수를 써서라도 계속 추구해야 한다는 것이다.

요즘 워싱턴에서 이러한 지배적인 견해가 변화하였다는 표시는 전혀 찾아볼 수 없다. 사회적 위계질서의 가장 위에 자리한 이들도 미국이 이라크에서 현 노선만을 계속 고집한다면 일련의 재앙들이 미국을 기다리고 있다는 것을 잘 알고 있지만 노선을 변경하면 더 큰 재앙이 올 것이라고 여긴다. 패배를 인정할 경우 미국의 판단에 따라 제3세계 사회와 전쟁을 할 수 있는 능력이 약해질 것이고, 그렇게 되면 자신의 제국적 계획을 증진하기 위하여 직접적으로 무력을 사용하기 어려워지기 때문이다. 게다가 이라크의 석유와 그것을 누가 지배할 것인지의 문제가 여전히 해결되지 않은 상태이다. 따라서 집권계급이 보기에는 안정된 정권을 세우고 그 정권을 보호하는 데 필요한 군사력을 양성하는 데 완전히 실패하더라도 그것이 미국이 꼭 철수해야 할 이유가 되는 것은 아니다. 뉴욕타임즈 국제관계 전문 칼럼니스트인 토마스 프리드만은 2004년 11월 18일 이라크에서 쓴 기사에서 다음과 같이 결론내렸다 : "새로운 리더십이 선출되어 편안하게 일할 수 있는 안전한 환경이 없으면 이라크는 결코 스스로의 힘으로 호흡할 수 없을 것이며, 미군도 이라크에 영원히 남아야 할 것이다." 프리드만의 견해는 대개 제도권 의견의 훌륭한 지표가 되어왔다. 기사에 드러난 그의 입장은 미국이 용인할 수 있는 안정적인 이라크의 정치 환경을 만드는 데 실패한다면 미국의 점령이 영원히 계속되어야 한다는 것이다. 이라크의 엄청난 석유 매장량을 생각한다면 워싱턴은 이라크에 얼마를 쏟아붓든지 간에 결국에는 모두 보상받을 수 있을 것이라고 생각할 수 있다.

만약 앞에서 말한 것처럼 미국의 지도자들이 현행 노선을 고수하겠다는 의지를 가지고 있다면 이라크에서 미 제국주의의 실패는 훨씬 더 심각한 수준에서 계속될 것이다. 미군 주둔이 계속되면 인명 피해도 계속될 것이다(이미 미국은 체계적인 고문을 실시하고, 유엔이 1980년에 금지한 네이팜탄을 사용하고 있다). 그리고 "해방군" 미국에 대한 이라크의 저항도 심해질 것이다. 한편 이러한 상황에서 선출된 이라크 정부는 미국의 점령에 반대하지 않으면 이라크 사회에서 그 정당성을 유지할 수 없다. 미국의 이라크 침략과 점령은 내전을 야기하여 중동 전체의 화약고를 터뜨릴 가능성도 있다. 상황이 얼마나 심각한지를 보려면 이스라엘 군이(필요할 경우) 이라크의 시아파와 수니파 병력과 싸우도록 하기 위해 쿠르드 족 민병대를 훈련시키고 있다는 점을 보면 된다. 이스라엘 정부가 스스로의 존립이나 팔레스타인 점령이 위협받고 있다고 여길 경우, 자신이 보유한 핵무기를 "삼손의 선택(Samson option)"[12)]으로 사용할 위험도 존재한다.[13)]

공론을 벌이는 것은 어리석다. 그러나 미국이 이라크를 침공함으로써 이라크인들과 중동 전체는 물론 자신의 지구적인 제국주의 질서에 지옥의 문을 열어주었다는 데에는 이견의 여지가 없다. 이라크에서의 미 제국의 실패가 미칠 영향은 아직 완전히 다 드러나지 않았으며, 앞으로 더욱 명백하게 나타날 것이다.

※※※ 주 ※※※

■ 서문

1 Robert Kaplan, *Imperial Grunts : The American Military on the Ground*(New York : Random House, 2005), 3–15.

■ 들어가는 말

1 Max Boot, "American Imperialism? No Need to Run Away from Label," *USA Today*, May 6, 2003.

2 Deepak Lal, *In Praise of Empires*(New York : Palgrave Macmillan, 2004), 99.

3 *New York Times*, May 10, 2003.

4 Michael Ignatieff, "The Challenges of American Imperial Power," *Naval War College Review* LVI : 2, Spring 2003. www.nwc.navy.mil/press/Review/2003/Spring/art3–sp3. htm

5 *New York Times*, April 27, 2003.

6 Michael Mann, *Incoherent Empire*(London : Verso, 2003), 252, 267.

7 Boot, "American Imperialism?"

8 Michael Hardt and Antonio Negri, *Empire*(Cambridge, MA : Harvard Univ-

ersity Press, 2000), 178–179.

9 Andrew Bacevich, *American Empire*(Cambridge, MA : Harvard University Press, 2004), 177.

10 사담 후세인의 성명서와 전 바그다드 주재 미 대사 에이프릴 글래스피(April Glaspie)의 대응 참조, *New York Times International*, September 23, 1990.

11 Research Unit for Political Economy, *Behind the Invasion of Iraq*(New York : Monthly Review Press, 2003).

12 *New York Times Magazine*, March 28, 1999.

13 *New York Times*, March 8, 1992.

14 Project for the New American Century, *Rebuilding America's Defenses, Strategy, Forces and Resources for a New Century*, September 2000. www.newamericancentury.org/Re buildingAmericasDefenses.pdf에서 원문 열람 가능.

15 István Mészáros, *Socialism or Barbarism*(New York : Monthly Review Press, 2001), 37.

16 Robert S. McNamara, "Apocalypse Soon," *Foreign Policy* 148 (May/June 2005), 29.

■ 1장_ 9·11 이후 … 테러와의 전쟁

1 Ellen C. Collier, *Instances of Use of United States Forces Abroad, 1798–1993*, Congressional Research Service, Library of Congress, CRS Issue Brief, October 7, 1993.

www.fas.org/man/crs/crs_931007htm에서 원문 열람 가능.

미 의회 산하 연구기관인 의회조사국(Congressional Research Service)은 1945–1993년 동안 미군이 해외에 파견된 사례가 총 66건이라고 밝혔다(1978–1993년에는 245건이다). 지난 8년간의 수치까지 더하면 1945년 이래로 미군이 해외에 파견된 사례는 70회가 넘는다.

2 *Toronto Star*, April 9, 1991에 인용됨. David N. Gibbs, "Washington's New Interventionism," *Monthly Review* 53 : 4 (September 2001), 15–37도 참조.

3 István Mészáros, *Socialism or Barbarism*(New York : Monthly Review Press, 2001), 23.

4 〈제국의 프로파간다〉 부분은 Robert W. McChesney가 초고를 작성.

5 Amnesty International, *The United States of America : Rights for All*(London : Amnesty International 1998). 특히 제7장과 8장에 주목할 것. www.amnesty.org.

■ 2장_ 제국주의와 "제국"

1 Michael Hardt and Antonio Negri, *Empire*(Cambridge, MA : Harvard University Press, 2000), xii.
2 Ibid.
3 Ibid., 9.
4 Ibid., 333.
5 Ibid., 335. 하르트와 네그리는 사미르 아민(Samir Amin)의 연구를 언급하였다. 특히 아미르의 *Empire of Chaos*(New York : Monthly Review Press, 1992)를 자신들의 제국주의/제국에 관한 견해에 대한 가장 주요한 대안으로 지목하였다. 아미르의 견해가 중심/주변 문제에 있어서 판이하게 다르기 때문이다. Hardt와 Negri의 *Empire*, 9, 14, 334, 467 참고.
6 Hardt and Negri, *Empire*, xiii–xiv.
7 Ibid., 178, 179.
8 Ibid., 180.
9 Ibid., 182.
10 Ibid., 407.
11 István Mészáros, *Socialism or Barbarism*(New York : Monthly Review Press, 2001)과 István Mészáros, *Beyond Capital*(New York : Monthly Review Press, 1995) 참고.
12 Mészáros, *Socialism or Barbarism*, 10–11.
13 Ibid., 13.
14 이는 Mészáros의 주요 모순 목록을 축약하고 조금 수정한 것임.
15 Ibid., 13–14.
16 Ibid., 19, 61.
17 Ibid., 51.
18 Ibid., 28–29.
19 David N. Gibbs, "Washington's New Interventionism," *Monthly Review* 53 : 4(September 2001), 5–37은 군사력 행사를 통한 미국의 전 지구적 패권

확립에 대하여 자세하게 분석하였다.

20 Mészáros, *Socialism or Barbarism*, 37–38.

21 Ibid., 40.

22 Ibid., 73.

23 '삼손의 역할' 이란 성전의 기둥을 무너뜨려 자신은 물론 자신의 굴욕당하는 모습을 구경하러 온 블레셋인들도 모두 죽인 성경의 삼손 이야기에서 유래. 즉 미국이 자신은 물론 전 세계를 파괴로 몰아넣고 있다는 것을 은유(역자 주).

24 The Editors, "Pox Americana," *Monthly Review* 43 : 3 (July–August 1991), 13.

■ 3장_ 독점자본과 신지구화

1 뉴욕타임즈에서 하르트와 네그리의 화려하고 탈근대적인 연구 *Empire* (Cambridge, MA : Harvard University Press, 2000)를 정리한 것이었다.

2 *World Development Report*, 1996 (New York : Oxford University Press, 1996), 1에서 〈공산당 선언〉을 인용한 내용.

3 Adam Smith, Book 4, Section 9.

4 Thomas Friedman, *The Lexus and the Olive Tree* (New York : Farrar, Strauss, Giroux, 1999), 94.

5 이 문단과 다음 문단 논의의 대부분은 Paul M. Sweezy, "Monopoly Capitalism," *New Palgrave Dictionary of Economics*, vol. 3 (New York : The Stockton Press, 1987), 541–544를 참고한 것.

6 Karl Marx, *Capital*, vol. 1 (New York : Vintage, 1977), 777f.

7 Ibid., vol. 3, chapter 27.

8 Arthur R. Burns, *The Decline of Competition : A Study of the Evolution of American Industry* (New York : McGraw–Hill, 1936).

9 Michal Kalecki, *Theory of Economic Dynamics* (New York : Monthly Review Press, 1965), 161.

10 Michal Kalecki, *Essays in the Theory of Economic Fluctuations* (London : Allen and Unwin, 1939), 149.

11 물론 독점자본주의 경제가 단순히 대기업으로만 이루어진 것은 아니다. 예를 들어 제조업계에는 수십만 개의 기업이 존재하며, 각각의 기업은

상당수의 노동력을 고용한다. 이들 중소기업들은 종종 공급업체로서나 틈새시장 공략을 통하여 대기업과 연관되어 있다. 경제침체의 여파로 가장 많이 고통받는 것이 바로 이 중소기업들이다. 그러나 반대로 경제가 팽창할 때에는 중소기업들이 독점적 · 지배적 기업들보다 훨씬 더 빨리 성장한다.

12 이 글은 부분적으로 스위지의 견해에 기초한 것이다. 스위지의 견해에 대한 상세한 분석은 John Bellamy Foster, "Paul Marlor Sweezy," in Philip Aresits and Malcolm Sawyer, eds., *A Bibliographical Dictionary of Dissenting Economistsists*(Northampton, MA : Edward Elgar, 2000), 642–651에서 찾아볼 수 있다.

13 Josef Steindl, *Maturity and Stagnation in American Capitalism*(New York : Monthly Review Press, 1976).

14 이 글의 일부는 바런의 분석을 변형한 것이다. 바런의 연구에 대한 자세한 분석은 John Bellamy Foster, "Paul Alexander Baran," in Philip Aresits and Malcolm Sawyer, eds., *A Bibliographical Dictionary of Dissenting Economists*(Northampton, MA : Edward Elgar, 2000), 36–43 참조.

15 Paul A. Baran, *The Political Economy of Growth*(New York : Monthly Review Press, 1957), 136.

16 Ibid., 142.

17 Paul A. Baran and Paul M. Sweezy, *Monopoly Capital : An Essay on the American Eco-nomic and Social Order*(New York : Monthly Review Press, 1966).

18 Joanne Barkan, "A Blast from the Past : Paul Baran and Paul M. Sweezy's *Monopoly Capital*," *Dissent* 44(Spring 1997), 95.

19 Baran and Sweezy, *Monopoly Capital*, 3.

20 Harry Braverman, *Labor and Monopoly Capital : The Degradation of Work in the Twentieth Century*(New York : Monthly Review Press, 1974).

21 브레이버만의 견해에 대한 보다 총체적인 설명은 John Bellamy Foster, "Introduction," in Harry Braverman, *Labor and Monopoly Capital*(New York : Monthly Review Press, 1998), ix–xxvii에서 찾아볼 수 있음.

22 Harry Magdoff, *The Age of Imperialism : The Economics of U.S. Foreign Policy*(New York : Monthly Review Press, 1969).

23 이 글은 부분적으로 맥도프의 연구에 기초하고 있다. 맥도프의 생애와 연구에 관한 자세한 분석은 John Bellamy Foster, "Harry Magdoff," in Artestis and Sawyer, *A Bibliographical Dictionary of Dissenting Economists*, 385–

94 참조.

24 제3세계에서 찾아볼 수 있는 비슷한 연구에는 사미르 아민의 획기적인 연구 *Accumulation on a World Scale : A Critique of the Theory of Underdevelopment*(New York : Monthly Review Press, 1974)가 있다. 이는 1957년에 논문 형태로 처음 발표되었다.

25 Magdoff, *Age of Imperialism*, 200.

26 Harry Magdoff, *Globalization–To What End?* (New York : Monthly Review Press, 1992), 3.

27 Paul M. Sweezy, *Four Lectures on Marxism*(New York : Monthly Review Press, 1981), 73.

28 Magdoff, *Globalization–To What End?*, 4–5.

29 István Mészáros, *Socialism or Barbarism*(New York : Monthly Review Press, 2001), 51–2.

30 Paul M. Sweezy, "More (or Less) on Globalization," *Monthly Review*, 49 : 4 (September 1997), 1–4.

■ 4장_ 미국의 군사기지와 제국

1 Arnold Toynbee, *America and the World Revolution*(New York : Oxford University Press, 1962), pp. 105–6.

2 Robert Harkavy, *Great Power Competition for Overseas Bases*(New York : Pergamon Press, 1982).

3 James R. Blaker, *United States Overseas Basing*(New York : Praeger, 1990), 9, 37. 블레이커의 독창적인 연구는 국방부 장관실의 지원을 받았다. 블레이커의 연구에 사용된 자료들을 대할 때 유의할 점은 군사기지를 어떻게 정의할 것이냐에 대한 일치된 의견이 없다는 점이다. 따라서 군사기지 수를 세는 것은 어렵다. 블레이커는 군대가 "일상적으로 사용하는" 시설을 군사기지 부지라고 정의하였다. 반경 25마일 이내의 시설은 모두 동일한 기지 부지에 속한 것으로, 근처의 도시나 마을과 연관되었다. 반경 25마일 밖에 있는 시설들은 다른 기지로 계산하였다. 기지 부지와 시설의 분류는 그 자본 가치에 따라 달라진다.

4 C. T. Sandars, *America's Overseas Garrisons : The Leasehold Empire*(Oxford : Oxford University PRess, 2000), 5에 인용.

5 Blaker, *United States Overseas Basing*, 32.

6 Subcommittee on Security Agreements and Commitments Abroad, Committee on Foreign Relations, U.S. Senate, *Security Agreements and Commitments Abroad*, 91st Congress, 2nd Session, December 21, 1970, 19–20.

7 Report of the Secretary of Defense, 1989, 41.

8 Thomas J. McCormick, *America's Half Century*(Baltimore : Johns Hopkins University Press, 1995), 249에 인용. 아버지 부시가 베트남 증후군으로부터의 탈피를 선언하기 2년 전 폴 스위지는 다음과 같이 썼다 : "베트남 전쟁 이전, 미국 집권계급들은 미국인들이 제국의 이익을 보호하는 데 필요한 어떠한 전쟁을 위해서든 싸울 준비가 되어 있다고 여겼다. 이는 모든 제국의 생존의 필수 전제조건이었다. 그러나 베트남 전쟁은 적어도 20세기 미국의 경우에서 만큼은 더 이상 그것이 사실이 아님을 증명하였다. 이러한 새로운 현상은 베트남 증후군이라 불리게 되었다. 그리고 우리 시대의 역사에 점점 더 중요한 부분이 되고 있다." Paul M. Sweezy, "U.S. Imperialism in the 1990s," *Monthly Review*(October 1989), 41 : 5, 6 참고.

9 *Los Angeles Times*, January 6, 2002.

10 Report of the Secretary of Defense, 1996, 13–4.

11 미군 기지가 있는 국가의 수에 관한 이러한 추정치는 위에서 사용한 블레이커의 연구와 차이가 있다. 블레이커의 연구는 (자본가치로 판단하여) 국방부 군사시설 목록에 등재되어 있는 기지만 센 것이다. 그러나 우리는 (1) 펜타곤의 「미군 기지 현황 보고서」에 포함되지는 않았지만 상당수의 미군이 주둔하고 있는 기지, (2) 50개 주와 워싱턴 D.C. 이외의 미국 영토 및 소유지에 있는 기지(즉 이 영도들은 본질적으로 미국의 영토가 아니라고 본 것이다), (3) (주로 중동, 남/중앙아시아, 라틴아메리카, 카리브 해를 중심으로 한) 전략적 요충지에 최근에 세워진 전진 작전 기지도 포함하였다. 비록 블레이커의 연구와는 차이가 있지만, 우리가 추정한 미군 기지 수를 보면 미군 기지의 지리적 분포가 한국 전쟁(베트남 전쟁 이후가 아니다) 이래로 축소되지 않았으며, 현재 다시 한 번 팽창하고 있다는 것을 알 수 있다.

12 *Los Angeles Times*, January 6, 2002.

13 우노칼의 증언 내용은 "A New Silk Road : Proposed Pipeline in Afghanistan," *Monthly Review*, December 2001에도 실렸다. 우노칼의 중앙아시아 송유관 프로젝트의 상세한 역사는 Ahmed Rashid, *Taliban*(New Haven : Yale University Press, 2000), 151–80에서 찾아볼 수 있다.

14 Subcommittee on Security Agreements and Commitments Abroad, Committee on Foreign Relations, U.S. Senate, *Security Agreements and Commitments Abroad*, 20.

15 Chalmers Johnson, *Blowback : The Costs and Consequencesof American Empire* (New York : Metropolitan Books, 2000), 62.

16 John Lindsay–Poland, "U.S. Military Bases in Latin America and the Carribean," *Foreign Policy in Focus* 6 (October 2001) www.foreignpolicy–infocus.org.

17 Harry Magdoff, *Imperialism : From the Colonial Age to the Present*(New York : Monthly Review Press, 1978), 205.

■ 5장_ 제국주의의 재발견

1 Harry Magdoff, *Imperialism : From the Colonial Age to the Present*(New York : Monthly Review Press, 1978), p. 148.

2 *New York Times Magazine*, July 28, 2002.

3 G. John Ikenberry, "America's Imperial Ambition," *Foreign Affairs* 81 : 5 (September–October 2002), 44.

4 Philip S. Golub, "The Dynamics of World Disorder : Westward in the Course of Empire," *Le Monde Diplomatique*, English internet edition (September 2002)에서 Boot, Brzezinski, Kaplan, Kissinger, Mallaby, and Rosen을 인용. mondediplo.com/2002/09/03westward.

Martin Walker, "America's Virtual Empire," *World Policy Journal* 19 : 2 (Summer 2002), 13–20도 참고.

5 Charles A. Conant, *The United States in the Orient*(Boston : Houghton Mifflin, 1900), 29–30.

6 J. A. Hobson, *Imperialism : A Study*(Ann Arbor : University of Michigan Press, 1965), 80f.

7 V. I. Lenin, *Imperialism, the Highest Stage of Capitalism*(New York : International Publishers, 1939), 88.

8 Ibid., 182.

9 Harry Magdoff, *The Age of Imperialism : The Economics of U.S. Foreign Policy* (New York : Monthly Review Press, 1969).

10 Ibid., 53f.

11 Harry Magdoff, *Imperialism*, 261.

12 이것의 가장 분명한 예는 Steven J. Rosen and James R. Kurth, *Testing Theories of Econo-mic Imperialism*(Lexington, MA : Lexington Books, 1974)이다. 해리 맥도프는 이 책에 들어 있는 비판적 에세이에서 "실제로는 분리할 수 없는 제국주의의 중요한 측면들을 분리시키는 분석틀"은 오류를 범하고 있다고 결론지었다. "정치 · 군사 · 경제 문제들을 확연히 구분지으려는 시도는 이 요소들의 상호 의존과 상호작용이라는 가장 본질적인 것을 간과하고 있다. 이런 식의 사고는 정통 사회과학에서 전통적으로 나타나는 문제이다. 정통 사회과학의 "국익"에 관한 사고도 마찬가지 문제를 가지고 있다. 이는 정통 사회과학이 왜 제국주의의 발달과 중요성이나 [새로운] 제국주의가 독점자본주의에 뿌리를 두고 있다는 점을 직시하지 못하였는지를 설명해 준다." Magdoff, Ibid., 86.

13 Prabhat Patnaik, "Whatever Happened to Imperialism?" *Monthly Review* 42 : 6(November 1990), 1–6.

14 Ibid.

15 Michael Hardt and Antonio Negri, *Empire*(Harvard, MA : Harvard University Press, 2000), 180.

16 *New York Times*, September 5, 2002.

17 〈세계의 부유층은 더 부유해지고 세계의 빈곤층은 더 빈곤해진다〉는 해리 맥도프가 초고를 작성하였음.

18 이는 가장 최근 발표된 1992년의 자료에 기초한 것이다. 2달러 선은 구매력(purchasing power parity)에 기초하여 정해진 것이다. 즉 통계자료 조정을 통해 주어진 소비재 중 얼마만큼을 2달러로 살 수 있는지 특정하였다. 그리하여 국가별 가격 차에 따른 오차를 최대한 제거하였다.

19 이 자료는 최근에 발표된 『세계 개발 보고서』 수정판 중 "빈곤과 소득 분배(Poverty and Income Distribution)"라는 장에서 소득 분배에 관한 표를 인용한 것이다. 세계은행은 각국의 가계 소득 또는 지출 조사를 통하여 소득 분배에서 차지하는 비중을 계산하였다. 자료 비교를 위하여 세계은행은 가능한 한 가계 소득보다는 가계 지출 통계를 사용하였다. 위에서 인도의 경우 사용한 통계는 1인당 가계 지출에 기초한 자료이다. World Bank, *World Development Report*, 1990, 1996, 2003 editions 참고.

20 어떤 자료가 있느냐에 따라 세계은행 경제학자들은 소득 분배를 수익

이나 소비를 가지고 계산한다.

■ 6장_ 미국의 제국주의적 야망과 이라크

1 최근 부시 행정부는 "정권 교체"로 만들어질 이라크가 미국이 용인할 수 있는 조건에서 UN 사찰 및 무장해제 과정에 전적으로 협조하는 사담 후세인의 이라크를 의미할 수도 있다고 말하였다. 그러나 부시 행정부는 이것이 매우 실현 가능성이 낮으며, 미국의 공식적 입장은 이라크가 UN 사찰에 과정에 따르지 않을 경우 이라크 침공에 대한 지원을 얻기 위한 외교적-법적 전략의 추구와 동일한 선상에 있다고 밝혔다.

2 Thorstein Veblen, *Essays in Our Changing Order*(New York : Viking Press, 1934), p. 464.

3 Noam Chomsky, "The Cold War and the Superpowers," *Monthly Review* 33 : 6(November 1981), 1f.

4 Harry Magdoff, *The Age of Imperialism : The Economics of U.S. Foreign Policy*(New York : Monthly Review Press, 1969).

5 Jay Bookman, "The President's Real Goal in Iraq," *Atlanta Journal-Constitution*, September 29, 2002.

6 Joseph Schumpeter, *Imperialism and Social Classes*, edited and introduced by Paul M. Sweezy(New York : Augustus M. Kelley, 1951), 66.

7 물론, 19세기의 많은(대부분이라고 하는 것이 더 맞을지도 모르겠다) 제국적 모험들은 그 동기가 방어적이라고 위장하지 않았다. 아편전쟁은 공격적인 중국에 대항한 것이 아니라 아편의 자유로운 무역을 실현하기 위한 것이었다. 아프리카 분할을 둘러싼 유럽 열강들 사이의 싸움은 호전적인 아프리카에 대항한 싸움이 아니라 "백인의 부담"으로 합리화되었다.

8 *New York Times*, September 20, 2002.

9 *New York Times*, October 7, 2002.

10 *New York Times*, October 14, 2002.

11 *New York Times*, October 10, 2002.

12 Senate Committee on Banking, Housing and Urban Affairs, *United States Dual-Use Exports to Iraq and their Impact on the Health of the Persian Gulf War Veterans*, 103rd Congress, 2nd sess., May 25, 1994, 264-76 ; *Buffalo News*,

September 23, 2002.

13 *Sydney Morning Herald*, October 3, 2002.

14 William Rivers Pitt with Scott Ritter, *War on Iraq*(New York : Context Books, 2002) ; *Newsday*, July 30, 2002 ; The Guardian, October 7, 2002 참고.

15 www.eia.doe.gov/emeu/cabs/iraq.html ; *Middle East Report*, Fall 2002 ; San Francisco Chronicle, September 29, 2002.

16 Edward L. Morse and James Richard, "The Battle for Energy Dominance," *Foreign Affairs* 81 : 2 (March/April 2002).

17 Bookman, "The President's Real Goal"에 인용.

18 *New York Times*, October 22, 2002.

19 G. John Ikenberry, "America's Imperial Ambition," *Foreign Affairs* 81 : 5 (September–October 2002).

■ 7장_ "제국적 미국"과 전쟁

1 Richard N. Haass, *Imperial America*. Online : www.brook.edu

2 *New York Times Magazine*, January 5, 2003.

3 John Gallagher and Ronald Robinson, "The Imperialism of Free Trade," *Economic History Review*, second series, 6 : 1 (1953), 1–15.

4 Wolfgang J. Mommsen, *Theories of Imperialism*(Chicago : University of Chicago Press, 1980), 369f.

5 V.I. Lenin, *Imperialism, the Highest Stage of Capitalism*(New York : International Publishers, 1939), 85.

6 Henry Kissinger, *Does America Need a Foreign Policy? : Toward a Diplomacy for the 21st Century*(New York : Simon and Schuster, 2001).

7 "It's Not 'All About Oil', but …," *Business Week Online*, February 10, 2003.

8 Richard Haass, *Intervention : The Use of American Military Force in the Post–Cold War World*(Washington, DC : Carnegie Endowment for International Peace, 1994).

9 Richard Haass, *Intervention : The Use of Military Force*, 84.

10 Harry Magdoff, *Imperialism : From the Colonial Age to the Present*(New York : Monthly Review Press, 1978), 139.

11 Harry Magdoff, *Imperialism without Colonies*(New York : Monthly Review Press, 2003), 68.

■ 8장_ 제국주의의 새로운 시대

1 John A. Hobson, *Imperialism : A Study*(London : James Nisbet, 1902).
2 *Economist*, April 26, 2003.
3 Harry Magdoff, *The Age of Imperialism : The Economics of U.S. Foreign Policy* (New York : Monthly Review Press, 1969).
4 이러한 주장은 Paul A. Baran and Paul M. Sweezy, *Monopoly Capital*(New York : Monthly Review Press, 1966), 183–202에 정리되어 있음.
5 Magdoff, *The Age of Imperialism*, 16.
6 Robert W. Tucker, *The Radical Left and American Foreign Policy*(Baltimore : Johns Hopkins University Press, 1971), 28.
7 Ibid., 131.
8 Robert W. Tucker and David C. Hendrickson, *The Imperial Temptation : The New World Order and America's Purpose*(New York : Council on Foreign Relations Press, 1992), 14–5.
9 Ibid., 147.
10 Ibid., 10–11.
11 Richard Haass, *Intervention : The Use of American Military Force in the Post-Cold War World*(Washington, DC : Carnegie Endowment for International Peace, 1994), 8.
12 *New York Times*, March 8, 1992.
13 Richard Haass, *The Reluctant Sheriff : The United States After the Cold War* (New York : Council on Foreign Relations Press, 1997), 54.
14 Haass, *The Reluctant Sheriff*, 93.
15 www.brook.edu. 하스의 "제국적 미국" 논의에 대한 더 자세한 내용은 위의 책 제7장을 참조.
16 Michael Hirsh, *At War with Ourselves : Why America is Squandering its Chance to Build a Better World*(Oxford : Oxford University Press, 2003), 251에 인용.
17 Project for the New American Century, *Rebuilding America's Defenses*,

September 2000.

18 미국과 NATO의 유고슬라비아 내전 개입이 어떻게 제국주의적 프로젝트의 일환으로 여겨지게 되었는지는 Diana Johnstone, *Fool's Crusade : Yugoslavia, NATO, and Western Delusions*(New York : Monthly Review Press, 2002) 참조.

19 Max Boot, *The Savage Wars of Peace : Small Wars and the Rise of American Power*(New York : Basic Books, 2003).

20 Hirsh, *At War with Ourselves*, 245.

21 Ibid., 235.

22 Council on Foreign Relations, *Iraq : The Day After*(New York, 2003), 48.

23 Harry Magdoff, *The Age of Imperialism.*

24 Council on Foreign Relations, *Iraq : The Day After*, 48–9.

25 "Prison Industry Goes Global," www.futurenet.org, fall 2000.

26 István Mészáros, *Socialism or Barbarism*(New York : Monthly Review Press, 2001).

■ 9장_ 키플링, 「백인의 부담」, 그리고 미 제국주의

1 Jonathan Marcus, "US Faces Up to Guerilla War," BBC News, July 17, 2003 (news.bbc. co.uk).

2 미서 전쟁에 관한 역사적 분석은 다음의 연구서들에 기초한 것임.
Henry F. Graff, ed., *American Imperialism and the Philippine Insurrection : Testimony Taken from Hearings on Affairs in the Philippine Islands before the Senate Committee on the Philippines*–1902(Boston : Little, Brown, 1969) ; Angel Velasco Shaw and Luis H. Francia, *Vestiges of War : The Philippine–American War and the Aftermath of an Imperial Dre-am, 1899–1999*(New York : New York University Press, 2002) ; Daniel B. Schirmer, *Republic or Empire : American Resistance to the Philippine War*(Cambridge, MA : Schenkman, 1972), and "How the Philippine–U.S. War Began," *Monthly Review* 51 : 4(September 1999) ; Stuart Creighton Miller, *"Benevolent Assimilation" : The American Conquest of the Philippines, 1899–1903*(New Haven : Yale University Press, 1990) ; and Daniel B. Schirmer and Stephen Rosskamm Shalom, *The Phillipines Reader*(Boston : South End Press, 1987).

3 동 시의 부제는 종종 생략된다. 정확한 원문은 *Kipling's Verse : Definitive Edition*(New York : Doubleday, 1940) 참조.

4 역사학계의 "정설"은 25만 명이지만 필리핀 사상자 수는 최대 백만 명이라고까지 추정된다. 이는 섬 전체 인구의 1/6이 사라진 것과 마찬가지이다.

5 Miller, "*Benevolent Assimilation*", 94에 인용된 맥아더의 말.

6 Jim Zwick, ed., *Mark Twain's Weapons of Satire*(Syracuse, NY : Syracuse University Press, 1992), 172.

7 모로 대학살과 드 보아의 언급에 관해서는 www.boondocksnet.com/ai/ail/moro/html 참고. 짐 즈윅(Jim Zwick)의 boondocksnet.com 웹사이트는 미서 전쟁, 키플링의 「백인의 부담」에 대한 현대적 반응들, 마크 트웨인의 반제국주의적 글 등 중요한 자료의 보고이다.

8 그러나 노벨상 수상 위원회는 주로 남아프리카의 보어인들에 대한 키플링의 동정심에 더 깊은 인상을 받았다. 보어인들은 또 하나의 백인 식민주의자 집단이다.

9 John A. Hobson, *Imperialism : A Study*(Ann Arbor : University of Michigan Press, 1965), 283.

10 V. I. Lenin, *Imperialism, the Highest Stage of Capitalism*(New York : International Publishers, 1939), 15.

11 *Wall Street Journal*, July 15, 2003.

12 *New York Times Magazine*, September 7, 2003.

13 Max Boot, *The Savage Wars of Peace : Small Wars and the Rise of American Power*(New York : Basic Books, 2002).

14 *New York Times Magazine*, July 28, 2002.

15 Niall Ferguson, *Empire : The Rise and Demise of the British World Order and the Lessons for Global Power*(New York : Basic Books, 2004), 369f.

16 백인 엘리트들이 세계를 나누어 가져야 한다는 이러한 주장에 대한 반응은 영국과 미국에서만 나타난 것이 아니었다. 자본주의 세계 중심부의 집권계급 사이에서 키플링에 대한 존경은 일반적으로 찾아볼 수 있는 현상이었다. 홉스봄의 다음과 같은 말은 시사하는 바가 많다 : "인도 제국의 음유시인 루디야드 키플링이 폐렴으로 죽어간다고 알려졌던 1899년 당시(키플링은 바로 얼마 전에 필리핀에서의 미국의 책임에 관해 말하면서 "백인의 부담"을 언급하였다) 영국인과 미국인들만 슬퍼한 것이 아니었다. 독일 황제도 전보를 보냈다." Eric Hobsbawm, *The Age of Empire*(New

York : Vintage, 1987), 82 참조.

■ 10장_ 이라크는 또 하나의 "베트남"이 될 것인가?

1 *New York Times*, August 31, 1966에 인용.

2 Harry Magdoff and Paul M. Sweezy, "The War Spreads," *Monthly Review* 22 : 1 (May 1970)에 인용.

3 Council on Foreign Relation, *Iraq : One Year Later*(Washington, DC, March 9, 2004), 13.

4 *Los Angeles Times*, March 30, 2004.

5 *Business Week*, April 26, 2004.

6 Bruce Nussbaum, "Iraq : A Most Dangerous Moment," *Business Week*, April 26, 2004, 37f.

7 *New York Times*, April 25, 2004.

8 *Wall Street Journal*, April 24, 2004.

9 Harry Magdoff and Paul M. Sweezy, "Vietnam : What Next?," *Monthly Review* 21 : 7 (December 1969), 3–4.

10 "U.S. Weighs the Return of Military Conscription," *Toronto Star*, April 22, 2004.

11 www.gregpalast.com

■ 11장_ 아메리카 제국 : 팍스 아메리카나인가? 폭스 아메리카나인가?

1 John F. Kennedy, "Commencement Address at Amerucan University," June 10, 1963. www.jfklibrary.org/j061063.htm ; V. D. Sokolovskii, *Soviet Military Strategy*(Englewood Cliffs, N.J : Prentice–Hall, 1963), 149. 동 저서는 원래 소련에서 『군사전략(*Military Strategy*)』이라는 제목으로 1962년에 출판되었다. 케네디는 졸업식 연설 당시 본문에 나와 있는 인용구의 상당 부분을 생략했다. 우리는 생략된 부분을 실제 원문과 대조하여 채워넣은 뒤 본문에 실은 것이다.

2 Ronald Steel, *Pax Americana*(New York : Viking Press, 1967), 16–17, 268, 336.

3 Chalmers Johnson, *The sorrows of Empire : Militarism, Secrecy and the End of the Republic*(New York : Henry Holt, 2003), 1.
4 Steel, *Pax Americana*, 334.
5 Harry Magdoff and Paul M. Sweezy, "Pox Americana," *Monthly Review* 43 : 3(July–August 1991), 1–13.
6 Ibid.

■ 12장_ 야만의 제국

* 브렛 클라크(Brett Clark)와 공동 집필
1 *Business Week*, September 20, 2004.
2 Jona Lendering, "The Edges of the Earth in Greek and Roman Thought," www.livius. org/ea–eh/edges/edges.html.
3 Strabo, *Geography*, 4.1.14.
4 Ibid., 1.1.17.
5 Ibid., 4.1.12.
6 Charles Fourier, *The Social Destiny of Man, Or Theory of the Four Movements* (New York : R.M. Dewitt, 1857), 99.
7 Karl Marx, *Early Writings*(New York : Vintage, 1974), 360, 218.
8 Karl Marx and Frederick Engels, *Collected Works*, vol. 6(New York : International Publishers, 1975), 434.
9 *Scientific American*, October 1971.
10 Karl Marx, *Early Writings*(Harmondsworth : Penguin Books, 1974), 360 ; Marx and Engels, *Collected Works*, vol. 6, 434 and vol. 34, 67.
11 Mike Davis, *Victorian Holocausts*(New York : Verso, 2001).
12 Karl Marx, *Capital*, vol. 1 (New York : Vintage, 1976), 916 ; Karl Marx and Frederick Engels, *On Colonialism*(New York : International Publishers, 1972), 86–8 ; Karl Marx and Frederick Engels, *Selected Correspondence*(Moscow : Progress Publishers, 1975), 316–7(Marx to Danielson, February 19, 1881) ; Davis, *Victorian Holocausts*, 39. 마르크스와 엥겔스는 야만이라는 용어를 유럽 중심적 시각에서 사용하지 않았다. 스페인에서 기독교인들과 무어인들 사이에 벌어진 전쟁에 관해서 말할 때도 엥겔스는 기독교인들을 야만인이라고 불렀다. *Collected Works*, vol. 25, 170.

13 Marx, *Early Writings*, 359–60 ; Marx and Engels, *Collected Works*, vol. 25, 460–61.

14 Peter Hudis and Kevin B. Anderson, eds., *The Rosa Luxemburg Reader*(New York : Monthly Review Press, 2004), 349–52, 364.

15 Ibid., 313.

16 Ibid., 8, 18, 124–27.

17 Ferguson, *Colossus*, 48–52, 267, 301–02 ; Ferguson, *Empire*, 369–70.

18 István Mészáros, *Socialism or Barbarism*(New York : Monthly Review Press, 2001), 29.

19 *USA Today*, September 16, 2004.

20 *New York Times*, September 29, 2004.

21 *Lancet*, online edition, October 29, 2004.

22 *USA Today*, September 16, 2004.

23 *New York Times*, May 13, 2004.

24 *Final Report of the Independent Panel to Review DoD Detention Operations, August 2004*. www.defenselink.mil/news/Aug2004/d20040824finalreport.pdf.

25 Marx and Engels, *On Colonialism*, 152–55, 162–67 ; Mark Tanner, "Abu Ghraib," *New York Review of Books*, October 7, 2004, 44–50 ; Edward Greer, "'We Don't Torture People in America,'" *New Political Science* 26 : 3 (September 2004), 371–87.

26 "Après moi le déluge!는 모든 자본주의 국가와 자본가들의 표어이다. 따라서 자본은 사회가 그렇게 하도록 강제하지 않는 한, 노동자의 건강이나 수명에는 전혀 관심을 가지지 않는다." Marx, *Capital*, vol. 1, 381.

27 *USA Today*, September 16, 2004.

28 Daniel Singer, *Whose Millennium? : Theirs or Ours?*(New York : Mothly Review Press, 1999), 272.

■ 13장_ 제국의 실패

1 Karl Marx, *Capital*, vol. 1 (New York : Vintage, 1976), 915.

2 Niall Ferguson, *Colossus : The Price of America's Empire*(New York : Penguin Books, 2004), 107.

3 Michael Klare, "The New Geopolitics," in John Bellamy Foster and Robert W. McChesney, ed., *Pox Americana*(New York : Monthly Review Press, 2004), 51–56.

4 베트남 전쟁의 역사에 관한 새로운 보수적/군사적 해석은 Robert Buzanco, *Masters of War : Military Dissent and Politics in the Vietnam Era*(Cam (ridge University Press, 1996).

5 General William C. Westmoreland, *A Soldier Reports*(New York : Da Capo Press, 1989), 332–34, 404.

6 Stewart Alsop, *Stay of Execution*(Philadelphia, J. B. Lippincott Co., 1973), 73f.

7 *The Pentagon Papers*, vol. 4 (Boston : Beacon Press, 1971), 668 ; Noam Chomsky, "Foreword" in Peter Limqueco and Peter Weiss, ed., *Prevent the Crime of Silence : Reports from the Sessions of the International War Crimes Tribunal founded by Bertrand Russell* (London : Penguin, 1971), 19 ; Dorothy Fosdick, ed., *Staying the Course : Henry M. Jackson and National Security*(Seattle : University of Washington Press, 1987), 190.

8 Robert Scheer, "Don't Stay the Course Senator," Salon.com, April 28, 2004 ; Evan Thomas, "The Vietnam Question," MSNBC.com, April 19, 2004.

9 Max Boot, *The Savage Wars of Peace : Small Wars and the Rise of American Power*(New York : Basic Books, 2003), 347.

10 Anthony H. Cordesman, "*Playing the Course*" : *A Strategy for Reshaping U.S. Policy in Iraq and the Middle East*(fo (rth draft, November 22, 2004) ; www.CSIS.org.

11 Ibid.

12 성전의 기둥을 무너뜨려 자신은 물론 자신의 굴욕당하는 모습을 구경하러온 블레셋인들을 죽인 성경의 삼손 이야기에서 유래. 군사적으로 이스라엘의 존립을 위협하는 국가에 대해서는 핵무기를 사용하여 공멸하는 것도 불사하겠다는 이스라엘의 핵 억지전략(역자 주).

13 Seymour M. Hersh, *Chain of Command : The Road from 9/11 to Abu Ghraib* (New York : HarperCollins, 2004), 356–60, and *The Samson Option : Israel's Nuclear Arsnal and American Foreign Policy*(New York : Random House, 1991).

⁂ 저자 소개 ⁂

이 책의 저자인 존 벨라미 포스터(1953~)는 오리건 대학의 사회학 교수이자 2000년 이후 먼슬리 리뷰의 편집장을 맡고 있으며 주로 정치경제학, 환경사회학, 마르크스주의 이론에 관한 저작들을 발표해 왔다. 그는 대학에 들어가기 전부터 반전운동, 환경운동에 적극적으로 참여하였고, 대학에 들어간 후에는 광범위한 분야의 인문사회과학을 섭렵하다가 자본주의 경제의 위기와 미국이 조종한 칠레 살바도르 아옌데 정권전복 쿠데타를 연구하기 시작하였다.

1976년에 토론토의 요크 대학에 들어가 정치학 석사과정을 이수하던 중 1979년에 "미국과 독점자본 : 초과 생산력의 문제"란 논문을 먼슬리 리뷰에 보냈고, 이를 계기로 폴 스위지와 평생 동안 학문적 · 인간적 교류를 하게 된다. 이후로 여러 학술지에 논문을 발표하다가 1986년에 박사학위 논문을 보정하여 첫 저작인 『독점자본 이론 : 마르크스주의 정치경제학 소고』를 발표하였다. 이해에 오리건 대학의 사회학 조교수로 교직생활을 시작하여 오늘에 이르고 있다. 2000년부터 폴 스위지, 해리 맥도프, 로버트 맥체스니와 함께 먼슬리 리뷰의 공동 편집인이 되었고, 스위지와 맥도프가 죽고 맥체스니가 사임한 후 2006년부터 혼자서 편집인을 맡고 있다.

그의 주요 저작은 다음과 같다 :

* *Critique of Intelligent Design : Materialism and Creationism from Antiquity to Present*(Brett Clark, Richard York와 공저) 2008.
* 『벌거벗은 제국주의(*Naked Imperialism*)』, 2006.
* 『폭스 아메리카나 : 미국 제국의 폭로(*Pox Americana : Exposing American Empire*)』(Robert McChesney와 공동 편저) 2005.
* 『자본주의에 대항하는 생태학(*Ecology Against Capitalism*)』, 2002.
* 『마르크스의 생태학(*Marx's Ecology : Materialism and Nature*)』, 2000.
* *Hungry For Profit : The Agribusiness Threat to Farmers, Food, and the Environment*, 1999.
* 『환경과 경제의 작은 역사(*The Vulnerable Planet : A Short Economic History of the Environment*)』, 1999(2판).
* *Capitalism and the Information Age : The Political Economy of Global Communication*(Ellen Meikskins Wood, Robert McChesney와 공동 편저), 1998.
* In Defense of History : Marxism and the Postmodern Agenda, 1996.

옮긴이

박종일(朴鐘一)

고려대학교 정치외교학과 졸업

30여 년간 기업에서 일한 후 은퇴하여 지금은 번역가로 활동 중

번역서로는

* 범문란(範文瀾) 저, 『중국통사(中國通史簡編)』(상/하)
  (2008, 인간사랑 출간 예정)
* Jan Melissen 편저, 『신공공외교』(공역, 2008, 인간사랑 출간 예정)
* Joseph Cummins 저, 『미국 대통령 선거 애기』(2008, 인간사랑 출간 예정)

박선영(朴宣映)

미국 존스 홉킨스(Johns Hopkins) 대학 국제관계학과 졸업

현재는 American University(Cairo)에서 중동지역학 석사과정에 재학 중

벌거벗은 제국주의

전 지구적 지배를 추구하는 미국의 정책

초판1쇄 / 2008년 10월 20일

지은이 **존 벨라미 포스터**
옮긴이 **박종일/박선영**
펴낸이 **여국동**
펴낸곳 **도서출판 인간사랑**
인　쇄 **백왕인쇄**
제　본 **은정제책사**

출판등록 1983. 1. 26. / 제일 3호

(411- 815) 경기도 고양시 일산구 백석동 1178-1
TEL (031)901-8144, 907-2003
FAX (031)905-5815
e-mail/igsr@yahoo.co.kr / igsr@naver.com

정가 15,000원

ISBN 978-89-7418-260-1 93340